마을연구와 로컬리티

필자

차철욱(車喆旭, Cha, Chul Wook) 부산대학교 한국민족문화연구소 교수
차윤정(車胤汀, Cha, Yun Jung) 부산대학교 한국민족문화연구소 HK교수
전은휘(全恩輝, Jeon, Eun Hwee) 오사카시립대학교 도시문화연구센터 연구원
이동일(李東一, Lee, Dong Il) 창원대학교 사회과학연구소 전임연구원
양흥숙(梁興淑, Yang, Heung Sook) 부산대학교 한국민족문화연구소 HK교수
변광석(卞光錫, Byun, Kwang Seok) 부산대학교 한국민족문화연구소 HK연구교수
박해광(朴海光, Park, Hae Kwang) 전남대학교 사회학과 교수
공윤경(孔允京, Kong, Yoon Kyung) 부산대학교 한국민족문화연구소 HK교수

부산대학교 한국민족문화연구소 로컬리티 연구총서 22

마을연구와 로컬리티

초판인쇄 2017년 5월 8일 **초판발행** 2017년 5월 15일
지은이 차철욱 차윤정 전은휘 이동일 양흥숙 변광석 박해광 공윤경
펴낸이 박성모 **펴낸곳** 소명출판 **출판등록** 제13-522호
주소 서울시 서초구 서초중앙로6길 15, 1층
전화 02-585-7840 **팩스** 02-585-7848 **전자우편** somyungbooks@daum.net **홈페이지** www.somyong.co.kr

값 20,000원 ⓒ 부산대학교 한국민족문화연구소, 2017
ISBN 979-11-5905-181-4 94300
ISBN 978-89-5626-802-6(세트)

이 저서는 2007년 정부(교육과학기술부)의 재원으로 한국연구재단의 지원을 받아 연구되었음(NRF-2007-361-AL0001).

부산대학교 한국민족문화연구소
로컬리티 연구총서 22

마을연구와
로컬리티

Village Studies and Locality

차철욱 차윤정 전은휘 이동일 양흥숙 변광석 박해광 공윤경 지음

소명출판

책머리에

로컬리티 연구는 사람이 살아가는 삶의 현장이 지니는 가치와 속성에 주목한다. 삶의 현장을 우리는 로컬이라 부르는데, 그것은 물리적인 공간과 인식적인 공간을 포함한다. 로컬리티에 대한 논의는 다양한 층위의 공간단위를 통해서 접근 가능하다. 그 가운데 동일한 생활양식을 공유하는 사람들의 현실적 공간이며 공통의 '문화'를 형성하고 유지·전승하는 무대인 마을은, 로컬리티의 의미를 가장 근원적으로 구성하는 공간으로 여겨진다. 마을은 사람들의 일상생활의 기초단위이다. 로컬리티 연구는 장소를 매개로 한 인간의 삶에 관심을 가졌기 때문에 자연스럽게 마을을 무대로 살아가는 사람들의 생활에 근접한 연구가 필수적이었다. 그동안 로컬리티 연구에서 연구대상으로 삼은 마을은 아미동 비석마을, 감천 문화마을, 돌산 무덤마을, 당감동 아바이마을, 정관 덕산마을, 김해 외국인거리, 대천마을 등 다양하다.

최근 들어 마을에 대한 관심이 높아지고 있다. '마을이 학교다' '마을이 대안이다' 등 다양한 구호가 들려오고, 독자들의 호기심을 자극하는 마을 관련 책들이 많이 출판되고 있다. 현역에서 물러난 사람들이 시골 마을을 찾고, 도심에서도 마을을 되살리기 위해 다양한 운동이 일어나고 있다. 심지어는 고층 아파트촌에도 ○○○마을이라 이름 붙여 상품

가치를 높이려 하고 있다. 지금 우리 사회에서 마을이 화두가 되는 것은 바쁘고 정신없이 살아온 도시생활에 대한 반성과 그동안 잃어가고 있던 인간 가치의 회복과 관련 있다.

마을이란 다양하게 정의된다. '사람들이 모여 사는 사회생활의 단위로서, 인간생활의 기본단위인 가족 또는 집들이 모여 정치·경제·문화의 통합을 이루고 있는 지역집단'(박해광), '지역사회의 가장 기초를 이루는 것으로 생산의 장을 공유하면서 사회적 상호작용과 역사적 경험, 기억을 공유하는 단위로 역사적 경험의 전승공동체'(정근식), '특정의 공간적 규정에 의해 구성원들이 만들어 내는 공통의 문화와 생활경제, 나아가 마을 사람들의 관계망이 형성되어 있는 단위'(위성남) 등으로 설명되고 있다. 연구자마다 지역집단, 전승공동체, 관계망 등 제각각으로 정의하고 있는 실정을 보면 마을이 얼마나 중층적이고 다양한 특성을 지니고 있는가를 짐작할 수 있다.

부산대학교 로컬리티의인문학연구단은 다양한 로컬리티 연구성과를 축적하여 로컬리티 이론으로 구축하겠다는 야망을 품고 있다. 이를 위해서는 다양한 연구대상과 방법이 동원될 필요가 있다. 로컬리티 연구는 간접적인 자료도 필요하지만 현장조사와 참여관찰 같은 직접적인 대면조사가 중요한 연구방법이 될 수 있다. 우리가 마을을 연구대상으로 삼은 이유는 단위의 크기와 연구방법 때문이다. '작은 단위'인 마을에 대한 연구는 전체를 조망하기 위한 전략이기도 하며, 다양성에 근거하고 있는 로컬리티의 특성을 잘 살필 수 있는 장점이 있다. 게다가 마을은 구성원들의 다양한 삶의 양상이 잘 드러날 뿐만 아니라 그 삶의 맥락을 살피기에 용이하다는 점 때문에 질적연구에도 유익한 단위가 되고 있다. 그래서 마을은 이러한 연구목적과 방법을 실현시켜 줄 수 있는 최적의 대상이라 할 수 있다.

마을은 로컬로서 어떤 의미를 가지는가. 로컬에 대해 우리는 삶의 현장으로 이해하지만, 로컬은 그렇게 단순하지 않다. 로컬은 독자성을 지닌 다양한 요소들로 구성되어 있으며, 이들 요소의 상호작용에 의해 구성된다. 그래서 로컬은 복합적이고 중층적인 속성을 지닌다. 그리고 이 로컬은 또 다른 로컬과 상호작용을 통해 또 다른 전체를 구성한다. 이런 점에서 로컬은 전체에 대비되는 부분이라 할 수 있다. 부분으로서 로컬은 어느 초월적인 능력에 의해 위계화 되는 관계가 아니라 자율적이고 독자성을 지닌 대등한 개체라 할 수 있다. 독자성을 지닌 개체들의 상호작용은 로컬을 고정적 폐쇄적인 형태로 지속시키지 않고 유동적이고, 끊임없이 재구성되도록 한다. 외부와의 관계 또한 자유롭고 활발해서, 로컬의 경계는 항상 열려있다. 로컬리티 연구에서 로컬은 공동체, 마을, 지방 등 다양한 형태와 규모로 논의되어 왔다.

로컬로서 마을 또한 이러한 로컬의 성질을 지니고 있다. 마을에는 마을 사람들, 자연환경, 문화적·정치적·사회적 구조 등 다양한 구성요소들이 있다. 이들 요소들의 상호관계는 마을 내부에서만 진행되는 것이 아니라, 마을 경계를 넘어 확장되고 있다. 생산물을 판매하기 위해 시장을 찾고, 다른 마을 친구들과 인간관계를 맺고, 구성원들과 새로운 문화를 접하기 위해 관광을 하는 등 다양한 활동은 마을을 고정되고 정체된 개체로 남겨두지 않고 끊임없이 재구성되도록 만든다. 이런 점에서 하나의 마을은 또 다른 마을과 더 큰 단위의 생활단위를 만들고 있음을 알 수 있다. 그런데 오히려 근대 국민국가의 지배논리가 마을과 마을의 경계를 고착시키는 사례가 많았다. 새마을운동과 같은 근대화 정책은 마을 간 경쟁을 유도하는 성과주의를 내세워 마을 공동체로 하여금 다른 마을을 배제하는 폐쇄적인 존재로 만들었다.

하지만 우리가 대면하는 마을은 반드시 로컬의 순기능만이 드러나는 곳은 아니다. 마을 구성원들의 욕망 또한 국가나 자본의 논리와 결합하면서, 마을은 다양한 위계관계에 포섭될 위기에 처하기도 한다. 지방자치단체와 자본이 추진하는 관광사업이나 재개발사업은 마을을 동일화 논리로 포섭하려는 대표적인 방향이다. 하지만 마을은 국가(글로벌 자본)와 힘의 역학 관계에 따라 포섭, 저항, 조정이 끊임없이 이루어지며, 차이와 다양성으로 동일화와 중심화로부터 벗어나려는 가능성의 공간이기도 하다. 우리가 마을연구를 통해 로컬리티를 찾아보려고 한 지점이 여기에 있다.

우리가 마을에 주목하게 된 것은 단순히 연구 단위의 문제만은 아니다. 마을연구는 그동안 구조 연구에 매몰되어 주목받지 못했던 '인간'을 복권시키기 위한 기획이기도 하다. 물론 이것은 인간중심주의로의 회귀를 의미하는 것은 아니다. '다양한 관계 속의 인간'을 소환하여 그들의 삶에 관심을 가지는 실천적인 활동이다. 연구대상이었던 적이 없는 일상생활자료들이 중요한 자료로 인정받고, 역사의 주인공에서 배제되었던 마을 사람들의 삶이 역사로 서술되고 있다. 특히 최근 많이 활용되는 구술사 연구 방법은 개인과 집단기억의 상흔을 치유하는 출발이 되고 있다. 이처럼 마을연구는 마을과 개인의 삶에 대한 가치를 발견하는 인문학의 실천적 운동이라 할 수 있다.

본 연구총서는 세 개의 부로 이루어져 있다. 1부 일상과 공동체, 2부 문화와 재현, 3부 공간과 변이이다. 각 부는 로컬리티를 구성하는 요소인 시간, 문화, 공간을 중요 기준으로 하고 있다. 마을연구가 로컬리티 연구를 위한 하나의 사례연구라는 점에서 최대한 구성요소를 염두에 둔 연구를 진행하였다. 각 부별로 로컬리티를 탐색하기 위한 노력을 확인해 본다.

1부에서는 마을의 '일상과 공동체'에 주목하였다. 일상은 사소한 것, 단조로운 것, 매일 매일 반복적인 것이다. 그래서 안정된 것이며, 습관화되고 익숙한 것이라 할 수 있다. 하지만 이러한 특별하지 않은 모든 것을 포함하기 때문에 다양하고 복잡하다고 할 수 있다. 일상은 매일 매일이 순환적 주기에 따라 반복되지만 동일한 것의 반복이 아니라 비슷해 보이지만 다른 것들이다. 이런 점에서 일상은 고정되지 않고 변화한다고 할 수 있다. 일상은 사건이 발생하는 배경이 된다. 변화하지 않는 단조로운 일상은 그 자체의 힘을 가지게 된다. 안정성을 깨뜨리려는 어떠한 시도에 수동적이지 않고 저항한다. 본 연구가 일상에 관심을 가지는 것은 근대의 논리가 간과한 일상적 삶의 과정, 관계, 개인의 욕망과 친밀성 등이 로컬리티 구성에 작동하는 메커니즘을 찾아보기 위해서이다. 마을이라는 단위를 배경으로 한 일상 연구는 마을 구성원들의 집합적인 일상이 지니는 의미를 파악하고자 함이다. 그리고 마을은 일상이 가장 구체적으로 드러나는 현장이다. 구성원 개개인의 일상과 집단적 일상은 항상 일치하는 것은 아니다. 마을에서 일상적인 생활을 하는 구성원들은 상호작용 과정을 통해 서로 갈등, 투쟁, 협상, 조정하기도 한다. 우리 연구가 주목하는 지점은 마을 사람들이 공감하는 일상이 지닌 가능성에 있다.

「마을연구와 일상생활이론의 적용」(이동일)은 일상과 관련한 다양한 이론을 마을연구에 적용하는 방법을 모색하는 것이다. 이 글은 일상이 주장하는 저항적 의미를 강조한다. 그리고 이 글에서 주목한 일상이론은 슈츠의 생활세계에 대한 관심이다. 슈츠의 생활세계 이론은 개인의 생활을 아우르는 우리의 주위 세상에 대한 관심이라는 점에서, 마을연구에 적용할 가치가 있다고 주장한다. 「압축근대시기 농촌마을의 일상과 로컬리티 – 새마을운동을 중심으로」(차철욱)는 마을의 로컬리티를 마을 사람들에게 익숙해져 있는 생산노동과정인 일상에 주목한다. 한국의 압축근대시기 농촌 농민들이 지닌 근대화를 위한 욕망이 만들어낸 농민들의 일상 시간이 국가 동원에 포섭, 저항, 갈등 등 다양한 대응논리를 만들어 낸다는 점에서 일상이 지닌 역동성을 강조한다. 「도시 동족마을에서 문중조직의 활동과 역할」(변광석)은 도시에 있는 동족공동체의 성격이 강하게 남아있는 동족마을에 주목한다. 이 글은 산업화시기 도시지역의 마을에서 문중 조직은 서서히 해체되고 있었으나, 전통적인 문중의 위상을 유지하고, 마을 내 공동체 문화를 유지하기 위해 다양한 공적인 역할을 하고 있었다고 주장한다. 그리고 이 시기 문중의 활동에서 공동체가 지닌 로컬에서의 가능성을 찾는다.

2부에서는 마을의 '문화와 재현'에 주목한다. 마을은 공간이라는 물리적 범위를 갖고 있고, 실제적인 사람들의 삶이 생산-재생산되는 하나의 세계를 구성하고 있으며, 그 속에서 사람들의 긴밀한 교류와 상호작용이 발생한다. 마을은 다양한 종류의 인간행위와 상징적 실천이 수행될 수 있는 틀이나 환경을 제공하며, 이런 점에서 일종의 사회적 문맥context이다. 문맥으로서의 마을은 마을 사람들의 의미 교환과 공유, 사고의 준거틀 등을 제공한다. 오랜 기간을 통해 만들어진 마을 내부의 제도와 관행, 마을의 역사, 집합기억 등은 마을 사람들이 스스로의 문화를 만들어낼 수 있도록 하는 주된 근거들이다.

삶의 근거지인 마을을 기반으로 사람들은 특정의 생활양식이자 삶의 준거, 의미화의 다양한 형식들을 생산해 내는데, 그 결과물을 '마을 문화'라고 할 수 있다. 달리 말하면 마을 문화란 마을을 단위로 하여 고유하게 존재하는 문화적 양상들, 즉 마을의 의례, 전통, 상징, 집합적 기억과 의미 등을 총칭하는 것이라 할 수 있다. 이런 점에서 마을 문화는 마을이라는 사회적 문맥 하에서 발생하는 일종의 정체성 작용의 근거이자 결과물이며 마을의 특성이라고도 할 수 있다. 하지만 마을 문화는 고정된 하나의 실체가 아니다. 시간과 정치·사회·경제 구조와의 상호작용 속에서 끊임없이 변화하며 재구성되는 것이다. 따라서 마을 문화를 통한 로컬리티 연구는, 지속적인 변화선상에 있는 마을 문화의 특정 국면을 대상으로 마을의 특성을 읽어 내는 작업이라고도 할 수 있다.

「마을 문화와 지역성의 동학」(박해광)은 마을 문화라는 이론적 접근을 시도한 글이다. 마을이라는 공간에서 발생하는 문화적 양상들의 특이성에 주목하면서, 문화가 로컬리티를 구성해 나가는 이론적 근거를 제시한다. 특히 근대의 지배에 의한 문화적 획일성에 대응하는 대안으로 마을 문화의 다양성과 문화적 생태원리들의 가능성을 제안한다. 「마을 문화의 재구성과 차이의 가능성 – 삼지내마을의 슬로시티 인증을 중심으로」(차윤정)는 중심 지향의 거대서사에 의해 가려졌던 마을 문화에 주목하여, 여기서 로컬과 로컬인들의 이론적 실천적 대안을 찾는 노력을 시도한다. 특히 우리나라에서 가장 먼저 슬로시티 인증을 받은 전라남도 담양군의 삼지내마을을 사례연구하여, 이 마을 사람들에게 덧씌워진 '느림'과 '전통'의 동일화 논리에 포획되지 않은 마을 사람들의 삶터에 기반한 애착과 역사적 경험이 만들어 내는 '차이'에서 로컬리티를 발견한다. 「마을의 역사적 경험과 재현―대구시 우록리 사례로」(양흥숙)는 로컬리티 구성요소로서 마을에 살았던 인물과 그 인물 관련 역사자원에 주목한다. 특히 대구시 우록리에 전승되어 온 임진왜란 당시 귀화한 일본인 사야가와 관련한 역사적 기억을 소재로 한다. 이 글은 마을이 형성된 이후 시간의 흐름에 따라 구성되는 마을의 기억에서 마을 사람들의 인식과 가치관, 마을 구성원의 관계, 외부와의 연대에서 로컬리티를 탐색한다.

3부에서는 마을의 '공간과 변이'에 초점을 맞추었다. 인간의 사고, 활동과 경험은 근본적으로 물질적, 구체적인 것에 토대를 둔다. 때문에 구체성과 직접성에서 인간의 삶은 물리적 공간과 긴밀하게 연결된다. 따라서 로컬리티 연구에서 물리적 공간, 장소, 현장 등의 용어는 중요한 의미로 다가온다. 로컬은 사람들의 일상생활이 영위되는 삶터이면서 다양한 상호작용을 통해 구성되는 관계의 장이다. 삶터로서의 로컬은 여러 가지 조건과 상황 속에서 조성되며 또한 다양한 메커니즘에 의해 끊임없이 변화를 거듭한다. 수많은 관계를 맺고 살아가는 곳으로서의 로컬을 이해하기 위해 로컬을 '구조'가 아니라 '관계', '과정'으로, 즉 위상학적으로 다룰 필요가 있다. 사람들의 집적 속에서 새로운 '관계'들이 출현하고 그 관계 속에서 벌어지는 주민들의 자율적인 움직임, 즉 '운동'의 집합이 로컬을 만들고 또한 로컬을 새롭게 인식하도록 이끌 수 있다.

마을연구에서 '공간'은 주민들의 삶과 다양한 활동이 이루어지는 물리적, 구체적 장소로서 마을을 구성하는 가장 기본적인 요소라 할 수 있다. 때문에 마을연구를 위해서는 다양한 요인들에 의해 마을 '공간'이 재구성되며 변화하는 양상을 비판적으로 살펴보는 것이 필요하다. 또한 마을 '공간' 뿐만 아니라 그곳에 살고 있는 '구성원', 즉 마을 주민들의 구성, 생활, 관계망 등도 외부의 다양한 힘들에 직간접적인 영향을 받으며 함께 변화한다.

　　「도시화에 의한 마을공간의 분절과 구성원의 연대-대천마을과 대천천네크워크를 중심으로」(공윤경)는 공간이 고정된 것이 아니라 그와 관계 맺는 요소들에 의해 끊임없이 재구성되는 점에 주목한다. 이 글은 도시화 과정에서 발생하는 공간의 분절화 위계화에 대응한 부산시 북구 화명동 대천마을 대천천네트워크의 활동에 대한 사례연구이다. 마을 내 다양한 단체를 통합한 대천천네트워크가 수행하는 공간과 구성원의 분절을 엮는 관계망과 자율적인 운동을 통한 공생의 가치 추구에서 로컬리티를 찾는다. 「시민 자치 장소로서의 조선 마을-1970년대 후반~1980년대 후반 우토로 초기 지원자에 주목하여」(전은휘)는 로컬의 범주를 장소를 매개로 한 외부 관계망으로까지 확대하였다. 이 글은 식민지시대 일본의 비행장 건설현장에 동원되었던 노동자들의 집단거주지인 일본 교토의 우토로를 대상으로 한다. 오늘날 우토로 주민들이 거주권운동을 성공적으로 달성할 수 있었던 배경은 외부의 일본인들 지원조직이었음을 강조한다. 우토로라는 장소를 매개로 한 네트워크가 로컬의 새로운 개념으로 자리매김할 수 있는가를 보여준다. 일본인 지원자 네트워크가 우토로를 재일조선인 문제뿐만 아니라 지역 내 인권문제를 동시에 해결하는 저항적 연대의 장소로 만들었음을 밝히고 있다.

　이상과 같이 이 책은 마을연구를 통해 로컬리티를 탐색한 사례연구이다. 로컬리티가 작동하는 로컬은 다층적이고 복합적이다. 마을은 그 다양한 단위 가운데 하나이고, 마을을 통해 로컬리티의 작동메커니즘을 좀 더 세밀하게 살펴보려고 하였다. 마을을 단위로 한 로컬리티 연구는 몇 가지 점에서 의미있는 작업이다. 우선 거시적인 관점에서 확인하기 곤란한 것을 마을이라는 구체적인 삶의 현장에서 마을 사람들이 만들어 가는 로컬리티를 확인할 수 있었다는 점이다. 규모가 작은 단위인 마을은 마을 사람들의 행위를 좀 더 세밀하게 관찰할 수 있는 장점이 있다. 이러한 조사 방법을 통해 마을의 특이성과 가치를 드러내는 작업이 가능하다. 하지만 마을연구가 지니는 한계도 적지 않다. 마을연구를 다층적이고 복잡한 로컬의 일반적이고 보편적인 연구로 확장 가능한가에 대한 고민이다. 우리는 로컬이 지닌 독자성과 자율성에서 로컬의 가능성을 발견하고자 한다. 그런데 또다시 보편적인 논리를 구상하는 것은 종전에 범했던 동일화의 논리로 빠져들지 않을까 하는 우려도 없지 않다. 로컬의 독자성을 최대한 인정하면서 동일화와 획일화의 길로 향하지 않는 다양한 사례의 집적이 필요하다. 이후 더 많은 사례연구를 통해 지금의 마을연구가 지닌 부족한 점을 보충할 예정이다.

2017년 5월
부산대학교 한국민족문화연구소
로컬리티의인문학연구단마을연구팀

차례

3부 ─ 공간과 변이

1부

일상과 공동체

마을연구와 일상생활이론의 적용

이동일

1. 일상의 무대로서 마을

일상적 삶의 공간으로써 마을은 도시와 농촌에 모두 적용되는 보편적 개념이다. 마을은 전통적 사회의 공간적 성격을 강하게 내포하고 있다. 그러나 공간의 구성, 성원들 간의 관계, 외부와의 관련성의 영역은 현대의 도시 마을에서도 여전히 의미 있는 개념이다. 최근에 와서는 가장 도시적 특징을 대표하는 아파트에도 ○○마을이라고 명명하고 있다. 도시와 대비되는 전통적 개념으로서가 아니라 마을의 본래적 의미에서 수용되고 있다. 그래서 거주 구성원의 1차적 관계, 일상의 공유, 친밀성, 공동체적 속성은 마을의 성격을 규정하는 내용이다.

마을에 대한 연구는 크게 두 가지로 나누어질 수 있다. 첫째는 도시의 마을 만들기에 대한 연구이다. 애초에 마을 만들기는 도시 낙후 지역에 대한 지자체의 정책적 결정에서 시작되었다. 도시재생, 지역의 자생력 증대 등을 목적으로 한다. 결과적으로 관 주도의 형태로 나타날 수밖에 없다. 한편 육아를 비롯한 교육을 위한 자발적 도시의 마을공동체들이 꽤 성공적인 결과를 낳고 있다.

두 번째는 마을 자체에 대한 연구이다. 마을의 일상을 추적함으로써 지역의 삶을 드러내는 연구이다. 이와 아울러 공동체의 관점에서 마을을 연구하기도 한다. 마을의 일상에 대한 관심은 대개 공동체와 관련되어 있다. 마을은 게마인샤프트Gemeinshaft의 속성을 지니고 있다. 게마인샤프트는 1차적 관계를 중심으로 동의된 가치, 친밀한 관계를 그 특징으로 한다.

본 연구는 마을 만들기에 대한 정책과 그에 관련된 과정에 대한 논의는 부수적이다. 마을의 일상을 어떻게 연구하고 그 일상은 무엇인가?, 그리고 그 마을의 공동체적 성격을 어떻게 연구할 것인가에 초점을 맞출 것이다. 이론적 틀로서 일상생활이론을 통해 마을과 일상의 관계를 살펴볼 것이다. 또한 실제의 마을을 연구하는 데 있어서 구체적인 일상의 영역들을 살펴보도록 한다. 마을 만들기라는 프로젝트는 단순히 제도적 지원, 경제적 지원만을 강조해서는 실패할 가능성이 높다. 마을 구성원들 간의 관계, 마을의 유지, 그리고 갈등과 같은 일상에 대한 논의가 함께 이루어져야 한다. 이러한 의미에서 마을 자체에 대한 일상, 공동체에 대한 논의는 마을연구와 필연적으로 연관된다고 볼 수 있다.

2. 마을연구와 공동체

1) 마을의 속성과 공동체

먼저 마을에 대한 정의가 필요하다. 마을을 만든다는 인위적인 행위는 마을이라는 기본적 개념을 이해하는 것에서 시작되어야 한다. 마을은 순한글 ㅁ·(村)+△·ㄹ(谷), 일본어 つち(土), 한자 村, 영어권의 village(시골에 있는 집)에 그 어원을 둔다. 마을은 주로 시골에 모여 사는 공간으로 정의될 수 있다.[1] 마을의 본래적 의미는 근대 이전의 사회의 거주, 생활공간임을 알 수 있다. 따라서 도시에서의 마을 만들기는 단순히 공간적 개념만을 적용시킬 수는 없다. 마을은 물리적 공간일 뿐만 아니라 감정과 생활 공유라는 측면을 포함하고 있는 것이다.

한편 마을은 같은 우물을 쓰는 동(洞)에서 유래한다.[2] 그래서 마을은 공동체라는 속성을 갖는다. 근대 사회 이전에는 마을이 기본적인 삶의 터전이었다. 근대화를 통해 도시라는 새로운 형태의 공간이 출현하게 된다. 근대화라는 변화는 마을의 해체, 공동체의 해체를 가져오게 된다.

김기홍은 마을을 공동체와 관련시켜 공통점과 차이점을 다음과 같이 정리하고 있다.[3] 공통점으로 장소에 기반을 둔 모듬살이, 친밀한 대인관계, 연대감과 정체감이며 차이점으로는 마을은 대규모, 자족적, 생태적, 폐쇄적, 19세기 이전의 형태인 반면, 공동체는 소규모, 상호의존

---

[1] 김기홍, 『마을의 재발견』, 올림, 2014, 91쪽.
[2] 김성균, 이창언, 『함께 만드는 마을, 함께 누리는 삶』, 지식의날개, 2015, 6쪽.
[3] 김기홍, 앞의 책, 93쪽.

성, 계획적, 개방적, 19세기 이후 발달되어 왔다고 정리하고 있다.

이러한 구분은 한편으로 다소 논란의 여지가 있다. 왜냐하면 공동체는 매우 다양한 방식으로 발전해왔고 진행형이기 때문이다. 즉 대규모의 공동체도 존재했었고, 자급자족을 기본 목표로 삼는 공동체도 있기 때문이다. 그럼에도 불구하고 마을이라는 공간과 관계의 측면과 공동체는 상당히 중첩되는 부분이 있다. 다음 절에서는 마을이라는 사회적 집단이 공동체라는 속성과 어떠한 개념적 실제적 의미를 공유하는 지를 살펴보도록 한다.

2) 마을연구와 공동체

공동체는 사실 매우 다의적으로 쓰이는 개념이다. 왜냐하면 사회라는 것 자체는 공동체라는 속성을 가지고 있기 때문이다. 따라서 사회과학, 인문과학의 영역에서는 그 개념이 광의적으로 쓰이고 있다. 특히 사회를 연구하는 사회학에서 공동체와 사회는 곧 공동체라는 다소 애매한 협정을 맺기도 한다.

(1) 공동체 개념의 논란

사실 모든 사회집단이 공동체일 수는 없다. 사회적 범위와 규모에 따라서 개념적 차별성이 존재한다. 마을공동체, 씨족공동체와 같은 본래의 공동체, 학문공동체와 같은 개념적 공동체, 한민족 공동체, 인류 공동체와 같은 추상적 공동체로 나누어질 수 있다. 따라서 공동체의 종류는 다양하다. 인류 공동체를 비롯해서 마을공동체에 이르기까지 다양한 종류와 규모 그리고 각기 다른 사회적 관계를 가지고 있다.

이러한 논란 때문에 힐러리George A. Hillery는 사회학자들이 쓰는 공동체 개념 중에서 공통적으로 쓰이는 용어들을 정리했다. 공동체를 규정하는 정의 중에서 'people'이 가장 많았다. 이를 다시 정리해서 3가지의 사회학적인 의미에서 공동체 개념을 제시했다. 즉 지리적 요소, 사회적 상호작용, 공동의 유대 혹은 연대가 공통적 요소라고 보았다. 이러한 개념 규정은 매우 중요하다. 왜냐하면 어떠한 사회적 집단이 공동체인지 아닌지를 판단하는 개념적 틀이 되기 때문이다.

먼저 지리적 요소는 물리적 공간을 포함하고 있다. 공간은 단순히 특정한 지역을 차지한다는 추상적 논의 이상의 의미를 지닌다. 공동체는 구체적인 사회적 현실의 장이다. 따라서 개별 구성원들이 함께 생활하는 곳으로써 필수적인 부분이다. 또한 물리적 경계는 특정 집단의 정체성을 반영하기도 한다. 정보사회에서의 가상세계 역시 실제 하는 공간으로 봐야 한다. 그래서 사이버 공동체라는 개념도 매우 적절하다고 하겠다. 두 번째 사회적 상호작용이다. 군중, 대중과는 구별되는 사회적 집단의 특징이 상호작용이다. 상호작용은 또한 지속성을 담고 있어야 한다. 지속성이고 제도화된 상호작용은 공동체를 규정하는 요소이다. 상호작용은 언어, 규범에서 경제, 정치, 사회 전 영역에서 이루어져야 한다. 즉 일상의 생활을 살아가는 모든 영역에서 이루어진다. 마지막으로 공동의 유대와 연대는 공동체의 정체성과 지속성에 영향을 미치는 부분이다. 유대감과 연대감은 다른 집단과 구별되는 정신적 경계로서 작용한다. 사회집단은 우리 집단we group과 그들 집단they group으로 나누어진다. 우리 집단은 서로의 유대와 연대로 강하게 결합되어 있다. 이러한 지리적, 문화적, 심리적 요소들이 하나의 공동체를 형성하는 요소들로 작용하게 된다.

마을은 전통적으로 공동체적 요소를 지닌 사회였다. 마을은 지역이라는 특정한 물리적 공간에서 존재한다. 한 지역의 자연, 사회적 공간은 그 사회집단의 생존, 일상생활을 결정하는 중요한 요인임은 자명하다. 마을은 다양한 구성원이 살아가는 곳이다. 남녀노소가 함께 지속적인 상호작용을 하는 곳이다. 사회적 규범, 제도는 상호작용이 지속적으로 이루어질 때 가능하다. 한편 유대감과 연대감은 마을의 정체성과 특수성을 규정한다. 공동체로서 마을은 구성원들 간에 끈끈한 유대와 연대가 필요하다. 서로를 연결하는 사회적 접착제로서 기능하게 된다. 마을을 단순히 특정 지역의 사회집단을 지칭하는 개념적 논의로 끝나지 않으려면 마을의 공동체적 속성을 반드시 결부시켜 보아야 할 것이다. 마을과 관련해서 공동체가 되기 위한 세 가지의 조건이 필요하다.

첫 번째 공통적인 신념과 가치가 필요하다. 구성원들이 서로 의사소통이 가능하려면 서로의 신념과 가치가 전제되어야 한다. 마을의 경우 왜 마을을 만들어야 되는지에 대한 서로가 합의하는 신념과 가치가 있어야 한다. 이념적 공감대가 없으면 마을과 마을 만들기는 실패할 가능성이 매우 높다. 두 번째 구성원의 관계가 직접적이고 다면적이어야 한다. 공동체가 되기 위해서는 전인적 관계가 전제되어야 한다. 한 개인이 차지하는 사회적 지위, 계급, 소비적 지위에 의한 관계는 진정한 의미에서 공동체적 관계가 아니다. 또한 구성원들 간에는 대면적 관계가 이루어져야 한다. 서로 얼굴을 보면서 관계를 맺는 것은 일상생활을 실천적이고 구체적으로 실현하는 조건이 된다. 결국 구성원들이 감정, 일, 생각을 함께 하는 다면적 관계 속에서 일상을 구성해야 한다. 마지막으로 구성원 간에는 호혜성의 원칙이 작용해야 한다. 상호부조, 협동과 분담을 위한 조정이 이루어져야 한다. 즉 단기적인 이타주의가 장기적인 개인의 이익으로 돌아오기 위해서는 전제되어야 하는 조건이다. 이러한 조건은 마을이 공동체로서 존재하기 위한 전제이며 마을의 지속성과 깊은 관계가 있다고 할 수 있다.

(2)생활공동체의 특징

마을이 생활을 함께 하는 구체적인 사회집단이라는 점에서 생활공동체의 개념을 덧붙이고 자 한다. 마을은 일상생활을 공유하는 집단이다. 따라서 생활공동체에 대한 논의는 공동체로서 마을에 대한 분석도구가 될 것이다.[4]

생활공동체는 첫 번째 앞 절에서도 언급되었지만 기존 사회와는 다른 신념과 가치를 지니고 있다. 마을이 공동체로서 존재하려면 새로운 생각이 필요하다. 기존 사회는 각 개인이 삶의 주체이다. 따라서 경쟁은 당연한 것이고 능력에 따른 결과가 중요시된다. 그러나 마을이 진정한 의미에서 공동체가 되려면 협동, 공존이라는 신념과 가치가 구성원에게 설득력을 가져야 한다. 신념과 가치의 중요성은 일상생활에서도 표현된다. 즉 개인이 아닌 집단속의 개인, 개인적 성과가 아닌 사회집

---

[4] Popenoe, Olikver & Popenoe, Cris, 이정우 역, 『세계의 공동체 마을』, 정신세계사, 1984.

단의 성과가 중요시되어야 한다. 그러기 위해서는 기존 사회와는 다른 생각이 구성원들 내에서 합의되어야 한다.

두 번째 자급자족이다. 일반적으로 공동체에 있어서 자급자족은 생존과 관련된다. 마을 만들기가 관주도의 지원으로만 이루어질 경우 한계를 가질 수밖에 없다. 물론 도시의 마을 만들기에 있어서 지자체의 지원은 필요하다. 하지만 마을 스스로가 자생적 생존 조건을 갖추지 못할 경우 실패할 것은 자명하다. 도시에서의 마을은 농촌마을과는 생존 조건이 매우 다를 수밖에 없다. 이상적인 공동체는 자급자족을 꿈꾼다. 하지만 그렇다고 전적으로 가능하다는 것은 결코 아니다. 마을 구성원들이 최소한의 자족적인 상호부조, 경제적 협력이 필요하다는 의미다.

세 번째 의사소통 과정이다. 일상생활에서 우리는 많은 것을 결정해야 한다. 그래서 의사결정은 일상적이다. 문제는 공동체에서의 의사결정은 다르게 이루어진다는 점이다. 기존 사회에서의 의사결정은 대부분 개인의 몫이다. 하지만 공동체로서 마을은 일상의 영역을 함께 결정하는 구조를 갖추어야 한다. 너무나 당연하게 의사결정은 민주적으로 이루어져야 한다. 민주적이란 의미는 형식적일 뿐만 아니라 실질적으로도 그렇다는 의미다. 구성원이 마을, 공동체 내에서 동등한 권리를 갖추어야 하고 평등해야 만 가능한 것이다. 일상의 의사소통 과정을 추적해 본다는 의미는 그 집단이 공동체 여부를 판가름 하는 기준이 될 수 있다.

3) 마을연구의 역사적 의미

마을은 역사적 개념이다. 그러나 전통적 사회에서 마을은 근대사회가 시작되면서 해체되고 붕괴되었다. 농경과 봉건사회를 바탕으로 하는 전통사회에서 산업과 자본주의로 변화했다. 그럼에도 불구하고 해체되었다고 생각되었던 마을은 여전히 잔존하고 있다. 단순히 개념적이든 본질의 내용이든 간에 지금도 실질적 시민권을 가지고 있다. 이러한 마을이 사회적 실천으로 그리고 정책적 고려의 대상이 된 것은 마을 만들기에서 시사 받은 바가 크다.

마을 만들기의 시작은 2차 대전 후 일본에서 시작되었다. 1950년대 일본은 패전 후 마을 일으키기 운동을 통해 농촌의 재건을 꾀하게 된다. 2차 세계대전 후 오키나와 현에서 내발적 지역 진흥을 추진하면서 섬 일으키기에서 시작되었다. 이후 대도시 주변의 마을 만들기 시대로 전환하게 된다. 이 시기의 마을 만들기는 경제적 측면에서 동반성장, 낙후지역의 성장 등을 목적으로 진행되었다. 그러나 경제성장 지향형 마을 만들기는 역설적으로 대도시 거대 자본에 종속됨으로써 마을의 종속화, 지역경제의 쇠퇴를 가져왔다.[5] 이러한 시대적 변화에 따라 마을 만들기는 지역의 특성과 주민 그리고 지방정부와 관계속에서 논의되고 있다.

한국에서는 1990년대 지방정부의 실시와 더불어 시작되었다고 볼 수 있다. 중앙정부의 경우 지역의 환경개선 사업, 재래시장의 활성화,

---

[5] 마쓰노 히로시 · 모리 이와오 편, 장준호 · 김선직 역, 『커뮤니티를 위한 마을 만들기 개론』, 형설, 2010.

지방 소도시의 발전을 위한 목적이었다. 한편 1995년 민선시대에 이르러 1998년 강원도 새농촌건설운동, 2001년 진안군의 으뜸마을 만들기, 광주시, 안산시의 마을 만들기 센터의 건설 등으로 지방정부에서도 중요사업으로 추진되기 시작했다.[6]

마을 만들기는 지역을 기반으로 하는 마을에서 주민의 자체역량과 지방정부의 지원을 통해 마을을 새롭게 만들어 가는 것을 의미한다고 볼 수 있다. 따라서 마을 만들기는 주민과 지방정부의 관계가 무엇보다 중요하다고 볼 수 있다. 지방정부의 일방적 지원은 마을 만들기가 아닌 낙후지역 개발, 지방정부의 정책홍보가 될 수 있다. 또한 주민의 자체역량으로는 재정적, 인적, 인프라의 한계가 있을 수밖에 없다. 주민의 이해와 지방정부의 지원이 얼마나 효율적으로 결합되는 가에 성공 여부가 달려 있을 수밖에 없다.

3. 마을을 보는 관점으로서 일상생활 이론

1) 일상이란

일상이라는 기표는 친숙하고 명료한 것처럼 보인다. 그러나 기의로서 일상은 매우 다의적이고 복잡하다. 우리의 일상은 단조로운 것처럼 보이지만 실상은 특별하지 않은 모든 것을 포함하기 때문에 매우 다양

---

6   초의수 외 3인, 『부산의 마을 만들기 모형 분석과 좋은 마을 만들기 매뉴얼 작성』, 부산발전연구원, 2010, 25~26쪽.

〈표 1〉 일상과 비일상

	일상	비일상
1	평일	축일, 휴일
2	통상적 사회영역 ex)저녁	비통상적 사회영역 ex)돌잔치
3	민중의 생활	권력을 가진자의 생활
4	일하는 것, 일하는 자	일하지 않는자, 이윤으로 사는 자
5	매일 생활이 이루어지는 영역	국가적 행사, 큰 사건
6	사생활	공적, 직업의 생활
7	자연적, 자발적, 성찰이 되지 않는 체험과 사유의 영역	성찰, 인위적, 비자발적 학문적 태도, 사유의 영역
8	일상의식 : 이데올로기적, 소박한, 숙고되지 않는 잘못된 체험, 사유	올바른, 순수한, 참된 의식
9	모든 영역의 기초가 되는 행위 체험	특정한 행위 논리, 우수한 세계, 목적이 있는 세계
10	누구나의 행위 세계	전문적인 행위 세계
11	그때 그때 주관적, 특수하게 조정되는 영역	제도, 조직
12	특수한 세계에 상응하는 행위 형태 및 지식 형태라는 의미에서 일상성	과학적, 기술적, 경제적 행위와 지식

하다. 오히려 일상과 대비되는 사건은 단순하고 명료하다. 보통의 평일과 휴일, 축제는 분명히 대비된다. 그러나 한편으로 휴일이 일상화될 수 있다. 지속적이며 반복적인 휴일은 또 다른 일상을 구성한다.

　N. Elias는 일상에 대해 다음과 같이 정의하고 있다.[7] Alltag의 어원은 반복적인 것, 관계화된 것, 안정화된 것, 습관을 의미한다. 표를 통해 일상과 사건을 대비해 보면 〈표 1〉과 같다.

　일상이란 매일 매일의 삶이다. 하지만 반복되지만 완전히 동질적인 것은 아니다. 일상이 순환적 주기를 가지지만 순간순간은 같을 수 없다. 어제와 똑같은 오늘은 있을 수 없다. 너무나 당연히 어제와 오늘은 같지만 매우 다르다는 역설이 존재한다.[8]

7　강수택, 『일상생활의 패러다임』, 민음사, 1998, 31쪽.

일상은 매일 되풀이되는 삶이다. 그래서 일상은 별 다른 사건이 일어나지 않는 영역이다. 그러나 일상은 바로 사건이 일어나는 배경이 된다. 어떠한 사건도 일상을 배경으로 하지 않는 것이 없다. 일상은 가장 보수적이고 저항적이다. 그래서 가장 늦게 변하고 새로운 변화에서도 가장 늦게 반응한다. 어떠한 신념이나 이데올로기도 일상과의 조화 없이는 수용되지 않는다. 일상의 야누스적 모습니다. 일상의 1차적 조건은 바로 생존과 존속이다. 일상이 비록 진부하고 사소하며 하찮은 것으로 치부되기 쉽지만 결코 그렇지 않다.[9]

결국 일상은 반복되는 일상적 활동들이며 그로 인해 집단, 제도의 종속을 의미한다. 결국 사회적 구성물인 구조가 강조되기도 한다. 하지만 일상은 일상적인 것과 비일상적인 것의 단호한 분리로 이루어져 있다. 또한 비록 소수의 지도적 인물 등에 의한 일상외부의 충격이지만 일상적인 것은 비일상적인 것의 예비학교이다.[10] 일상은 너무나 일상적이어서 간과되기 쉽다. 하지만 일상에 대한 설명없이 거대구조를 이야기 하는 것은 현실의 실상을 반영하지 못하는 사상누각에 지나지 않는다. 인간은 자신의 생존이 무엇보다 중요하다. 의식주는 인간을 이해하는 시작이 되어야 한다. 그러기 위해서는 일상을 이해하지 않으면 안 된다.

마페졸리는 꿈과 생각의 연결을 이야기하면서 더 이상 인류가 꿈을 꾸지 않는다는 점을 지적한다. 이러한 지적의 핵심은 바로 현실의 권력이 개인에게 평화로운 세상만이 존재한다고 개인에게 강요한다는 것이

---

8   신승원, 『앙리 르페브르』, 커뮤니케이션북스, 2016, 36~37쪽.
9   박재환, 1994, 『일상생활의 사회학』, 한울, 24~26쪽.
10 Alf Lüdtke etc, *Alltags-geschichte*, 이동기 외 역, 『일상사란 무엇인가』, 청년사, 2002, 20쪽.

다. 그래서 마페졸리는 인간을 둘러싼 사회적 삶에 주목하게 된다. 개인에게 있어서 현재는 일상생활과 상상적인 것 사이의 연계임을 강조한다. 이것은 감정이입의 관계이며 공동체적 욕망이며 정서, 공명의 영역으로 풀이한다.[11]

마페졸리의 일상에 대한 특징은 다음과 같다.

첫째 거대이론, 구조에 대한 논의가 아니라 사회구성원이 실제 살아가는 모습에 대한 논의이다. 일상은 되풀이되는 것이지만 이 영원한 회귀에서 벗어 날 수 없다. 둘째 대중은 수동적 존재가 아니라 삶의 의지와 지혜를 가진 적극적인 존재이다. 대중은 침묵과 무반응으로 자신의 뜻을 전달한다. 어떠한 이데올로기, 종교라도 대중을 하나로 묶은 적은 없다. 어떠한 이념이라도 대중을 영원히 구속하지는 못한다. 셋째 대중은 근대의 개인주의가 아니라 전통사회 이래로 관계적 원리 속에서 살아 왔다. 이것이 일종의 부족주의로 새로운 사회성의 원리로 부각된다.

마지막으로 지적 상대주의적 관점을 지닌다. 엘리트의 이념과 윤리는 사실 독단과 단정이었을 뿐이다.[12] 마페졸리의 일상에 대한 핵심적 논의는 한마디로 대중의 역설적 저항성과 적극성이다. 역사 이래로 피지배층은 지배자의 물리적 권력과 헤게모니의 지배를 받아 왔다. 그러나 일상의 구체적인 역동성은 어느 시대에도 권력에 의해 무너지지 않았다. 민중, 대중의 침묵과 무관심은 결코 수동성과 피지배성을 의미하지 않았다. 사회를 지배하는 이념으로서 그리고 실체로서 자본주의, 권력 등은 현실에 대한 상상력을 제한한다. 마치 매우 평화스럽고 당연한

---

11 박재환, 『현대를 생각한다』, 한울, 1997. 9~10쪽.
12 박재환, 「세계화와 탈중심화」, 마페졸리 초청강연, 부산대사회조사연구소, 2000. 9~11쪽.

것으로 일상을 지배한다. 일상에 대한 관심을 가지면 가질수록 거대한 이념들과 제도들이 일상을 어떻게 지배하는 가에 관심을 가질 수밖에 없다. 결국 일상은 그저 주저앉아서 기다리는 수동적인 것이 아니다.

2) 일상의 구성

구체적으로 일상은 어떻게 구성되어 있는가를 살펴보기 위해 일상은 어떠한 것인가에 대한 인식론적 논의를 정리해 보도록 한다.

조르쥬 발링디에^{George Baladier}는 첫째 일상 전체는 사적인 공간과 영역으로 정의하면서 사건과 대립되는 반복적 시간으로 보았다. 즉 일상은 수면 vs 깨어있음, 밤 vs 낮, 어둠 vs 밝음, 무질서 vs 질서, 죽음 vs 삶 등이 상호교섭을 이루는 것이다. 둘째 24시간의 구성이다. 하루의 삶이 이루어지는 것이다. 셋째 각종 의례, 상호작용의 형식들로 구성되어 있다. 넷째 일상은 미시적 영역이지만 사회, 국가와도 연결되어 있다. 즉 미시적 현상에서 거시적 영역으로 연결되어 있다.

마지막으로 인간의 내면적 관계로 소외와 관련되어 있다. 무엇보다 일상생활 이론에 있어서 자본주의적 소외는 무엇보다 중요하다. 르페브르, 헬러, 마페졸리 등은 일상생활이 자본주의에 의해 식민지화되면서 왜곡된다는 점을 분명히 지적한다. 근대사회로의 이행 이후 당시의 사회과학자들은 이러한 단초를 발견하면서 소외에 대해 분석하고 있다 하지만 소외가 반드시 비극적 결말을 맺지는 않는다. 뒤르켐은 소외를 사회적 분업이라는 개념으로 설명한다. 사회의 밀도와 크기의 증가는 분업을 더욱 증가시키게 된다. 분업의 확대는 결국 개인주의라는 부수적 현상을 낳게 된다. 아노미적 상황을 만들게 된다. 하지만 뒤르켐은 자본주의는 결코 무질서한 사회로 붕괴되지 않는다고 보았다. 상호의존에 의한 도덕적, 분업적 결합으로 본다. 그래서 소외는 개인과 관념론적으로 화해한다. 뒤르켐과 달리 일상생활 이론가들은 자본주의에 의한 일상생활의 왜곡과 식민지성을 이구동성으로 지적한다. 자연스럽게 마르크스의 그림자를 보게 된다. 마르크스의 소외론을 언급하지 않을 수 없다.

마르크스 사상의 거대한 한 축은 소외의 분석에 있다. 마르크스는 인간 소외의 원인을 자본주의 사회에 두고 있다. 자본주의가 발달할수록 노동자의 삶이 궁핍해진다는 사실에서 소외에 논의를 시작한다. 노동자는 자기의 노동을 통하여 자연세계를 변형시키는 행위를 하게 되는데 그의 생산은 외부세계와의 상호작용 속에서 이루어진다. 그러나 자본주의 하에서 노동자는 그의 생산품에 동화되어 버린다. 노동자는 객체화의 과정을 통하여 노동자는 객체의 노예가 된다. 자본주의 팽창과 더불어 증대되는 노동생산력과 자기 생산품에 대한 노동자의 통제 상실 간의 불균형 위에서 노동자의 소외는 성립된다. 자본주의 세계에서 소외는 첫 번째 자신의 생산물로부터의 소외, 두 번째 작업 자체, 과정으로 부터의 소외, 세 번째 인간관계는 시장의 작용으로 환원, 마지막으로 유적 존재로부터 소외를 지적한다. 이러한 마르크스의 소외 개념은 일상이 자본주의로부터 어떻게 소외되는가를 밝히는 배경이 된다.

3) 일상생활 이론의 적용

일상생활 연구가 다른 연구와 대비되는 차별성과 독특성은 일상을 드러낸 다는 점이다. 거시적 이론으로 일상을 설명하려는 생태학적 오류를 벗어나고자 하는 것이다. 물론 일상은 거시적 구조 이를테면 자본주의의 구조 속에서 이루어진다. 소외, 물화와 같은 자본주의 모순이 일상에 걸쳐 있다. 또한 거시적 정치구조 속에서 일상은 지배받는다. 그럼에도 불구하고 설명하지 못하는 것이 있다. 일상의 반란이다. 마페졸리는 일상의 개인들은 자본과 권력에 의해 복종하고 순종하는 것처럼 보인다고 말한다. 그러나 일상의 개인들은 교묘하게 자본의 논리와 권력에서 저항하고 벗어나 있다. 사회적 엘리트는 일상의 개인들에게 적나라하게 평가받는다. 비용과 보상이라는 경제학 기본에서도 벗어나기도 한다. 그래서 일상생활연구는 무엇보다 일상의 현실 그 자체가 무엇인가를 밝히는 것에 주목한다.

일상생활에 대한 사회이론은 두 개의 영역으로 나누어진다. 첫째는 일상생활에 대한 비판의 관점이고 나머지는 일상생활에 대한 이해의 관점이다. 비판적 관점은 자본주의에 소외된 일상에 대한 비판을 주 내용으로 한다. 마르크스를 비롯해 트로츠키, 그람시, 르페브르, 헬러, 코지크, 드보르, 바네겜, 하버마스 등이 대표적이다. 자본주의에 의한 일상생활의 식민지화(하버마스)의 개념이 대표적이다. 한편 일상생활의 이해의 관점은 일상 자체에 대한 설명을 배경으로 일상생활의 중요성을 강조하는 입장이다. 현상학적 입장을 대표하는 훗설, 슈츠, 셀러, 제임스, 고프만이 대표적이다. 사람들의 주관성, 자발성이 어떻게 일상을 인식하고 또 구성하는가에 대한 관심이다.[13] 일상생활에 대한 비판적 접근 역시 일상이 사회적 구조에 의해 왜곡되어 있음을 밝히는데 그 목적을 둔다. 즉 일상을 부정하는 관점이 아니라 일상을 회복해서 진정한 일상을 드러내는 것이 비판의 핵심이다.

일상생활 사회학의 주요 영역은 일상생활 이론의 주제가 된다. 첫 번째 일상생활에 관한 일식론적, 철학적 탐색, 두 번째 일상생활에 대한 연구방법론, 세 번째 일상생활에서의 역사와 공간, 네 번째 일상생활의 세계, 다섯 번째 하루의 24시간 배분, 여섯 번째 일상에서의 일과 여가, 일곱 번째 일상의 전략으로서 말, 몸, 음식, 옷, 여덟 번째 사회적 교제와 커뮤니케이션, 아홉 번째 일상에서의 의례, 열 번째 일상에서의 사건으로서 만남, 전기, 재난, 열한 번째 일상의 단절, 탈주, 열두 번째 일상과 꿈에서 점과 종교, 마지막으로 일상의 변동과 같은 분야를 다루고 있다.[14]

본 글에서는 대표적인 일상생활 이론가인 르페브르, 마페졸리, 헬러, 슈츠의 논의를 소개한다. 그 외의 학자들은 간단하게 표로 요약해서 제시하도록 한다.

르페브르H. Lefebvre에 따르면 현대인의 삶은 기술문명, 소비사회에 의해 소외되고 불안한 상태에 있다고 본다. 르페브르는 인간이란 욕구(생존), 노동(욕구 충족을 위한 것), 놀이와 즐거움을 통해 그 전체성이 확보된다고 보았다. 그러나 개인의 일상은 소외가 특징인 사회 속에서 그 모습이 드러난다고 본다.[15]

---

13 김상우, 「'일상생활의 사회학'의 현황과 전망」, 『문화와 사회』1호, 2006, 100~106쪽.
14 박재환, 앞의 책, 1994, 27~29쪽.

르페브르는 일상성의 특징을 다음과 같이 정리한다.[16] 첫째 순환론적 시간관, 둘째 시간과 공간의 제한, 셋째 사람과 사람의 관계는 상징을 중심으로 구성되며, 마지막으로 시간과 사회적 공간이 일상의 기본적인 욕구 충족과 문제 해결의 요소라고 본다.

마을을 연구하는 데 있어서 르페브르의 욕구, 노동, 놀이는 주요한 지표로 사용될 수 있을 것이다. 이러한 세 가지 지표를 통해 마을의 구성원들의 일상의 구체적인 모습을 드러낼 수 있을 것이다.

한편 마페졸리M. Maffesoli에 따르면 현대사회의 대중들은 자족하는 태도로 현실을 긍정한다고 보았다. 그러나 이러한 대중은 비록 순종하고 복종하는 것처럼 보이지만 언제나 이단적이고 사회적 틀에서 벗어나는 다양성을 가진다고 보았다. 어떠한 종교도 이념도 대중을 묶지 못하고 구속하지 못한다고 본다. 결국 마페졸리는 대중을 구제한다는 주장에 반대한다. 마페졸리의 논의는 결국 마을 만들기, 마을의 유지는 관, 지자체가 아닌 마을 구성원에 있다는 점을 반증한다. 구성원의 자발적이고 자생적인 의지와 동기가 중요하다는 것이다.

헬러A. Heller는 일상생활의 구조적 특징을 다음과 같이 정리하고 있다.[17] 첫째 개별성, 인격성과 관련해서 총체적인 인간의 생활, 둘째 노동, 휴식, 체계화된 활동 등을 포함하여 이질적 특징, 셋째 일상은 그 의미와 내용면에서 위계적이다 넷째, 자연을 지배하기 위한 기술, 인간관계에 대한 기술을 포함, 다섯째, 일상이 역사의 주변이 아닌 중앙에

---

15 위의 책, 13~14쪽.
16 강수택, 앞의 책, 50~51쪽.
17 위의 책, 84쪽.

위치한다. 여섯째 개인생활, 일곱 번째 자발성, 여덟 번째 행위는 개연성에 근거한다. 아홉 번째 실용주의적이다. 열 번째 믿음과 신뢰가 일상에서 중요한 역할을 차지한다. 헬러의 논의는 마을 자체와 마을 구성원들에 대한 일상 연구의 구체적인 부분을 지적해 준다. 일상생활의 특징은 마을을 연구하는 지표로 사용할 수 있을 것이다. 예를 들면 마을에서 총체적인 인간 생활이 이루어지는지, 노동, 휴식, 체계화된 활동 등은 어떻게 이루어지는지 볼 수 있을 것이다.

마지막으로 일상의 구체적인 현상을 보는 현상학적 관점을 살펴보기로 한다. 이론적 배경으로 현상학적 철학자인 훗설의 논의에서 시작해 보기로 한다. 훗설의 현상학적 관점은 다음에 언급되는 슈츠의 생활세계, 현상학적 사회학을 이해하기 위한 전제가 된다.

슈츠는 사회행위의 이해와 분석을 베버에서 훗설로 넓혀 간다.[18] 인간의 행위를 이해한다는 것은 단순히 타인의 경험만을 이해한다고 해석되는 것이 아니라고 보았다. 슈츠는 훗설에게 현상학적 사회학을 계승한다. 첫째 인간의 행위와 그 구조를 이해하기 위해서는 일반의 행위 구조 속에서 살펴보아야 한다. 그 핵심이 '기획함'이라는 요소이다. 행위는 특정한 기획 구조 속에서 이루어지며 그 행위의 시간적 관계와도 연결되어 있다. 둘째 세상에 대한 지식은 과거의 경험을 통해 축적되며 이것이 미래에 대해 예측할 수 있는 토대가 된다. 이러한 토대는 주체의식에 저장되어 있다. 셋째 모든 행위는 선택이라는 요소가 포함되어 있는데 특정한 대상을 고를 것인가 뿐만 아니라 어떤 행위를 할지 말지

---

18 이남인, 「Husserl의 현상학과 Schutz의 현상학적 사회학」, 『철학사상』 42호, 서울대 철학사상연구소, 2011, 141~143쪽.

도 포함되어 있다. 넷째 사람들은 생활세계를 서로 다르게 경험한다고 인식하지만 서로 경험을 바꿀 수 있으며 그것은 생활세계가 곧 하나라는 것을 증명한다. 서로의 경험을 바꾼다는 의미는 생활세계의 경험구조를 인지하고 있다는 것을 의미한다. 다섯째 타인의 심리적 상황과 신체적 표현과의 관계는 곧 특정한 사태에 대한 기호이자 상징이다. 당연히 이러한 상징체계를 해석해야만 한다. 마지막으로 사회적 세계는 친밀성, 익명성, 거리, 근접성에 따라 동시대, 선대인, 후대의 다양한 세계로 나누어진다.

슈츠는 생활세계에 대한 분석에서 일상생활의 특징을 설명하고 있다. 우리를 둘러싼 주위의 세상은 과거 세계, 미래 세계, 주위 세계, 공유 세계로 구성되어 있다. 먼저 과거의 세계는 완전히 결정되고 더 이상 자유로운 영역이 존재하지 않는 세계다. 이 세계는 과거의 사회가 전형성으로 나타난다. 이 세계에서는 전형성의 반복과 변화뿐이다. 개인들은 이 전형을 반복하고 확인한다. 한편 미래 세계는 완전히 자유롭고 비결정적 세계다. 현실의 혁명성과 변화성을 특징으로 한다. 그래서 일상은 언제나 열려 있고 결정되어 있지 않다. 주위세계는 상당한 정도의 자유와 창조성을 갖는 세계다. 일상적 대면적 접촉을 통해 다양한 경험을 할 수 있다. 마지막으로 공유 세계는 일반화된 타인과 관계를 맺는다. 구체적인 사람을 대상으로 한다기보다는 특정한 유형을 상대한다.[19] 한 개인은 그저 개인이 아니다. 사회적 개인인 것이다. 개인을 둘러싼 세계는 개인을 설명하는 기본 요건들이다. 과거로부터 이어져

---

[19] 이동일, 「일상의 무대로서 생활세계」, 『일상생활의 사회학적 이해』, 한울, 2009, 138~141쪽.

온 나는 '내일'을 살아가는 존재다. 또한 나와 가까운 사람들로 이루어진 세계가 있는 반면 그저 지나치는 사람들로 이루어진 세계 또한 존재한다. 이러한 개인들을 둘러싼 세계를 슈츠는 생활세계의 개념으로 설명하고 있다. 그런데 슈츠의 생활세계는 전형이라는 개념 속에서 파악할 필요가 있다. 생활세계 개념은 구체적인 일상 속에서 고정되어 있는 것이 아니라 끊임없이 변화하고 수정된다는 점에서 일상생활에 대한 분석의 도구가 된다.

사회학으로서 슈츠는 너무나 당연히 사회적 존재로서 인간을 전제한다.[20] 따라서 철학적 현상학이 아닌 사회학으로서의 현상학은 훗설과는 차별적이다. 그리고 이러한 개인들을 아우를 수 있는 전형이 대두된다. 이러한 전형은 다음과 같은 특징을 지닌다. 첫째 역사성이다. 오랫동안 축적된 경험의 침전물이다. 둘째 일상생활은 상호주관적이며 사회적인 것이다. 셋째 추상성과 애매 모호성이다. 사실 전형은 하나의 이념형으로 구체성이 결여되어 있기 때문에 추성적이고 애매모호하다. 넷째 익명성의 특징을 갖는다. 특정한 한 개인, 상황이 아니라 모두에게 일어나는 그리고 모든 상황을 전제로 한다는 점이다. 다섯째 융통성과 가연성을 갖는다. 전형은 고정적인 것이 아니라 실제의 일상의 세계에서 변화되고 타협하고 수정된다.

슈츠의 생활세계 연구는 마을을 둘러싼 세계에 대한 분석도구가 될 수 있다. 마을의 일상을 구성하는 전통적 일상, 마을 주민 내부의 관계, 그리고 외부세계의 관계 더 나아가 마을의 미래에 대한 논의로 이어질

---

20 김광기, 「알프레드 슈츠의 '전형성' 개념을 중심으로」, 『한국사회학회』 36호, 한국사회학회. 2002, 65~70쪽.

수 있다. 공동체로서 마을은 현재 내부의 세계 즉 내부의 일상과 사회적 관계에 대한 논의가 필요하다. 언제나 사회적 집단으로 공동체는 일상 즉 의식주, 노동, 여가 등이 주위세계를 형성한다. 이러한 주위세계는 일상의 대면적 관계를 바탕으로 형성되어 있어서 항상 수정되고 변화된다. 그러한 일상의 구체성을 분석해야 한다. 또한 공유세계는 마을밖의 상황과 관계들에 대한 이해를 제공한다. 마을은 마을 밖의 외부세계 즉 일반화된 사람들과의 관계, 그리고 관공서, 자본시장 등의 관계에 대한 영역이다. 사실 물리적 경계와 정신적 경계의 측면에서 다른마을 또는 외부세계는 특정한 규범과 규칙에 의해 관계 맺고 있다. 마지막으로 과거세계와 미래세계는 마을의 시간과 공간의 측면에서 살펴볼 필요가 있다. 사실 마을은 시간과 공간의 측면에서 역사성을 갖는다. 과거세계는 너무나 당연히 현재의 마을 공간, 구성원에게 영향을미친다. 역사성은 오랜 시간을 의미하기도 하지만 특정한 역사적 사건등을 포함한다. 그래서 과거세계는 현재의 마을을 규정하고 설명하는매우 효과적인 교과서가 된다. 마지막으로 미래세계는 현재 마을이 갖는 불안정성을 의미한다. 사실 미래가 열려 있다는 것은 희망적이기도하지만 비관적이기도 하다는 의미다. 한 마을의 현재성은 여전히 미래에 대한 전망과 너무나도 연결되어 있다. 마을, 공동체, 사회집단에 대한 전망은 언제나 불투명하고 때로는 비관적이다. 하지만 역설적으로마을을 연구하는데 있어서 특정 마을의 역사성은 곧 마을의 미래와도연결된다. 미래는 언제나 구체적이지 않고 추상적이다. 그래서 오히려마을의 미래에 대한 전망은 현재에 닻을 내리고 있다.

	일상성	비일상성	일상의 의미유형	윤리적 의미유형
하버마스	생활세계, 의사소통 영역	체계, 전략적 행위의 영역	의사소통	공통가치의 구성
헬러	개별적 재생산을 위한 활동	발생적인 의식적 활동	의식	근본적 욕구의 출현
슈츠	당연시되는 세계	유한한 의미의 영역 (과학, 종교, 광기)	상식 : 의미의 즉각적, 공동수용	
버거와 루크만	당연시되는 더할 나위 없는 실체	비실제성(꿈, 광기)	비성찰적 지식	
아르다고	생활세계(사적)	체계	상호적 이해	자율적 규범화
고프만	수행		능력	
가핑클	당연시되는 세계		성찰성, 의미의 후험적 재구성	
마페졸리	현재성		(애매성)	(비도적주의/연대)

대표적 일상성 이론의 비교해 보면 〈표 2〉와 같다.[21]

4. 마을과 공동체 그리고 일상의 영역

일상의 구체성이 드러나는 것이 바로 일상성이다. 일상생활에 대한 이론은 결국 일상성에 대한 연구 방법이자 이론이다. 일상생활 이론이 설명력을 갖기 위해서는 실제의 일상을 들여다보아야 한다. 일상은 개개인에 의해 형성되며 끊임없이 변화되는 속성을 가진다. 따라서 특정한 사회의 일상을 보기 위해서는 구체성, 일상적 반복, 의례, 갈등과 같은 영역을 살펴보아야 한다.

---

[21] 박재환, 앞의 책, 1994, 151쪽.

마을의 일상을 드러내는 구체적인 작업은 생존, 일상의 구체적인 구성, 마을 내부의 갈등에서 살펴보아야 할 것이다. 마을의 생존은 일상을 유지하는 기본적인 전제다. 모든 생존의 조건이 자본주의의 경제논리로 설명되는 것은 아니다. 개인들의 노동과 여가에서도 일상이 드러난다. 한편 갈등은 인간에게 있어서 평범한 일상이다. 조화와 안정만이 우리의 일상을 구성하는 것은 아니다.

1) 이념

공동체의 이념은 유대감, 평등주의, 형제애와 같은 특징을 가진다. 첫 번째 완전성과 전인성으로 개별화되고 단절된 인간이 아니라 사회적 총체성에서 보는 관점이다. 두 번째 평등주의다. 평등에 기초한 개인의 독자성과 유대성의 측면이다. 마지막으로 형제애다. 재산의 공유, 사랑의 공유, 가족의 공유와 같은 것은 형제애를 바탕으로 한다.[22] 이념은 공동체가 추구하는 목표와 밀접하게 연관되며 구성원의 몰입과 헌신의 배경이 된다. 일상의 영역에서 마을이 추구하는 목표는 이념과 당연히 결부된다. 이념은 공동체의 목표에도 관여할 뿐만 아니라 일상의 함께 하는 구성원들의 생활을 설명하는 토대가 된다.

자본주의적 삶이 우리의 일상을 왜곡해서 일상을 식민지화한다는 것은 이론적으로도 구체적인 현실에서도 적용된다. 따라서 공동체라는 한

22　김경일, 「공동체론의 기본문제」, 『공동체 이론』, 문학과지성사, 1994, 194~200쪽.

사회형태를 분석하기 위해서는 어떠한 사회적 이념을 선택하는 가에 따라서 우리의 일상이 본래적 역동성을 갖추는 가를 살펴볼 수 있다.

2) 생존

마을을 유지하기 위해서는 생존의 근거가 필요하다. 생존의 방법은 그 마을 또는 마을 공동체의 기본적 성격과 직결되는 부분이다. 관주도의 마을 만들기는 낙후된 된 지역에 지자체의 인적, 물적 지원이 이루어진다. 마을은 본래 자족적인 공간이었다. 그래서 마을 만들기뿐만 아니라 그것을 유지하는 것이 무엇보다 중요하다.

마을연구에서 마을의 생존이 어떻게 이루어지는지가 우선되어야 할 것이다. 지자체는 마을 만들기에 상당한 지원을 하고 있다. 그러나 마을의 자생력을 확보하지 않으면 지원이 중단되고 나면 마을은 다시 한계에 도달하게 된다. 그래서 마을의 생존을 위한 기반이 어떻게 조성되는 가에 초점을 맞추어야 한다. 지속적인 유지가 가능한 조건들을 살펴보아할 것이다.

3) 마을과 일상

마을에서 일상은 구체적인 구성원들의 삶을 드러내는 것이다. 먼저 마을 구성원의 24시간의 생활은 가장 기초적인 일상이다. 개인의 일상은 하루의 시간표에서 잘 드러난다. 개인의 24기간은 수면, 식사, 노동, 여가 등으로 구성되어 있다. 이러한 일상은 마을과 공동체 그리고 일상성이 보다 구체화되는 영역이다. 자본주의 사회에서 우리의 수면은 제한되고 자유롭지 못한 영역이다. 일상생활에 대한 연구가 필요한 이유다.

다음으로 일상에서 노동, 의사결정, 일상의 의례 등이 어떻게 이루어 지는 가를 살펴보아야 한다. 마을 구성원들의 노동에 대한 연구는 마을 의 자생력 생존과 밀접한 연관을 맺고 있다. 도시의 낙후지역에서 시도 되는 마을 만들기는 마을 구성원들에게 지속적인 일자리를 어떻게 마 련하는 가에 대한 고민이 포함되어야 한다. 그리고 마을을 위한 공동노 동 역시 마을의 공동체성을 확보하는 중요한 부분이다.

한편 의사결정에 대한 연구는 마을의 현재와 미래에 대한 부분과 관 련되어 있다. 내부의 자체적인 의사결정 과정은 마을이 외부의 도움 없 이 스스로의 문제를 해결해 나가는 데 있어서 중요한 부분이다. 그리고 그러한 과정이 '민주적이고 자발적으로 이루어지고 있는가'를 살펴보 아야 할 것이다. 그리고 마을의 의례는 일상의 구체적인 부분을 드러낸 다. 사람들과의 관계 방식, 마을 공동의 행사 등은 마을을 이해하는 지 표가 된다.

르페브르는 시간을 세 개의 범주로 나눈다. 직업적인 일을 하는 '의무 의 시간', 여가의 시간인 '자유시간', 일 이외의 잡다한 교통, 교제 등의 '강제된 시간'이다. 그런데 문제는 '강제된 시간'이 증가한 다는 점이다. 강제된 시간이 일상성 속에 자리 잡음으로서 일상을 강제들의 총화로서 규정하려고 한다는 점을 지적한다. 결국 시간에 대한 논의는 일상에서 여가의 가치들이 변화됨으로 우회적으로 설명한다.[23] 따라서 놀이는 일상의 중요한 부분이다. 놀이와 여가에 대한 연구는 르페브르가 언급했듯이 인간의 전체성을 구성하는 한 부분이다. 호이징가는 '인간은 놀이하는 존재'라고 말하고 있다. 인간은 어떻게 놀 것 인가를 고민하는 존재다. 근대 이전의 마을은 축제를 통해 마을의 연대성과 친밀성을 만들었다. 축제는 분명 일상은 아니다. 그러나 축제, 놀이가 반복 지속되면 하나의 일상성을 확보하게 된다. 일회적인 축제가 아니라 일상의 또 다른 부분으로 포함시킬 수 있다. 즉 사건이 반복되고 지속되면 일상화된다. 그래서 마을의 축제, 놀이, 특정한 의례는 또 다른 일상이 된다.

4) 마을에서 갈등

조화와 합의가 일상적이라면 갈등, 투쟁 역시 너무나 일상적이다. 일상을 구성하는 다양성은 오히려 갈등에서 배태된다. 갈등은 현실의 일상을 적나라하게 드러내는 부분이다. 갈등의 영역을 제대로 읽어 내지 못하면 현실은 오히려 비현실적으로 구성될 것이다. 갈등의 원인으로서 사회적 구조에 대한 분석은 필요하다. 그와 마찬가지로 실제 갈등은 어떻게 나타나며 어떠한 과정을 거치면서 전개되는 가를 볼 필요가 있다.

갈등은 마을 내부와 외부의 영역에서 살펴보아야 한다. 마을이 유지되기 위해서는 내부 구성원 간의 갈등의 원인과 그 해결에 관심을 두어야 한다. 일상을 함께 한다는 것은 삶의 영역을 공유한다는 것이다. 그

---

23 H. Lefebvre, 박정자 역, 『현대 세계의 일상성』, 기파랑, 2005, 122쪽.

렇기 때문에 갈등은 일상이다. 한편 외부와의 갈등은 지자체 단체, 마을 만들기 전문가, 그리고 외부 방문자와 관계에서 살펴보아야 할 것이다. 마을이라는 공동의 공간에서는 개인의 사생활, 인간관계에서의 갈등은 당연하다. 그 갈등은 삶의 과정에서 일상적으로 일어난다. 마을은 도시적 삶과 대비된다. 도시는 익명성과 개인주의라는 특징에 의해 파편화되고 있고 분열되어 있다. 그에 비해서 마을은 도시와는 다른 일상을 구성한다. 개인적 영역과 마을공동체적 특징이 서로 중첩되어 있다.

관과 지자체는 마을 만들기의 조력자들이다. 그러나 다른 한편으로 마을 구성원들의 자체적 결정과 충돌할 수 있다. 이러한 갈등은 상존한다. 또한 마을 만들기 전문가는 마을 구성원들에게 마을 재건과 방향에 대한 조력자들이다. 대부분의 집단은 다른 외부인에 대해 배타적이다. 특히 마을은 다른 도시의 거주공간과 달리 배타성이 강하다. 그렇기 때문에 마을 구성원과 전문가들이 관계를 맺어가는 과정이 중요하다. 한편 마을은 외부의 방문자들이 있기 마련이다. 외부인은 그 마을을 호기심이나 관광의 시각에서 접근한다. 따라서 외부인은 내부인의 입장에서 보면 이질적 부분이다. 즉 내부자의 시선에서는 사건인 것이다. 마지막으로 마을은 주변의 다른 마을과 구별되는 공간이다. 그래서 다른 마을과의 관계가 어떻게 되는 가를 살펴보아야 할 것이다.

5. 마을 만들기와 마을연구의 연결 –일상과 현실

마을연구는 단순히 현재 있는 구체적인 마을의 일상뿐만 아니라 마을의 만들기의 부분도 함께 살펴보아야 한다. 현실의 마을은 재구성된다. 즉 마을 만들기라는 실천적 과정과도 연결된다. 사회집단은 내부 구성원의 역동성과 물리적, 경제적 변화라는 현실적 문제와도 결부된다. 그런 점에서 마을 만들기도 마을연구에서 중요한 주제이다. 마을은 스스로 형성되어 역사성을 갖기도 하지만 외부적 요인에 의해 형성되기도 한다. 자생적으로 만들어진 마을과 외부의 충격 즉 정치적, 정책적 목적에 의해 만들어 지는 마을과 그 차이가 매우 크다.

자생적 마을 만들기는 현실적으로 많은 어려움이 있다. 모든 마을이 자생적으로 마을공동체를 만드는 것은 아니다. 따라서 지방정부의 활동가와 지원 등이 동반되어야 한다. 그러나 결국은 주민들이 주인의식을 갖고 주체적으로 참여해야 가능하다. 일부의 마을 공동체를 제외하고는 아직 그 역사가 짧다. 이들 마을 공동체는 일상의 생활을 전일적으로 공유하지는 않는다. 이러한 유연하고 느슨한 형태의 공동체는 전형적인 공동체는 아니다. 현재 진행 중이고 실험적인 공동체이다.

사실상 '행복만들기' 프로젝트에 참여한 마을 중에서 성공적인 사례는 2~3개 정도이다. 왜냐하면 지방정부의 지원이 중단되면 주민들의 참여가 급격히 줄어드는 경향을 보이고 있다. 따라서 지방정부의 입장에서는 마을 만들기의 동력을 키우는데 고민을 하고 있다. 2012년 12월에 개정된 '협동조합'으로 마을단위에서 협동조합을 결성해서 구성원의 자생력을 강조하기도 한다.

지방정부의 일방적 지원만 있다고 마을공동체가 형성될 수는 없다.

사실 지방정부에서도 많은 고민을 하고 있습니다. 협동조합을 결정하는

데 도움을 준다거나 마을 만들기 전문가와 협력하기도 합니다. 물론 주민

들과 함께 논의하고 있습니다. 그러나 현실적으로 지원도 한계가 있습니다.

함께 고민하고 새로운 방법을 모색하고 있습니다. 이제 시작입니다.

— 주민센터 마을 만들기 지원 공무원

그렇다면 성공적인 마을 만들기를 위한 조건은 무엇인가 살펴보도

록 한다. 첫째 주민의 공통 관심사에 기반을 둔 마을 만들기, 둘째 외형

적 결과보다는 과정을 중시, 셋째 상호 합의를 통한 결정 중시 넷째 민

관협력을 통한 역량강화 다섯째 주민의 조직화와 주민리더의 형성 여

섯째 외부 즉 전문가와 시민단체는 주민역량강화에 대한 지원 일곱째

조력자로서 행정의 역할 마지막으로 체계적 지원을 위한 중간지원조직

의 운영 등이다.[24]

이러한 조건의 핵심은 주민을 위한 주민의 마을 만들기라는 점이다.

마을 만들기가 지방정부의 성과주의나 전시행정을 위한 목적이라면 한

계를 가질 수밖에 없다. 지방정부의 행정적 도움, 마을 운동가들의 활

동은 기본적으로 주민들의 자생적이고 자발적인 마을 만들기의 협력으

로 이해되어야 만 할 것이다.

마을 만들기 전문가가 보는 주민의 자발성은 일련의 과정 속에서 일

어난다고 보고 있다.

마을 만들기에 참여하게 된 것은 옛날의 어릴 때 마을에 생각 때문이었

---

24 남원석, 이성룡, 2012, 「마을 만들기, 성공의 조건」, 『이슈&진단』 47호, 경기개발연구원,
2010, 11~18쪽.

습니다. 과거의 마을은 상호부조랄까, 품앗이라는 것이 있었잖아요. 이러한 것들이 도심의 마을에는 없어졌잖아요. 이것을 되살릴 수는 없을까라는 것에서 시작했습니다.

제가 가서 마을 사람에게 공동체를 만들자고 애기하는 것은 아닙니다. 마을 사람들이 제일 싫어하는 일, 예를 들어 쓰레기 더미를 치운다든지 하는 일을 합니다. 그러면 마을 사람들이 한두 명이 애기를 해 옵니다. 그러면 같이 하시는 분도 있고 관심을 보이지요. 그러면 그분들과 네트워크가 연결됩니다. 기간은 정해져 있지는 않지만 마을에 대해 관심도 가지고 자발적 움직임이 보입니다.

— 마을 만들기 전문가

모든 마을 만들기 전문가가 이런 방식의 접근을 취하는 것은 아니지만 시사하는 바가 크다고 본다. 마을 만들기 전문가가 하향식으로 마을을 만드는 것이 아니라 마을의 문제, 취약 부분에 앞장서는 것이 중요하다. 이러한 자극을 통해 주민들 스스로가 참여하게 해야 된다는 점이다.

한편 지방정부의 재정적 지원과 주민의 자발성간의 갈등을 이렇게 보고 있다.

지방정부의 지원과 자발적 주민의 움직임은 사실 동전의 양면과도 같습니다. 스스로 해보자는 주민은 지원을 받자는 주민들을 비판하기도 합니다. 하지만 이러한 갈등은 항상 있을 수밖에 없습니다. 이러한 갈등을 해결하는 방법으로 지방정부의 유연함이 필요하다고 봅니다.

어째든 재정적 지원을 받으면 주민들끼리 애기하게 됩니다. 이것이 소통이 시작입니다. 시간이 걸리든 주민들끼리 합의가 되면 지방정부는 지원에 대해 열린 자세로 대해야 한다고 생각합니다.

— 마을 만들기 전문가

지방정부가 재정적 지원을 시혜적으로 봐서는 안 된다는 점이다. 생색내기나 행정적 절차만 고집한다면 마을 만들기는 일회성 행사로 끝날 수도 있다. 마을 만들기의 성공은 주민들이 자각과 주체성 그리고 지방정부는 적극적인 지원이 전제되어야만 가능할 것이다.

변산공동체 마을의 설립자인 윤구병 선생은 "나는 사람을 믿지 않는다. 일을 통해 사람이 연결"된다고 말하고 있다. 그와 달리 대연 우암공동체의 대표는 '사람이 곧 공동체'라고 말하고 있다. 변산공동체 마을은 도시 마을공동체와는 그 성격이 다르다. 변산공동체의 경우는 기존 사회와 단절된 체 자신들만의 공동체 마을을 만들어 왔다. 공동작업, 공동숙소, 공동식사 등의 강한 공동체의 경우 구성원 내부의 갈등과 한계를 항상 내포하고 있다. 따라서 서로의 생활을 일부분 공유하는 마을공동체와는 본질적으로 다른 성격을 띠고 있다.

그러나 사실 두 말은 모두 맞는 말이다. 공통의 관심사와 사람은 공동체를 정의하고 공동체의 일상을 유지하는 기초적인 토대가 된다. 오히려 도심 마을 공동체는 다양성을 토대로 한 유연적 공동체로서 가능성은 매우 크다고 할 수 있다. 공동체성은 규모와 범위에 따라 다르지만 서로의 유대와 상호작용을 통한 공동의 삶을 추구한다는 점에서는 의미가 있다. 이러한 점에 비추어 볼 때 대부분 성공적인 마을 공동체는 자발성을 기초로 하고 있다. 공동체는 개인의 헌신과 희생이라는 기본적 조건하에서 성공할 수 있다. 그것도 자발성에 기초한 것이라야 된다. 따라서 마을 만들기 과정을 살펴보면 그 마을의 지속성과 한계를 살펴볼 수 있을 것이다.

6. 실제 마을 연구 - 변산공동체와 야마기시실현지를 중심으로

마을이라는 사회적 단위는 일상이 이루어지는 구체적인 공간이자 삶의 현장이다. 실제 마을 공동체의 사례연구를 통해 일상을 들여다보기로 한다. 본 글에서 소개할 공동체는 '변산공동체'와 '야마기시실현지' 두 곳의 마을이다. 이 두 공동체를 선택한 이유는 새로운 이념을 바탕을 가장 성공적인 마을을 이루었기 때문이다. '마을 공동체의 유지', '일상의 유지'의 두 영역에서 구체적인 마을의 일상을 살펴보기로 한다.

1) 마을 공동체의 유지

마을이 유지되기 위해서는 이념, 생존, 의사결정, 물리적 공간의 구성은 필수적인 요소들이다. 먼저 이념은 공동체의 형성과 유지에 있어서 정신적 토대가 된다. 마을 공동체에 참여하고 그 공간에서 살아가기 위해서는 이념적 동의가 무척 중요하다. 즉 정신적 경계가 필요하다.

한편 생산방식은 마을이 생존하기 위한 물질적 배경이 된다. 도시든 농촌이든 마을이 존재하기 위해서는 최소한의 자급자족의 조건이 필요하다. 도시의 마을은 지자체나 마을 만들기 전문가들이 도움을 주기도 하지만 농촌에서 자생적으로 생성된 마을의 경우, 기본적인 생존조건을 살펴보아야 한다.

세 번째는 의사결정으로 기존 사회와는 다른 민주적 방식이 채택된다. 이념과 일상 그리고 자발적 참여에서 마을 공동체의 정치적 과정은 매우 중요하다고 할 수 있다. 공동체는 구성원들 간에 민주적 과정이 열려 있어야 지속성과 생명력을 가질 수 있다.

마지막으로 물리적 공간은 마을이 공동체의 여부를 결정하는 변수가 된다. 현대사회의 주거공간은 전적으로 개인적 소유다. 그러나 마을이 공동체의 특성을 가지려면 공간의 공적 소유가 전제되어야 한다. 특히 마을 구성원을 위한 공동체 건물과 공간이 갖추어져 있어야 한다.

먼저 공동체가 채택하고 있는 이념을 살펴보도록 한다. 변산공동체는 공식적으로 내세우는 이념은 없지만 과거 전통적 농촌사회를 이상적 모델로 삼고 있다. 자연과 조화를 이루면서 자급자족이라는 목표를 가진 공동체이다. 따라서 이러한 이상적 삶은 당연히 현실적 이념으로 자리 잡고 있다. 자연친화적 농업은 화학적 비료를 쓰지 않고 자연의 흐름에 따라 겨울철 농사를 짓지 않는다. 최소한의 농기구만 사용한다. 그마저도 환경을 위해 절제한다. 변산공동체는 초중고 과정의 대안학교를 운영하고 있다.[25] 대안교육을 통해 함께 살아가는 방법을 배우고, 농촌 공동체의 미래를 책임질 구성원들을 키워내고 있다. 물론 대안학교 모든 학생들이 공동체에 정착하는 것은 아니지만 마을의 삶에서 많

---

25 물론 비인가이다. 따라서 학생들이 진학하기 위해서는 검정고시를 봐야 한다.

은 것을 배우고 실천하고 있다. 일부는 독립적으로 농업을 지업으로 택하기도 하고 대학을 진학하기도 한다.

야마기시실현지는 변산공동체에 비해 분명한 이념이 있다. 야마기시즘이라는 이념으로 자연과 인위의 조화를 목적으로 한다. 구체적으로 무소유, 공유, 공활共活이라는 이념을 표방한다. 1953년 야마기시 미요조라는 일본인에 의해 시작된 야마기시실현지는 전세계 모두 동일한 이념을 통해 일상의 삶을 살아간다. 야마기시즘은 7개의 특징을 가진다.[26] 첫째 지갑 없는 삶, 둘째 분배 없는 삶, 셋째 지도자가 없이 각자의 역할 담당, 넷째 소유가 없고 공용, 다섯째 전문 분업, 여섯째 모든 것은 연찬을 진행, 일곱 번째 개인이 아닌 일체 생활 등의 목표로 일상적 삶을 공유하고 있다.

두 번째로 생존이다. 마을이 유지되기 위해서는 생존조건이 어떠한 방식인가가 중요하다. 변산공동체는 설립자인 윤구병선생이 들살림, 산살림, 갯살림이 가능한 곳으로 변산지역을 선택했다. 실제로 구성원들은 철저하게 자연에서 일상적 삶의 먹거리와 재료를 의존하고 있다. 1995년에 시작되었지만 거의 2000년대 초반에 자급자족이 어느 정도 가능하게 되었다. 최소한 먹거리의 자급자족은 이루어졌다. 1년 수입은 약 1억 5000만 원대 정도이다. 구성원의 생활은 빠듯하지만 생존을 위한 토대는 마련되어 있다. 〈표 3〉은 주 생산물을 정리해 놓은 것이다.

마을에서 생산되는 생산물로 먹거리는 해결된다. 하지만 물리적 공간 즉 건물자재, 생활필수품, 기타 생활비용을 위해 마을 생산물을 외

---

[26] 야마기시 미요조, 윤성열 역, 『자연과 인간이 하나가 되는 야마기시즘 농법』, 야마기시즘 실현지 출판부, 1999, 25∼26쪽.

생산물 계절	생산물
봄	고사리, 쑥을 비롯한 나물 그리고 백초주, 백초효소의 원료인 약초
여름	쌀, 보리, 밀, 하지감자, 양파, 마늘, 채소(상추, 깻잎, 아욱 등), 당근, 쑥갓
가을	고구마, 콩류, 무, 배추

〈표 4〉 변산공동체 생산품의 내용과 매출비율

	매출 생산품	매출 비율
농산물	백미, 현미, 콩, 된장, 간장, 고추장	60%
가공품	백초효소, 백초주, 젓갈, 양념, 옷 등	40%

부에 판매하고 있다. 판매하는 품목은 〈표 4〉로 정리해 보았다.

주로 농산물이 가공품보다 많다. 전화를 통한 통신판매로 이루어지고 있다. 외국의 사례와 달리 한국의 경우는 완전한 경제적 자립이 힘들기 때문에 외부와의 경제적 네트워크를 유지할 수 밖에 없다.

야마기시실현지는 놀랍게도 계란만 판매해서 1년 매출이 약 12억 정도 된다. 1984년 실현지가 시작되고 외부의 도움[27]으로 1986년부터 경제적 자생력을 갖추게 되었다. 양계의 개체 수는 약 3만 수이고 하루에 약 1만 2천 개의 계란을 생산해내고 있다. 초기에는 가판의 형식으로 판매했지만 지금은 하지 않는다. 대신에 소비자들에게 직접 배달하는 방식으로 유통마진을 없앴다. 무엇보다 안정적인 생존조건의 확보로 일상의 삶이 보다 여유롭다. 변산공동체와 야마기시실현지의 예를 보더라도 현실적 생존조건이 갖추어져야 마을이 지속성을 확보할 수 있다.

---

27 당시 일본의 야마기시실현지 구성원들의 도움이 없었으면 불가능했다.

세 번째로 의사결정 과정을 보도록 한다. 한 사회의 집단이 유지되기 위해서는 전체 구성원이 동의하고 합의하는 결정 과정이 필수적이다. 변산공동체의 의사결정은 매일 열리는 작업회의의 과정을 살펴보면 된다. 작업회의는 매일 열린다. 전체 마을 공동체 구성원이 모두 모여서 마을의 모든 것을 함께 의논하고 결정한다. 대안학교의 학생들도 자유롭게 의견을 개진한다. 심지어 구성원이 아닌 손님들도 의견을 낼 수 있다. 한마디로 매우 자유스러운 의사결정 과정이다. 합의와 동의가 이루어지지 않을 때는 대표자가 정리해 주는 정도이다. 대표자가 결코 일방적으로 결정하지 않는다. 야마기시실현지는 연찬이라는 독특한 의사결정 과정이 있다. 연찬硏鑽은 '물방울이 바위를 뚫는다'라는 의미가 있다. 아주 오랜 시간을 통해 이루어지는 과정을 의미한다. 자그마한 일의 결정 과정도 모두 함께 모여서 서로 의견 합치가 될 때까지 계속된다. 특정 사안에 대해서는 아주 오랜 시간이 걸리기도 한다. 서로를 잘 알고 있기 때문에 연찬을 통해서 합의를 이끌어 낸다. 특히 대표자는 구성원의 한 사람일 뿐 더 많은 결정권을 가지지 않는다.

마지막으로 물리적 공간이다. 마을이 공동체라는 성격을 가진다는 것은 개인적 소유가 없다는 것이다. 물론 일부 공동체는 일정 부분 개인적 소유를 인정하지만 사실 경계가 매우 애매하다. 변산공동체의 경우 남녀의 구분만 있을 뿐 사적소유의 2~3명의 구성원들이 주거공간에 함께 주거한다. 당연히 개인적으로 소유하는 것이 아니다. 따라서 가끔 공간이 재배치되기도 한다. 마을 공동체이기 때문에 공동체 회관, 공동식당의 공동체 건물이 반드시 있다. 야마기시실현지 역시 공간은 공동체 공간 즉 회관, 식당, 물품실, 세탁실 등은 함께 공유한다. 주거

공간의 경우도 공동체 소유이다. 특히 야마기시실현지의 매우 독특한 공간은 물품실이다. 물품실에는 생활을 위한 모든 물건들이 구비되어 있다. 구성원들은 자유롭게 그 물품들을 가져다 쓸 수 있다.

2) 일상의 유지

보다 구체적으로 마을 공동체의 일상을 들여다보자. 일상의 생활의 기본적 형식은 하루 24시간의 구성과 1년의 구성이다. 시간의 구성은 많은 부분을 설명해 준다. 어떻게 그들의 삶이 이루어지를 보여주는 증거라고 할 수 있다. 한편 공동식사는 그 마을이 공동체임을 보여주는 구체적인 증거이다. 공식共食은 한 공동체가 진정한 의미에서 일상을 공유하는 가를 평가하는 기준이 된다. 또한 여가생활도 살펴볼 것이다. 여가는 일상과 밀접한 또 하나의 일상을 구성한다. 일상을 넓은 의미에서 분류해 보면 '일'과 '여가'로 나누어질 수 있다. 마을의 여가를 통해 또 다른 일상의 삶을 보도록 한다.

우선 변산공동체와 야마기시실현지는 자본주의의 생산방식을 따르지 않는다. 왜냐하면 농업에 기반을 두기 때문이다. 따라서 주 5일제, 주말의 개념은 존재하지 않는다. 과거 농경사회에서 주말은 의미가 없었다는 점을 상기해 보면 당연하다. 먼저 각 마을의 하루 24시간 구성을 표로 살펴보도록 한다. 변산공동체와 야마기시실현지의 일상은 다소 다르다. 왜냐하면 서로 생산하는 생산물이 다르고 계절에 따라 달라질 수밖에 없다.

〈표 5〉 변산공동체와 야마기시 실현지의 하루 생활표

시간/생활	변산공동체		야마기시 실현지	
	시간	생활	시간	생활
오전	6시	기상	6시	기상
	7시~8시	아침식사	6시~11시	오전 작업
	8시~10시 30분	오전 작업		
	10시 30분~11시	오전 참		
	11시~1시	오전 작업	11시~12시	점심식사
오후	1시~2시	점심식사	12시~5시	오후 작업
	2시~4시	오후 작업		
	4시~4시 30분	오후 참		
	4시 30분~7시	오후 작업		
저녁	7시~7시 40분	저녁식사	5시~8시	저녁식사
	7시 40분~8시 20분	작업회의	8시~10시	작업 및 자유시간
	8시 30분	자유시간		
	10시 30분	취침	10시	취침

한편 변산공동체의 경우 농번기와 농한기에 따라 하루의 일상 구성이 다르다. 왜냐하면 겨울철에는 농사를 짓지 않기 때문이다.[28] 하루 24시간의 구성은 그 마을 공동체가 어떠한 생산방식으로 생존하는 가에 따라 달라진다. 변산공동체의 경우 대부분의 구성원들의 일상의 시간이 공유된다. 대부분의 농사는 공동노동을 기반으로 이루어지기 때문이다. 모두 함께 일어나고, 함께 일하고, 대부분 함께 잠든다. 한편 야마기시실현지의 경우는 각자 하는 일들이 분업화되어 있어서 함께 노동하는 비율이 적다. 조직은 크게 생활 부분(의식주, 교육)과 생산 부분(양계, 공급)으로 나누어져 있어서 각자의 작업에 따라 하루의 생활이 이

---

28 자연친화적 농업과 자연의 흐름을 거스르지 않는다는 점 때문에 겨울에 농사를 짓지 않는 것은 너무나 당연하다.

〈표 6〉 변산공동체의 농한기 하루 생활표

시간/생활	변산공동체	
	시　간	생　활
오전	7시	기상
	8시~9시	아침식사
	9시 이후	자유시간
오후	1시~2시	점심식사
	2시 이후	자유시간
저녁	6시 30분~7시 30분	저녁식사
	7시 30분 이후	자유시간

루어진다. 따라서 일상의 생활이 어느 정도 독립적으로 구성되어 있다.

변산공동체의 농한기 하루 생활을 표로 정리해 보면 〈표 6〉과 같다.

변산공동체의 농한기 하루의 일상은 매우 자유스럽다. 학생들 일부
는 집을 돌아가지만 마을 구성원들은 대체로 공동체에서 지낸다. 농한
기 동안 독서모임, 개인적 휴식, 주변 나들이 등으로 지낸다. 농한기 동
안에는 외부의 사람들을 받지 않고 내부의 구성원들만 지낸다.

두 번째로 식사는 마을이 공동체적 성격을 갖는 가에 대한 기준이 된
다. 함께 식사하고 공동으로 취사하는 방식이다. 변산공동체의 경우 구
성원이 식사를 준비한다. 밥을 해주는 분이 있지만 모든 먹거리의 준비
는 함께 한다. 밥을 짓는 구성원은 순환제로 하고 있다. 밥이 준비되면
마을의 '징'을 통해 알려준다. 함께 식사하는 방식은 매우 독특하다. 친
한 사람끼리 앉는 것이 아니라 오는 순서대로 식탁에 앉아서 식사를 한
다. 혼밥과 끼리끼리 식사가 기존 사회의 식사 방식이라면 이곳은 철저
하게 함께 하는 공식共食이다. 물론 설거지도 각자가 초벌로 해 놓는다.

야미기시실현지의 경우는 분업이라는 독특한 방식을 택하고 있다. 6개월간 한 구성원이 식사를 담당한다.[29] 개인 주거 공간에는 취사도구가 없다. 식당에서 함께 식사한다. 물론 작업시간이 다르기 때문에 각자 식사시간을 갖지만 함께 하는 경우가 대부분이다. 특히 주말에는 함께 식사하도록 권장한다.[30] 두 마을 공동체는 기본적으로 공식(共食)을 기본을 한다.

변산공동체의 경우 농번기에는 하루 두 번의 참을 먹기 때문에 공동체 성원들이 일을 하다가 함께 모여서 참과 막걸리를 즐긴다. 함께 참을 먹으면서 힘든 농사일의 잠시 잊기도 한다.

의식주의 마지막으로 의(衣)를 보도록 한다. 변산공동체는 사실 많은 옷들이 필요하지 않다. 주로 일상이 농사일로 이루어지기 때문이다. 개인적으로 들고 온 옷가지 이외에는 그다지 없다.[31] 일부 기부된 옷들만으로도 충분하다. 야마기실현지의 경우는 좀 독특하다. 마을 공동체 모든 구성원의 의류는 함께 공유한다. 마을의 의류실에 모든 종류의 옷과 가방과 신발 등이 있다. 구성원은 각자 필요하면 사용하면 된다. 공유(共有), 공활(空活)의 실천인 셈이다. 개인적으로 소유하지 않고 함께 소유한다. 의생활과 관련해서 야마기시실현지는 한 사람이 마을 구성원 모두의 세탁을 담당한다. 물론 대형 세탁기가 구비되어 있지만 혼자서 구성원의 속옷에서 작업복까지 담당한다. 간단한 수선과 다림질도 역시 담

---

29 야마기시실현지의 경우 6개월마다 작업을 바꿀 수 있다. 기본적으로 각자가 잘하고 좋아하는 일을 택하게 된다. 결국 전문적인 분업의 형태를 띠고 있다.

30 자녀들이 외부의 학교에 다니고 있는 경우 주말에 마을로 돌아오기 때문에 가족 식사가 이루어진다.

31 변산공동체는 외부의 경제적 지원을 일체 받지 않는다. 하지만 옷의 경우는 기부를 받는다.

당한다.

마지막으로 여가를 통해 마을 공동체의 일상을 살펴보도록 한다. 마을 공동체는 사실 여가에서 제한적일 수밖에 없다. 왜냐하면 여가가 개별화되는 현대적 삶과 다르기 때문이다. 일상을 대부분을 공유하고, 공동의 일이 있기 때문에 시간적 여유가 없다. 변산공동체의 경우 매체를 통한 여가는 즐길 수가 없다. TV, 라디오, 컴퓨터, 휴대폰이 없기 때문이다. 컴퓨터는 유일하게 마을 생산물을 판매하기 위해 사용한다. 휴대폰 중독, 게임 중독에 노출되어 있는 우리들의 삶과는 전혀 다르다. 물론 힘든 농사일 때문에 '잠'이 여가의 대부분을 차지한다. 가끔 작업회의가 끝나고 술 한 잔을 기울이기도 하지만 그날의 피로와 다음날의 작업 때문에 결코 무리하지 않는다.[32] 농사일을 하기 때문에 농주는 언제든지 마실 수 있다. 역시 농사일에 농주가 빠질 수가 없다. 술 마시는 방법 역시 독특하다. 커다란 대접에 막걸리 한통을 모두 부어 함께 마신다. 각자의 술잔은 없다. 술의 공동체인 셈이다. 하지만 모두들 적당한 수준에서 끝낸다. 과음해서 일을 하지 못하는 경우는 없다. 한편 야마기시실현지의 경우는 조금 다르다. TV, 컴퓨터, 악기 등을 자유롭게 이용할 수 있다. 각자의 일을 마치고 여유로운 시간을 가진다. 가족 구성원의 경우 가족과 함께 외부에 나가서 영화나 여가를 즐기기도 한다. 두 마을 공동체가 다른 여가생활을 하는 이유는 일의 방식의 차이 즉 밭, 논농사와 양계의 차이, 경제적 여유의 차이, 그리고 추구하는 이상적 목적의 차이에서 찾아 볼 수 있다.

---

32 변산공동체 초기에는 다소 음주행위가 많았지만 현재에 와서는 사라졌다. 과거 음주 때문에 문제가 되는 구성원이 퇴출되는 경우도 있었다고 한다.

7. 마을과 일상의 역설

　일상의 역설은 다양성 혹은 혁명성을 갖는다. 일상이 그저 반복되는 단순한 삶의 과정이기는 하지만 변화를 만드는 원동력도 잠재해 있다. 거대한 이론과 담론이 사회를 분석하는 도구로 사용된다. 그럼에도 불구하고 현실을 설명하는 데 한계를 지닌다는 점은 분명하다. 본 글에서는 마을 연구와 일상생활 이론에 대한 접목이다. 마을의 일상이 어떻게 구성되고 또 그것이 현실에서 어떻게 실현되는 가는 일상생활의 이론 속에서 살펴보았다.

　일상생활의 사회학은 일상에 대한 절대성을 부여하는 것은 아니다. 무엇보다 일상생활이라는 영역이 사회, 사회현상을 설명하는 도구로서 필요하다는 점을 강조할 뿐이다. 그래서 일상생활 이론가, 학자들은 거대한 이론을 만들고자 하는 것이 아니다. 단지 어떻게 일상이 구성되어 있으며 어떻게 인식되고 있는 가에 대한 것으로 시작한다. 또한 그러한 일상이 거대한 사회 속에서 소외되고 왜곡되어 있는 모습을 적나라하게 밝히고자 한다. 그래서 본래의 일상을 회복하고자 한다. 또한 일상 자체를 사람들이 어떻게 구성하는지에 대한 현상학적 접근도 살펴보았다.

　이러한 이론을 배경으로 마을연구에 있어서 일상의 구성 즉 이념, 생존, 노동, 의사결정, 일상의 의례, 그리고 갈등이 실제 연구에서 필요하다는 점을 살펴보았다. 일상은 언제나 현장 그 자리에서 그리고 사회구성원이 어떻게 구성하고 인지하고 실천하는 가에 따라 다르게 보인다. 그렇기 때문에 일상을 구체적 현실을 파악하고 연구하는 것은 매우 어렵다. 그럼에도 불구하고 일상을 연구하고 분석해야 되는 이유는 분명하다. 거대이론이 담기에 일상은 너무나 다양하고 변화무쌍하다. 그리고 일상을 구조로서 이를테면 자본주의 구조에서 설명하는 부분마저 일상의 본래 모습을 찾기 위한 노력이다. 일상생활이론의 목적은 일상을 그대로 드러내는 것이다. 일상에 대한 이론, 학설은 어떻게 일상을 보는 가 그리고 그것이 어떻게 가능한 가에서 시작된다. 일상생활 이론의 모호성은 바로 일상 때문이다. 일상은 특정하게 규정될 수 없는 살아 있는 현실이며 구체적인 실천으로 모습이다.

참고문헌

강수택, 『일상생활의 패러다임』, 민음사, 1998.

김광기, 「알프레드 슈츠의 '전형성' 개념을 중심으로」, 『한국사회학회』 36호, 한국사회학회, 2002.

신용하, 『공동체 이론』, 문학과지성사, 1994.

김상우, 「'일상생활의 사회학'의 현황과 전망」, 『문화와 사회』 1호, 2006.

김성균, 이창언, 『함께 만드는 마을, 함께 누리는 삶』, 지식의날개, 2015.

김기흥, 『마을의 재발견』, 올림, 2014.

남원석, 이성룡, 「마을 만들기, 성공의 조건」, 『이슈&진단』 47호, 경기개발연구원, 2012.

마쓰노 히로시 · 모리 이와오 편, 장준호 · 김선직 역, 『커뮤니티를 위한 마을 만들기 개론』, 형설, 2010.

박재환, 『일상생활의 사회학』, 한울, 1994.

_____, 『현대를 생각한다』, 한울, 1997.

_____, 「세계화와 탈중심화」, 마페졸리 초청강연, 부산대사회조사연구소, 2000.

_____, 『일상생활의 사회학적 이해』, 한울, 2008.

이남인, 「Husserl의 현상학과 Schutz의 현상학적 사회학」, 『철학사상』 42호, 2009.

야마기시 미요조, 윤성열 역, 『자연과 인간이 하나가 되는 야마기시즘 농법』, 야마기시 실현지 출판부, 1999.

서울대 철학사상연구소, 2011.

이동일, 「일상의 무대로서 생활세계」, 『일상생활의 사회학적 이해』, 한울, 2009.

신승원, 『앙리 르페브르』, 커뮤니케이션북스, 2016.

초의수 외 3인, 『부산의 마을 만들기 모형 분석과 좋은 마을 만들기 매뉴얼 작성』, 부산발전연구원, 2010.

Alf Lüdtke etc, *Alltags—geschichte* 이동기 외 역, 『일상사란 무엇인가』, 청년사, 2002.

H. Lefebvre, 박정자 역, 『현대 세계의 일상성』, 기파랑, 2005.

Popenoe, Olikver & Popenoe, Cris, 이정우 역, 『세계의 공동체 마을』, 정신세계사, 1984.

압축근대시기
농촌마을의 일상과 로컬리티*
새마을운동을 중심으로

차철욱

1. 마을과 일상, 그리고 국가

압축근대시기, 즉 1960~1970년대 한국근대화 과정에서 농촌 문제
는 현실 정치에서도 중요한 이슈이다. 이 문제는 학문적인 영역 못지않
게 정치적인 의미가 강하게 작동하고 있다. 이 글 또한 이러한 연구 흐
름과 무관하지는 않다. 이 시기 농촌문제에 대한 분석의 시선을 국가에
서 농민과 농촌으로 이동시키는 작업은 중요한 인식의 전환 과정이다.
지역에서 생활하면서 지역민이 만들어가는 삶터가 얼마나 중요하고 가
치 있는가에 대한 고민과 연결된다.

이 글이 지향하는 중요한 목표는 마을 사람들의 일상이 외부의 작용

---

* 이 글은 『역사와 세계』 50(효원사학회, 2016.12)에 게재된 「압축근대시기 농촌마을의 일
상과 새마을운동」을 총서의 편집에 맞게 수정 보완한 것이다.

인 국가정책에 대한 대응방식에서 로컬의 가능성, 로컬리티를 탐색해 보는 것이다. 그래서 마을, 일상, 로컬리티가 이 글의 주요 키워드이다.

마을은 특정의 공간적 규정에 의해 구성원들이 만들어 내는 공통의 문화와 생활경제, 나아가 마을 사람들의 관계망이 형성되어 있는 단위이다.[1] 국가의 지배력이 작동하는 가장 아래의 단위이며, 구성원들의 일상이 이루어지는 기초단위이다. 하나의 마을은 구성하는 개체들에 의해 나름의 고유한 작동원리에 따라 움직여 왔다. 그러나 마을은 고립적이고 폐쇄적이지 않고, 마을 내부의 개체, 마을 외부의 다른 마을 혹은 단위들과 끊임없는 상호작용을 통해 재구성되어 왔다.

마을은 구성원들의 일상이 이루어지는 현장이다. 이런 점에서 마을은 일상을 관찰하기 쉬운 연구대상이 될 수 있다. 일상은 '사소한 것'으로 여겨져 무의미한 것으로 취급될 수 있으나, 반복과 익숙함은 오히려 마을 사람들을 심리적으로 안정되게 만들면서 스스로의 생존논리를 갖출 수 있게 하는 역할을 하기도 한다. 일상은 반복적이고, 습관화된 것으로 순간적인 사건과 대비되는 개념이다. 일상은 단순해 보이지만 특별하지 않은 모든 것을 포함하기 때문에 복잡하고 다양하다. 종종 외부에서 침투하는 권력에 쉽게 포섭되기도 하지만 저항하는 힘도 여기서 나온다.[2] 이 시대 농민들의 욕망이 일상 속에서 어떻게 관철되고, 욕망이 개입되는 일상은 단순한 일상에 머물지 않고 새로운 가능성을 만들어 내게 하는 힘으로 작동할 수 있는가를 검토할 필요가 있다.

---

1 위성남, 「'마을'은 어떻게 드러나는가?」, 김영선·이경란 편, 『마을로 간 인문학』, 당대, 2014, 75~76쪽.
2 이동일, 「마을연구와 일상생활이론의 적용」, 『마을연구와 로컬리티 학술세미나 자료집』, 2016.4.1, 2~3쪽.

마을은 구성원들의 일상 공간이면서도 국가의 지배력이 관철되는 최하위 단위이다. 따라서 마을에서 일상은 항상 국가의 정책(사건)과 마주한다. 일상과 사건은 변증법적 관계를 이룬다.[3] 이 과정에서 구성원의 일상은 변화, 포섭, 저항 등 다양한 유형을 보이게 된다. 특히 압축근대가 진행되는 이 시기에 마을 사람들의 일상과 국가 정책의 대면 기회는 더 많아졌다. 이 글에서 다루려는 대표적인 국가의 정책은 새마을운동이다. 새마을운동은 마을 단위로 진행되었다. 특히 마을공동체가 진행의 주체였고, 성공과 실패가 마을공동체의 역량에 달려있었다. 평가와 경쟁이 마을을 단위로 이루어졌다. 압축근대시기 마을을 살펴보는데 새마을운동은 중요한 사건임에 틀림없다. 그동안 대부분 새마을운동 연구는 '새마을운동이 농민의 일상을 어떻게 바꾸었을까'에 주목했다. 로컬리티연구에서 관심은 오히려 마을 사람들의 일상이 새마을운동이라는 국가정책에 대응한 다양한 방식이다.

압축근대시기 마을 사람들의 일상과 국가 정책의 관계를 검토하는 데 중요한 자료가 개인의 일기이다. 일기는 개인의 일상이 중심 내용이지만, 마을 내 다양한 개체뿐만 아니라 마을 외부와의 관계 또한 기록되어 있다. 마을의 일상, 사건, 관계를 이해하는 데 중요한 자료이다. 이런 점에서 일기 분석은 개인의 일상만이 아니라 마을을 읽는 하나의 방법이 될 수 있다. 부산시 북구 화명동 대천마을에 거주하는 윤희수가 쓴 『대천일기』(1954년~)와 경상북도 김천시 아포읍 동신마을에 거주하는 권순덕이 쓴 『아포일기』(1989년~)가 주요 분석 자료이다.[4]

---

3 박재환 외, 『일상생활의 사회학적 이해』, 한울, 2008, 26~27쪽.
4 각 일기의 인용은 『대천일기』 '대', 『아포일기』 '아'로 표기하여 본문 속에 기재한다. 『아

2. 압축근대와 농민의 욕망

1) 근대화와 농민의 욕망

'압축근대'는 서구 선진국들이 2~3백년에 걸쳐 이룩한 근대화, 즉 산업화와 경제성장을 불과 30~40년에 압축적으로 달성한[5] 만큼 서구의 근대화 과정에서 발생하는 위험요소 또한 짧은 기간에 발생할 수 있다는 경고의 의미를 담고 있다. 이러한 압축근대를 경험한 우리 사회는 전근대적인 것이 스스로 변화할 시간을 충분히 갖지 못한 상태에서 새로운 것들이 등장함에 따라, 양자가 일관된 논리를 형성하지 않은 채 결합되어 있는 특징을 보이고 있다.[6] 이런 시대적 특징 때문에 이 시대 농촌사회는 다양한 모습을 보인다.

이 글이 주요 대상으로 하는 1960~70년대는 한국의 압축근대가 가장 전형적으로 진행된 시기이다. 공동체적인 전통이 강한 사회질서임에도 불구하고 근대적인 요소의 침투는 구성원인 농민들로 하여금 근대를 향한 욕망을 갖게 만들었다. 농민의 욕망은 가지지 못한 자의 욕망, 윤리적으로 비판받을 수 있을지라도 물질적인 쾌락까지를 포함하

포일기』는 전북대 'SSK 개인기록의 사회과학' 연구팀이 경북 김천의 권순덕 옹의 개인 일기를 발굴 출판한 자료이다. 이 일기를 분석한 연구성과는 안승택·이성호, 「개발독재기 농민의 경제적 생존전략 다시보기−자본주의-소농사회 접합의 일단(一端)」, 『민족문화연구』 71, 고려대 민족문화연구원, 2016, 손현주, 「『아포일기』에서 나타난 농민의 근대적 관광 경험에 대한 연구」, 『비교문화연구』 22-1, 서울대 비교문화연구소, 2016, 손현주 문만용, 「농민일기에서 나타나는 기술수용과 그 양가성에 대한 연구」, 『지방사와 지방문화』 19-1, 역사문화학회, 2016.

5 장경섭, 「압축적 근대성과 복합위험사회」, 『비교사회』 통권2, 1998, 한국비교사학회, 380쪽.
6 남춘호, 「압축근대와 생애과정의 표준화, 탈표준화, 개인화」, 이정덕 외, 『압축근대와 농촌사회』, 전북대 출판문화원, 2014, 63쪽.

는 것이었다. 배고픔의 극복과 근대화라는 소박한 욕망이었다.[7] 하지만 이러한 욕망은 쉽사리 권력과 자본에 순응할 수 있게 만들기도 하지만 오히려 권력에 비타협적이고 위협적이며 파괴적인 힘을 가질 수 있다는 점 때문에 이 글에서 중요한 키워드로 사용해 보려는 것이다.

이만갑은 1958년과 1969년 두 시기를 비교하여 『한국농촌사회의 구조와 변화』(서울대 출판부, 1973)를 저술하였다. 이 연구는 농민들의 근대화 욕망이 형성되는 계기를 '외부로부터의 변화의 자극'에 두고 정치, 경제, 사회 문화적 변화를 정리하고 있다. 도시화 공업화와 연계된 농촌경제의 상품화, 공업제품의 소비, 정보의 발달에 따른 도시 문화의 접촉 등은 농촌 농민들로 하여금 근대적인 삶을 추구하게 하는 욕망을 유발하는 하나의 계기가 되었다.

이러한 농촌 사회의 변화에 따라 농민이 선택할 수 있는 대표적인 방법은 두 가지 정도였다. 하나는 농촌 내에서 경제활동을 다양화함으로써 경제적인 욕망을 충족하는 방법이다. 다른 하나는 가족원 유출이나 분산을 통한 이농의 방법이다. 이는 농가가 가족원의 일부를 도시로 내보내 농촌 내 소득과 소비의 균형을 이루는 방식으로 생계를 유지하는 방안이다.[8] 전자의 방법은 1962년 농촌진흥청의 발족과 농촌지도소의 설치로 일정한 성과를 거두기도 하였다. 5·16 이후 경제건설계획을 추진하던 박정희 정권으로서는 도시 공업화를 위한 배후지로서 농촌의 안정이 필요하였다. 이 무렵 농촌은 1950년대 원조경제에 의한 농산물

---

7   고원, 「새마을운동의 농민동원과 '국민 만들기'」, 공제욱 편, 『국가와 일상─박정희 시대』, 한울, 2008, 49쪽.
8   조승연, 「농민의 대응전략과 농업생산형태의 변화」, 『한국문화인류학』 32-1, 한국문화인류학회, 1999, 217쪽.

도입으로 곡가하락, 부채증가 등으로 거의 황폐화되어 가고 있었다.[9] 이러한 농촌 환경을 극복하기 위해 박정권의 대응전략은 농촌근대화, 즉 상업작물의 재배, 농촌지도자 발굴 및 양성, 농업자금의 지원 등으로 대응책이 농민의 대응과 결합하였다. 하지만 1960년대 후반 연속 흉작과 농가경제의 악화, 1970년대 후반 급속한 농가경제의 악화로 농촌의 몰락을 막아내지 못했다.[10]

부채로서 명절을 맞이한이 역시 기분이 나지 않는다(대 1962.9.13).
추석을 지낼라니 모두 궁색하다. 해방직후만 해도 명절만 오면 소를 몇 마리식 잡든 것을 금년 추석에는 되지도 한 마리 잡도 못한다. 이만큼 생활이 고닲은 모양이다(대 1961.9.24).

대천마을 윤희수가 1960년대 초 즐거워야할 추석을 맞이하는 소감이다. 이 시기 농촌 농민들의 생활을 짐작할 만하다. 계속된 농촌의 몰락은 농민들 스스로가 도시로 향하게 만들었다. 그것이 두 번째 방법인 이농이다. 이농이 진행된 결과 1960년 총인구 24,989천명 가운데 도시인구 28%, 농촌인구는 72%였으나, 1975년 총인구 34,681천명 가운데 도시인구 48.4%, 농촌인구는 51.6%로 축소되었다.[11] 이농의 원인을 도시의 유인책에 둘 것인지, 농촌의 밀어내기 힘으로 둘 것인지에 대해서는 명확한 결론이 나지 않고 있다. 물론 이농에 대해서도 경제적인 요인 이외

---

9 장상환, 「한국전쟁과 경제구조의 변화」, 『한국전쟁과 사회구조의 변화』, 백산서당, 1999, 180~187쪽.
10 박진도, 「이농의 전개과정과 그 의미」, 『한국농촌경제연구원 연구자료』, 2003, 82쪽.
11 경제기획원, 『한국통계년감』, 각 연도.

에 문화적인 부분까지 포함하기도 한다. 어느 것이든 당시 농민들이 현실을 바꾸어 보려는 욕망에서 비롯된 것임은 말할 필요가 없다.

2) 농민의 현실

1960년대를 전후한 시기 농촌의 위기에 따른 농민들의 근대화 욕망은 급상승하고 있었다. 라디오, 스피커, 신문 등 외부세계와 일상적 접촉의 확대,[12] 근대적 교육, 군대생활, 도시경험 등[13]이 주요한 계기가 되었다.

본 절에서는 연구 자료인 『대천일기』와 『아포일기』 필자들의 개인적인 욕망을 검토해 보려고 한다. 『대천일기』 필자인 윤희수는 1925년생으로, 부산시 북구 화명동 대천마을에서 태어나 현재까지 살고 있다. 대천마을에는 마을을 관통하는 대천천大川川이 있고, 마을 앞에는 경부선과 구포-양산간 국도가 지난다. 부산시 북구에 위치한 구포시장까지 10리 정도 떨어져 있다. 농경지는 대천천 좌우와 낙동강변에 주로 위치했으며, 인근 마을과 비교해 많은 편이었다. 윤희수는 초등학교 졸업 후 일본인 농장, 철도회사에서 근무하다가 절에 들어가 불화를 공부하기도 하였다. 부친의 이른 사망, 두 동생이 전쟁과 전염병으로 사망하자 외동으로 집안을 책임져야 했다. 식민지시대부터 1970년대까지 20마지기 정도의 땅을 경작하였다. 이 정도면 마을에서 중간 정도의 경제

---

12 고원, 앞의 글, 35쪽.
13 김영미, 『그들의 새마을운동』, 푸른역사, 2009, 159~162쪽.

력이었다고 한다.

1950·60년대 윤희수가 경험한 농촌생활은 어떠했을까. 비료구입비, 아이들 교육비, 동생 결혼, 각종 부의금 등 소비는 확대되는데 비해 수입이 따라가지 못하는 것에 푸념하는 표현들이 많다. "쌀값(이 상승하여) (…중략…) 농촌이나 도회지나 다같이 못살겠다"(대1956.8.12), "돈에 쪼달리 못 견디겠다"(대1957.4.19), "한숨이 난다"(대1968.12.16) 돈이 없다 보니 농민들은 남의 돈을 빌릴 수밖에 없었다. 부채가 농민을 가장 부담스럽게 하였다. 윤희수 또한 "빚쟁이에 쪼달리"서 논을 팔아야 했고, 빌린 돈의 이자는 쌀로 갚아야 했다. 그러다 보니 즐거워야 할 명절이 "부채로서 명절을 맞이한이 역시 기분이 나지 않는다"(대1962.9.13) 심지어는 집안 경제문제로 어머니와 다투기도 하였다(대1956.7.24).

이런 사정을 극복하기 위해 윤희수가 선택한 방법은 성실한 노력밖에 없었다.[14] 같은 마을에 사는 백모인 최묘연의 증언이다.

똥 꾸루마, 옛날에 비료가 없었지요? 구포 가서 똥을 구루마로, 장구이로 한 구루마 싣고 고개 오르막에 소가 못올라 가면 땡기면서 올라와서 구포에서 똥을 퍼가 와가 저 종점인 저기 한 구더기 있었습니다. 거기다가 물을 많이 부워가 삭하 가지고 보리밭에 치고 보리농사 짓고, 우리 그 조카는 참 성실합니다.[15]

---

14 이 시기 농촌 사회의 생존전략은 가족노동력의 완전연소, 개인의 근면과 절약으로 특징지워진다(안승택·이성호, 앞의 글, 108쪽).
15 최묘연 증언.

조카에 대한 평가라 다소 우호적일 수 있으나, 필자가 쓴 일기를 검토한 연구자도 이러한 평가에 동의할 만하다. 윤희수의 성격은 일기쓰기에 제대로 드러난다. 일기는 거의 매일 빠지지 않고 썼다. 일기에는 그날의 경제활동, 생산량(소득)을 꼼꼼하게 정리하였다. 이러한 일기쓰기는 단순히 자신의 생활을 정리하는 차원이 아니라 경제적 위기를 넘어서기 위한 또 다른 방식의 경제행위였다.

『아포일기』 필자인 권순덕은 1944년 경북 김천시 아포읍 대신리(동신마을)에서 태어났다. 앞선 윤희수와는 약 20년 차이가 난다. 1녀 5남 가운데 셋째였다. 동생들은 고등학교를 졸업했으나, 본인은 초등학교만 졸업하고 시골에서 농사를 지었다. 마을 앞에는 1916년 건설된 대신역이 있고, 1970년 개통된 경부고속도로가 지나간다. 마을 앞에는 넓은 농경지가 있고, 뒤편에는 야트막한 산이 있다. 권순덕은 부산에서 군대생활을 마친 후 1969년부터 일기를 쓰기 시작하였다. 권순덕 부친은 임야 3,000여 평과 경작지 6단지(3,600평)를 상속받았으나, 적산 분쟁에 휘말려 많은 농지를 잃었다. 마을 전체로는 대농들이 많았으나 권순덕 집안은 경작지가 적어 매년 친인척의 것을 소작하는 형편이었다.

1969년 군대를 제대한 권순덕이 일기를 쓰면서 다짐하는 말이 있다. "사람이란 돈을 버려야지"(아 1969.2.2) "사람은 돈이 재일이구나"(아 1969.11.25) "돈 벌기가 힘이 이러깨 더는지는 꿈에도 몰랐다"(아 1970.3.25) "어떠깨 하며 돈을 벌며 어떠깨 하며 팔리 출세을 하겠나(아 1970.10.15)" 등으로 일기에는 자신에게 최면을 걸 듯 돈 벌이와 성공 이야기로 가득하다. 1969년 초기에는 부업으로 가능하리라 생각하고 축산이나 과수에 관심을 가져보았다. 하지만 얼마가지 않아 "단 한푼을 벌래도 상업을 하야 대개따"(아

1971.2.3)고 생각하고 가출을 하였다. 인천에 살고 있던 친구의 소개로 다리미 판매업을 시작했으나 별로 흥미를 느끼지 못하였다. 일주일 만에 고향으로 돌아온 권순덕은 여전히 상업을 해서 돈을 벌어야 한다는 생각에는 변함이 없었다. 농촌을 벗어나 도시에서 무슨 일을 한다 해도 농촌 먼지를 먹으며 일하는 것보다 몇 갑절 나을 거라 생각했다(아 1972.7.20).

하지만 권순덕은 1972년 5월 결혼하면서 객지생활을 포기하였다. 물론 여기에는 상업이 생각만큼 수월하지 않다는 친구들이나 마을을 방문한 상인들의 조언도 한 몫 했다. 그는 농촌마을을 떠나지 않을 뿐이지 여전히 상업만이 현실의 경제난을 극복할 수 있는 대안이라는 생각을 버리지 않았다. 결혼 직후 국수공장 운영과 천신만고 끝에 허가를 받아낸 고물상 영업이 그의 욕망을 채워줄 것으로 믿고 농촌에 정착하였다.

이상에서 부산 화명동 대천마을의 윤희수와 김천 아포읍 동신마을의 권순덕이 1960년대를 전후해 농촌에서 살아남기 위해 지녔던 욕망에 대해 검토하였다. 당시 농촌경제 현실에서 농민들에게 일반적인 욕망은 경제적 풍족함이었을 것이다. 그렇다면 이들은 그들의 일상에서 이러한 욕망을 충족시키기 위해 어떤 생활을 하였을까.

3. 마을 사람들의 일상과 잠재력

압축근대가 진행되는 과정에서 농촌 사회는 어떤 변화를 보이게 되었을까. 근대는 전근대적인 요소인 가부장적인 질서와 공동체 문화를 어떻게 바꾸어 놓았을까. 앞선 이만갑의 연구도 이 부분에 집중하고 있다. 동족과 신분질서, 지소작 관계, 공동체 활동 등에서 변화를 보이고 있음을 강조하지만, 그렇다고 전근대적인 질서가 완전히 사라진 것도 아니다. 본 연구 또한 이러한 시대적 분위기에서 농촌 농민의 일상을 가정, 마을, 국가 단위와 관계를 통해 검토하려고 한다. 이 시대 농민들의 욕망이 일상 속에서 어떻게 관철되고, 욕망이 개입되는 일상은 단순한 일상에 머물지 않고 새로운 가능성을 만들어 내게 하는 힘으로 작동할 수 있는가를 검토해 보려고 한다.

1) 윤희수의 일상

윤희수는 경제적으로 풍족한 삶을 위해 어떤 선택을 하였을까. 윤희수의 일상은 생산과 관련한 노동, 친인척 및 마을 사람들과의 사회적 관계, 국가와의 관계 등으로 나누어 볼 수 있다. 윤희수 일기의 가장 중요한 내용은 농사이다. 농업노동과 관련한 상세한 내용은 1950~70년대 일기에서 확인할 수 있다.

농업 가운데 주곡인 쌀 / 보리 생산은 1년을 단위로 진행되었다. 볍씨 정리-묘판 만들기-묘판 피뽑기-모내기-김매기-추수 / 탈곡 / 운반-보리파종-보리비료-보리베기 / 탈곡이 기본적인 농촌 농민들의 생활 주기였다. 윤희수는 벼농사에서 중요한 물을 조달하기 위해 보를 수리한다든지, 양수기를 빌려오고 있다. 김매기에 필요한 제초기, 농약살포를 위한 분무기, 탈곡기를 준비하는 것도 일기에서 확인 가능하다. 자신이 소유하지 못하면 타인의 것이라도 빌렸다.

그 외 주곡 생산과정의 시간 틈을 이용하여 고구마, 감자, 상추, 고추, 배추, 무, 마늘, 정구지(부추) 등 채소를 재배하였다. 동시에 축산업에도 투자를 하였는데, 소와 돼지를 사육하였다. 추수가 끝나고 나면 짚이나 억새로 연개를 엮어 지붕을 이는 것, 겨울을 준비하기 위해 땔감을 준비하는 것도 매년 빠지지 않았다.

채소 재배는 주곡 생산에 의한 화폐 수입이 긴 시간 틈을 가진 것과 대조적으로 필요한 화폐를 빨리 조달하는데 중요하였다. 윤희수는 구포장날인 3일과 8일에는 반드시 "우차를 몰고 장에 갔다 왔다." 감자나 무, 배추를 수확했을 때는 버스나 화물차를 이용하여 부산의 중앙도매시장, 혹은 부산진 청과시장까지 가서 팔았다.

축산을 위해 소와 돼지의 막사를 만드는 일, 수리하는 일, 청소하는 일은 적지 않은 노동을 필요로 하였다. 그리고 번식을 위해 교미나 적절한 시기에 판매하거나 교환하는 일도 간단하지는 않았다.

윤희수의 농업경영에서 특징을 보여주는 부분이 퇴비마련이었다. 특히 인분뇨는 마을에 커다란 저장시설을 만들고 각 가정, 학교, 읍사무소는 물론이고 심지어는 부산 개금에 위치한 위생조합에서 가져왔다. 이를 위해 분뇨탱크 시설을 정비하고, 운반할 수 있는 수단을 만드는 일도 그의 일상에서 필요한 작업이었다. 앞서 최묘연의 구술처럼 윤희수가 인분뇨 확보에 얼마나 노력했던가는 일기 여기저기서 확인 가능하다.

윤희수의 농업노동은 대체로 가족노동에 의존하였다. 물론 이 시대 한국 농촌의 노동형태는 대부분 가족노동이었다. 시기에 따라 가족노동의 인원수가 변했을 뿐이다. 머슴, 본인, 부인, 어머니, 자식들이 중심이고, 모내기, 보리베기, 김매기 등 다량의 노동력을 필요로 할 때는 품앗이나 품삯을 주고 노동력을 마련하였다. 이 일기에서 품앗이는 그다지 많이 나오지 않는데, 1957년(물퍼기), 1961년(논매기), 1962년(논매기)에 확인될 뿐 1960년대 중반 이후에는 전부 품삯을 지불한 일꾼이었다.[16] 그리고 머슴의 경우도 1960년대까지는 1년 고용을 하였으나 머슴이 도망하는 일이 잦아지고, 희망자가 적어지면서 1970년대 들어서는 매월 계약하는 달품꾼으로 바뀌고 있다(대 1970.9.26). 이 시기 농촌의 노동력은 마을 구성원들의 공동노동보다 상품화된 고용노동이 많이 진행되고 있었음을 알 수 있다.

그리고 외동아들로서 윤희수는 조상의 제사를 충실히 지냈다. 부친, 조부모, 증조부모, 고조부모까지 제사를 지냈으며, 매년 1회씩 벌초와 성묘도 빠뜨리지 않았다. 후손으로서 역할은 이와 관련한 가족들 사이의 연결망을 유지하는 역할도 하였다. 문중과 관련해서도 대종계나 사종계에서 회계업무를 담당하면서 나름의 역할을 하고 있었다. 이뿐만 아니라 처가, 외가, 친인척의 제사에도 빠지지 않고 참가하였다. 한편 일기에는 "단녀간다" "대접한다"의 표현에서 알 수 있는 것처럼 방문객들을 접대하는 일도 농촌마을 윤희수의 일상에 포함되어 있었다.

다음은 윤희수의 사회활동에서 욕망 실현과의 관계를 검토해 보자. 이 일기에 기록된 특징 가운데 하나는 마을 사람들을 상대로 한 상문喪問 혹은 문문問問, 위문, 회갑 축하 등이다. 마을 구성원의 슬픈 일, 즐거

---

16 대천마을의 품삯은 마을 반장위원회에서 결정되었다. 1969년 품삯이 남녀 모두 200원으로 결정되었다(대 1969.6.3).

운 일, 기념할 일을 챙기고 같이 시간을 보냈다. 윤희수 또한 마을구성원으로서 이러한 일들을 중요시 하였다.

한편 윤희수는 마을의 공적 업무를 많이 담당하였다. 반장(1959년~1962년 2월), 통장 / 구장(1969년 3월 3일~1970년대 중반), 이외에도 지역사회개발계(1969년 무렵), 대천부락 영농회 총무겸 간사(1981년 2월 이후) 등을 맡았다. 이러한 공적시간의 확대는 그의 본업인 농업시간이 줄고 대신 부인과 머슴에게로 부담을 증가시키는 계기가 되었다(대 1969.4.26). 일기에서도 공적 업무 이외에 개인 농사와 관련한 내용이 많이 사라지고 있다. 이외에 윤희수는 마을에서 만들어진 다양한 계모임에 참여하였다. 같은 초등학교 동기들 모임인 금정계, 마을 식목을 담당했던 상록계, 부인들이 마을에서 술파는 소주계(부인술계), 마을 구성원들의 관광을 담당하는 구경계, 친척들 모임인 위친계(爲親契), 문중 친목계, 그 외 돈육계(豚肉契)(대 1961.6.16) 등에도 관여하였다. 그리고 망향정이라는 정자를 짓기 위해 마을뿐만 아니라 출향인사를 찾아다니면서 모금을 하였다. 매년 정월 보름 고모당에서 지내는 마을 당제에도 참여하였다. 마을에는 정기적인 마을회의가 1년에 2회 개최되었다. 그리고 반장회의, 개발계 회의 등 각종 회의는 윤희수가 마을공동체의 구성원으로 강하게 연결되었음을 설명한다.

이상과 같이 마을공동체는 윤희수를 마을 질서에 동참하게도 만들었지만, 다른 한편으로는 개인적인 경제적 욕망의 충족에도 커다란 도움이 되었다. 마을을 단위로 한 그의 욕망을 실현하는 대표적인 사례가 자신이 보유한 우마차를 활용한 물자 운반이었다. 그의 일기에는 누구의 무슨 물자를 싣고 구포장에 갔다는 기록이 적지 않다. 그리고 마을에 필요한 물자를 운반하기도 하였는데, 대표적인 것이 농협에서 배급받은 비료의 운반이었다. 윤희수는 개인 화물은 물론이고 마을 공용 물자를 운반하면서 운임도 받았다. 우차를 이용한 경제활동은 이 마을에서 윤희수만이 아니었다. 마을에는 우차가 5~6개 있었다.[17] 1959년 4월에 우차조합이 조직될 정도였다(대 1959.4.22).

윤희수는 우차를 이용해 마을 구성원이나 마을 공동업무의 일부를 담당함으로써 경제적인 이익을 실현할 수 있었다. 이처럼 마을 구성원으로서 마을 업무가 공동으로 진행되지 않고 개인이 담당하며 화폐로 보상된 점은 마을 공동노동이나 질서가 해체되고 있었음을 의미한다. 마을 내 공동노동의 해체는 부역노동의 형태 변화에서 잘 나타난다. 부역노동은 대규모 토목공사, 수해를 복구하는 구호사업장이나 도로공사를 해야 할 경우에도 많이 활용되었다. 하지만 이 무렵 부역노동은 마을의 사업을 위해 필요하기도 하였으나 개인의 경제적인 이해관계에 따라서도 이루어졌다. 예를 들어 대천천 보 물막이 공사의 경우, 보의 물을 이용하는 농지 소유자만 동원되었고, 농지규모에 따라 동원 일 수가 달랐다. 그래서 점차 대규모 토목공사에는 참여자에게 노임을 지불하는(대 1971.4.23) 사례가 증가하기 시작하였다.

이상에서 검토한 윤희수의 마을공동체, 계모임 혹은 친인척과의 사회적 관계는 그의 또 다른 일상의 한 부분으로서, 경제적 욕망을 충족시키는 토대가 되었다.

국가권력과 윤희수의 관계를 살펴보자. 윤희수는 1959년 11월 23

---

17 윤희수 증언.

일 반공청년단 구포단부에 가입한 뒤 다양한 국가의 동원 행사에 참석했다. '칼기납북 만행규탄궐기대회'(대 1969.12.15), 반공대책위원단합대회(대 1971.4.22) 등이 대표적이다. 그리고 이승만정권기에는 자유당원으로, 박정희시대에는 공화당원으로 활동하였다. 당원으로서 다양한 형식의 선거운동에도 자기 일처럼 열심히 뛰어 다녔다. 자신과 마을의 경제활동을 위해 농촌지도소, 혹은 농협, 지방행정기구인 출장소 담당자들과도 친밀한 관계를 유지하였다. 그리고 국가의 하부기구인 지서나 동사무소 건립에도 적극 동참하는 모습을 보였다. 반면 윤희수는 국가기관으로부터 피해를 당하기도 하였다. 누룩을 제조하였다가 세무서의 단속에 걸려 압수당하거나 벌금을 물어야 했다. 양곡 수납이나 수득세 납부 때 정성들여 재배한 생산물이 '불합격' 당하기도 하였다.

이 시기 윤희수의 일상은 개인의 농업시간, 마을 주민들과 관계를 맺는 시간, 국가기구와의 관계도 일정하게 익숙해져 가는 모습을 확인할 수 있다.

2) 권순덕의 일상

권순덕의 일상을 경제활동, 사회적 관계, 국가와의 관계 등으로 나누어 검토해 본다. 권순덕은 앞서 언급한 것처럼 농촌보다 도시생활을 갈망하고 있었다. 그렇다고 현실에 주어진 농업활동을 무시하지 않았다. 권순덕은 벼 / 보리의 1년 주기 농업뿐만 아니라 과수, 축산을 해야만 돈을 많이 벌 수 있다고 생각했다.

권순덕 또한 윤희수와 마찬가지로 보리파종-김매기-거름주기-보리베기-수확 / 모판만들기-피뽑기-모내기-김매기-피뽑기-수확 등 1년을 주기로 하는 농업이 기본이었다. 보리 / 벼 농사에서 소득을 올리기 위해 비료나 우수한 도구를 활용하기도 하였다. 특히 벼 품종과 관련해서는 1972년부터 통일벼 재배를 적극 받아들였다. 무엇보다 생산량이 많았고, 정부에서 더 많이 매상해 줄 것으로 믿었기 때문이었다. 그리고 친인척 농지를 빌려 경작하는 소작도 하였다. 남보기 부끄러운 일이라 생각했지만 어쩔 수 없이 받아들여야 했다(아 1969.6.11, 1970.8.6).

권순덕 농업경영의 특징은 과수나무 재배였다. 부모님으로부터 물려받은 야산을 개간하여 과수원을 만들고, 본인은 거기에서 주로 생활했다.

논보다 밭을 싸서 특수장물 할 껏이며 그려치 안너며 과수을 심을 꺼시며 사람이 약개 놀지 아너며 살라갈 수 없쓸 뿐 머리 쓰서 생활을 하여야만 인간이 밥을 먹고 살라갈 수 있지 안나 하고 생각도 해 보았다(아 1969.3.15).

권순덕은 복숭아, 자두, 포도, 참외 등을 재배했다. 겨울에는 주로 과수원 거름, 가지치기, 제초작업이 많았고 꽃이 피고 과일이 열리기 시작하면 농약살포, 낙과작업을 계속했다. 과일이 한창 출하되는 7월에는 너무 바빠 밭 김매기를 하지 못해 마을 다른 사람들이 흉보지 않을까 걱정하기도 했다(아 1973.7.15). 같은 마을에 반 이상이 과일나무를 심었기 때문에 경쟁해야 한다는 생각도 했다(아 1971.11.23). 그래서 그만의 판매전략이 필요했다. 여름철에 수확한 과일들은 직접 김천시장에 가져다 팔았고, 보다 많은 수익을 위해 다양한 거래처를 찾아 다녔다. 과일을 운반할 박스도 없던 시절이었다. 가마니에 담아서 우마차로 매일 한 번씩 40리 떨어진 김천시장까지 다녔다.[18]

권순덕은 축산에도 관심을 기울였다. 부업으로 양계업을 하기 위해 『가축전서』를 뒤져보기도 하고, 양계업자의 이야기를 듣기도 하였다 (아 1969.1.11). 1969년 과수원 한쪽에 닭을 키울 수 있는 시설을 만들고 병아리를 사다 사육하면서 달걀 생산을 한다든지, 아니면 닭 부화작업에 관심을 가져 보기도 했으나 축산업에서는 성공하지 못하고 1년 뒤 포기하고 만다.

농사일이 없을 때는 부업을 위해 돈벌이를 하였다. 특히 마을 앞으로 고속도로 공사가 막바지였는데, 거기 나가 작업하면서 현금을 벌었다. 고속도로 공사도 마음대로 할 수 있지 않았고, 원하는 작업을 할 수가 없었으나, 여기서 번 돈으로 라디오를 사야한다는 목표를 세웠다.[19]

1971년 2월 말 가출했던 권순덕은 약 열흘 만에 다시 고향으로 돌아왔다. 그 이후로도 계속해서 이농을 생각했다. 하지만 객지에 나갔던 친구들이 고향으로 돌아가는 것을 보고 대도시에서 산다는 것이 그다지 쉬운 일은 아니라고 생각하고 농촌을 떠나는 것을 포기하였다. 하지만 상업을 하겠다는 생각은 계속되었다. 1972년 5월 결혼하면서 마을에 정착할 결심을 하고, 곧바로 국수공장을 세웠다. 부친의 도움으로 공간을 마련하고, 결혼하면서 부인이 받은 절값, 친구 기념품 값으로

---

18 권순덕 증언.
19 고속도로에 돈을 10,000원 꼭 치우고 말겠다. 인간이 결심을 하며 실천해서 끝장을 바야지 멋있는 인간이지(아 1969.8.28)

거둔 돈으로 국수틀을 샀다(아 1972.7.4). 다음 해 부인의 결혼 목걸이를 팔아서 국수틀을 운전할 전기모터를 구입해 활용하였다(아 1973.4.14). 그의 또 다른 소망은 고물상이었다. 고물상 허가는 1973년 9월에 신청을 했는데, 다음 해 5월에 받았다. 그동안 차일피일 미루는 관청으로 몇 차례 방문하고, 부족한 서류를 보충하면서 힘들게 받았다. 그의 일기에는 "오늘로서 고물상 허가을 김천경찰서에 찾저왔다. 이 허가증을 손에 들고 보니 이제 사업을 해도 대니까 마음이 던던한 감이 더는구나"(아 1974.5.4) 소망하던 일이 이루어졌으니 그 심정을 짐작할 만하다.

권순덕의 농업경영은 벼 / 보리에서 과수, 축산, 국수공장, 고물상(자전차 수리점 겸업)까지 확대되었다. 그의 구상처럼 상업으로 돈을 벌수 있는 기반은 마련되었다. 국수공장, 고물상 경영은 농사와 달리 계속해서 손님을 기다리면서 시간을 보내야 했다. 그래서 그가 해오던 농사나 과수원 일이 지장이 많았고, 너무 바빠 가족노동으로 진행되는 농사일을 등한히 하면서 형님의 눈치를 봐야만 했다. 물론 마을 공동노동에도 참석하지 못하는 사례가 많았다.

그러면 권순덕은 그의 일상생활 공간이었던 마을과 그 구성원들인 마을 사람들과 어떤 관계를 만들었을까.

권순덕의 일기에는 자신이 마을 구성원임을 자주 드러낸다. 들에서 일을 하다가 조금 일찍 들어올 때면 "남보기 미안감이 들어서"(아 1969.3.30), 고속도로 일하러 갈 때 "남 부끄러워서 고개를 잘 못들 지경이더라"(아 1969.7.4) 등의 표현은 마을 구성원으로 엮여 있는 권순덕을 이해할 수 있다. 이웃이나 친구 집에 지붕개량을 하고 있으면 "양심에 가책이 대어서"(아 1969.6.3) 아니면 "남들을 바서 일 좀 거드려 주야겠다"(아 1970.5.11)든지, 상점 일이 바쁜데 "남왜 눈만 아니며 나가지 않을 마음도 들고 있는데 그럴 수 업고 해서 하로 일"(아 1975.5.9)을 하였다고 한다. 그리고 권순덕은 1973년 3월~1975년 2월까지 마을 청년단 회장으로 활동하였다. 청년회장으로서 특별한 활동을 보이지 않았으나, 뒤 새마을운동 때 동장을 도와 나름의 역할을 하기도 한다.

하지만 일기에는 마을공동체가 약화되고 있음을 보여주는 내용이 많다. 물론 앞선 윤희수와 권순덕의 나이차이로 인한 마을 내 경험과 역할이 다르기 때문에 일기에서 확인 곤란한 부분이 있다고 생각한다. 이런 점을 전제하더라도 정월 대보름 풍습이 사라지고 있다. 마을 축제와 같았던 삼월 삼짇날 행사, 즉 봉화산에 오르는 행사[20]는 거의 사라질 정도였다.

작년만 에도 봉화산에 올가가더니 올해는 한 사람도 업더라. 우리 잘알 때만 해도 봉화산이 인간 산태 날정도 올가 같는데 금년 와서는 아이들이고 아낙내고 한 사람도 업쓰니 사람들이 개명을 하니까 옛 풍섭이 줄어더느구나(아 1970.4.8).

이처럼 마을의 전통이 사라지는 과정에서 마을 내 구성원들 사이의 질서도 해체되고 있다고 생각했다. "선후배도 가리지 못"한다. 젊은이들이 "어른들에깨 말들을 너무나 벌러 하더라" 등의 표현들에서 상하질서가 없어지고 있다고 기록한다. 그리고 이러한 실서를 바로 잡아야

---

20 봉화산은 인근 마을을 연결하는 주요 교통로였다. 삼월 삼짇날 이 산에 올라 고향 사람들이나 보고 싶은 사람을 만나는 행사는 이 마을의 중요한 전통놀이였다(권순덕 증언).

할 동장이 그러지 못해 자격이 없다고 투덜거리고 있다(아 1969.3.3). 마을 공동노동과 관련해 마을 어른들과 젊은이들이 의견 충돌을 일으키는 일들이 잦아졌다. 1974년 젊은 세대가 처음으로 동장이 되자 권순덕은 마을을 위해 바람직하다는 생각을 하게 된다. 특히 권순덕의 작은 아버지와 갈등은 길 가면서도 인사를 제대로 하지 않을 정도여서, 가족 질서가 많이 해체되고 있음을 알 수 있다.

이러한 마을 분위기는 마을 공동노동이 해체되고 있는 것과 관련성이 있다.

> 보 논에 물이 모자라서 보을 하는데 양심을 지킬 줄 아는 사람은 보 일도 재 일과 다름이 업시 일을 해주는데 일 안 아는 사람은 반일도 안 아고 마랐다(아 1970.7.28).
>
> 굼 도랑에 풀 재거할려고 동민 전원이 나와서 일을 하는데 일 능률이 업쓸 뿐 아니라 자신들의 일처름 하게 대면 수라개 할건대 공동일이라고 너무들 하더라(아 1972.7.18).

마을 공동작업인 보 보수작업이나 도랑 풀 제거하는 작업, 객토작업, 즉 마을 공동노동이 필요한 일이 자신들의 일처럼 하지 않는다는 푸념이 많이 기록되어 있다. 마을의 전체적인 분위기가 개인의 생업이 우선시되고 있음을 알 수 있다. 심지어는 그 전에 품앗이로 진행되던 노동일이 품삯으로 지출되고 있다(아 1970.5.27).

권순덕 일기에서 압축근대시기 동신마을에는 개인의 경제적 욕망은 점차 확대되는 반면, 마을이 지닌 전통적인 질서와 공동노동은 해체되고 있었다.

한편 일기에서 확인할 수 있는 국가에 대한 권순덕의 시선은 불신이다. 일기의 초반부에 가장 많이 등장하는 내용이 예비군 소집이다. 매월 1~2회씩 소집되었는데, 가장 큰 불만이 농사일이 바쁜데 소집하는일이었다. 특히 시간 약속을 지키지 않는 것에 대해 권순덕은 "욕도 하고 싶고" "숙떡공론"도 하고, 심지어는 정부가 "한심스럽다"고까지 표현하였다. 권순덕뿐만 아니라 소집대상자들 또한 제대로 시간을 지키는 경우가 드물었다.

먼선 위유로서 향군 경비를 세운다는 것인지 알 수 없구나. 향군들이 자발적어로 선다면 모려지만 요사이 농번기인데 향군들 불려서 경비하라고 하니까향군들 자신원 솔선수범하여서 선다는 것을 알지만 너무나 농번기에 시달린몸이라 한사람도 자기 위치에 건무하는 사람 없쓰며(아 1969.6.29).

개인의 업무 일정을 전혀 고려하지 않는 예비군 소집에 대해 마을 구성원들의 대응 방식을 확인할 수 있다. 즉 개인의 경제활동이 경제적이득이 없는 국가의 요구를 외면하고 있다. 마을 사람들은 자신들이 생산한 양곡에 대해 상인들의 구입 가격보다 낮은 가격의 정부 매상에 대응하지 않았다. 오히려 자신들과 대면하는 면장과 면직원의 체면을 세워줄 정도만 매상에 응하는 모습은 마을 사람들에게 국가의 요구가 일방적으로 관철되지 못하고 있었음을 보여준다(아 1969.12.11).

4. 새마을운동과 마을 사람들의 대응

압축근대시기 농촌마을 사람들이 대면한 가장 커다란 사건은 새마을운동이었다. 본격적으로 새마을운동이 시작되기 전 마을 사람, 특히 일기를 쓴 두 사람의 일상을 먼저 검토한 이유는 외부에서 요구된 국가정책인 새마을운동이 받아들여지는 방식을 살펴보려고 한 때문이다. 이러한 분석방법은 대부분 국가정책이 농촌사회에 일방적으로 관철되겠지만, 농민들의 선택논리도 중요했음을 강조하기 위해서이다.

1) 대천마을 새마을운동

대천마을 새마을운동은 두 시기로 나뉜다. 1960년대 '새마을건설'과 1971년 전국적인 정책으로 진행된 '새마을운동'으로 구분된다. 대천마을 새마을건설은 1961년 5·16정권의 수립과 관련있다. 5·16정권은 농촌마을 개발사업을 목적으로 '모범부락조성사업'을 실시하였다. 각 도의 사업명칭이 달랐는데, 경상남도는 '새마을건설'이었다.[21] 이 사업은 1959년 시작된 지역개발사업과 연결되었다. 지역개발사업은 전국적으로 시범마을을 지정하여 진행했는데, 대천마을이 1961년 지역사회 시범부락으로 지정되었다(대 1961.12.16). 이 사업을 이끌어갈

---

21 모범부락조성사업의 각 지역별 명칭은 강원도 희망의 마을, 경기도 혁명촌, 기계화농촌, 충청도는 빛나는 마을, 전라북도는 보고가는 마을, 앞서가는 마을, 전라남도는 一星 二星 三星部落 육성 등이다(서만용·박수영, 「5·16군정기 지방행정 환경변화와 모범부락조성사업에 대한 고찰」, 『농촌지도와 개발』 20-3, 한국농촌지도학회, 2013, 652~656쪽).

조직으로 1961년 대천지역개발계가 조직되었다.[22] 대천마을 내부적으로도 1959년 사라호 태풍으로 파괴된 마을을 복구하는 과정에서 마을 단위의 개발조직이 필요하였다. 이후 1962년에는 마을청년회가 조직되고 마을 내 청소와 나무꾼의 입산을 금지하는 활동을 하였다. 대천마을 개발계는 1962년부터 '새마을건설建設' 활동을 시작했다. 마을 주민을 동원하여 골목을 넓혔다(대 1962.4.10). 경상남도에서 방문하는 등 관심을 가졌다(대 1962.6.11).

한편 군사정부는 농촌 개발을 위해 1962년 농촌진흥청을 설립하고, 그 아래 농촌지도소와 지소를 설치하여 지도사를 배치하였다. 1963년부터 733개 농촌진흥시범지역을 지정하였다. 지도사는 농업기술지도, 생활개선지도, 학습단체지도 등 기술지도를 수행하였다.[23]

국가의 농촌진흥사업의 영향으로 대천마을은 1960년대 초 두 가지의 중요한 사업을 진행했다. 기와공장과 양수장 건설이었다. 개발계는 1964년 1월 1일 기와공장을 건설하였다.[24] 1965년 3월이라는 설도 있다. 기와공장 조성에는 정부의 융자 12만원, 주민부담금 13만원, 공장터(윤희수)와 목재(기타 마을 구성원)의 기부 등으로 가능하였다.[25] 기와공장에서 윤희수는 모래나 경유 운반, 완성된 기와 운반을 위해 그의 우차를 활용하였다. 1968년에는 거의 매일 기와공장에 나갔다. 일기에 "출근한다"로 표현할 정도였다. 기와공장 일이 너무 바빠 문중회의에

---

22 맨발동무도서관 편, 『대천마을, 사진을 꺼내들다』, 해피북미디어, 2013, 59쪽.

23 李桓炳, 「모범 농민 · 마을의 성장과 농촌 새마을운동」, 성균관대 박사논문, 2011, 62~64쪽.

24 『대천일기』 1983년 9월 28일자에 기와공장 상량문이 언급되어 있는데 기공 날짜가 이렇게 적혀있었다고 한다.

25 허종욱, 「백포원 荒蕪地에 심은 풍년─경상남도 부산시 부산진구 화명동」, 『지방행정』 17-172, 1968, 38쪽.

참석하지 못할 정도였다. 1966년에는 농촌지도소 보조 16만원, 주민들 모금 136만원을 재원으로 양수장 건설사업이 진행되었다.[26] 농작물에 필요한 농업용수를 원활히 공급할 필요 때문이었다. 1966년부터는 지붕개량을 추진했다. 기와공장 운영과 궤를 같이한다. 지붕개량용 자금은 본인 부담금과 농업은행 융자로 추진했다. 대천마을의 기와공장 운영, 양수장 건설, 지붕개량 등은 정부의 주목을 받았다. 정부는 1965년부터 농촌지원사업을 추진하였는데, 1968년 처음으로 '지역자력개발상'을 수여했다. 당시 수상한 마을은 10곳이었는데, 대천마을은 '노력상'을 수상했다.[27] 그 결과 대천마을은 1968년 내무부로부터 시범농촌마을로 선정되었고(대 1968.1.24), 『지방행정』에 소개되는 영광을 누렸다. 대천마을의 초기 새마을건설은 주민들의 자발적 참여와 정부기관의 지원으로 가능했다. 그리고 주민의 자발적 참여는 경제적 혜택이 따랐기 때문에 가능했던 것으로 보인다. 특히 기와공장은 마을 자치로 운영되었으나, 관계자는 일정한 보수를 받았다(대 1967.5.29). 공장 일이 바쁠 때 일손을 도왔던 윤희수와 그의 자식 또한 노임을 받을 수 있었다.[28]

이 무렵 윤희수를 비롯한 대천마을 사람들에게 국가의 지원 가운데 특별한 것이 채종답 운영이었다. 이것은 초기(1958년 일기)에는 읍사무소에서 담당하였으나 1963년 이후 농촌지도소가 담당하였다. 지도소가 마을 사람 가운데 일부에게 정부에서 생산한 볍씨와 농약을 제공하고 수확하

---

26 위의 글, 35~36쪽.
27 「지역개발상 마련」, 『경향신문』, 1968.1.13, (7)1.
28 윤광필 증언.

〈표 1〉 대천마을 새마을 운동

일시	사업내용	지원기관
계속사업	지붕개량자금, 기와공장	부산시 농촌지도소
1971.3.4.	우물 및 빨래터	–
1971.4.29.	이발관 허가	자체
1971.4.2.	농로개설(4.18일 완공)	
1971.6.16.	농번기 탁아소 개소식	부산시 농촌지도소
1971.6.16.	메탄가스 설치 공사	부산시 농촌지도소
1971.9.14.	응용영양시범부락 발족	부산시 농촌지도소
1971.9.17.	공동취사장 건립	부산시 농촌지도소
1973.	간이상수도	
1974.4.2.	마을회관 신축 착공, 준공(6.9)	대통령 하사금 1,000,000원 부락자체부담 1,800,000원 부락 노력부담 600,000원 찬조금 600,000원

게 하는 제도로, 일정한 보상금을 받을 수 있었다(대 1967.1.5). 마을에서 채종답 작인은 윤희수를 포함해 9명이었다(대 1969.4.30).

1960년대 초부터 윤희수는 마을 개발계의 활동과 정부보조금을 재원으로 한 기와공장과 양수장 사업, 그리고 채종답 운영에 관계하였다. 국가의 지원사업과 윤희수의 경제적 욕망이 조우한 결과였다. 하지만, 윤희수는 국가지원에 대한 대가를 지불해야 했다. 윤희수는 농촌지도소가 요구하는 기와공장 운영보고(대 1968.2.23)는 물론이고 서류 심사에 응해야 했으며(대 1966.12.7), 심지어는 내무부 심사에도 부족한 시간을 제공해야 했다(대 1967.12.6). 채종답과 관련해서도 각종 평가회에 참석해야 하는 것은 물론이고, 지도소나 행정기관에서 진행하는 회의나 교육에 동원되었다(대 1970.10.15). 심지어 채종답 검사원에게 술값이나 식사를 대접해야 했고, 농촌지도소 직원의 결혼에도 참석해야 했다(대 1966.11.8).

1970년대 대천마을의 새마을운동은 1971년 3월 2일 위원 반장회의에 '새마을사업 빨리 완료할 것'이라는 안건이 올라오면서 시작되었다. 일기에서 확인되는 내용을 정리하면 〈표 1〉과 같다.

　　대천마을의 새마을운동은 환경개선사업이 중심이고, 기와공장이나 이발관과 같은 소득증대사업이 있었으나, 특별히 마을에 경제적인 지원이 되었다는 근거는 적다. 다만 이발관의 경우 월 3,000원을 경로당에 지원하는 정도였다(대 1971.12.10). 사업의 주체는 마을 조직이었다. 이장인 통장을 중심으로 '위원 반장회의'가 중요 사안이 있을 때마다 가동되었다. 이장을 비롯한 마을 조직이 인원동원과 실제 작업을 담당했다. 물론 마을 대표자 회의보다 농촌지도소의 결정이 중요하기는 했지만, 1960년대 시범마을을 운영하면서 체계화되었던 마을 운영시스템이 그대로 작동하였다고 할 수 있다.

　　대천마을 또한 전국의 여느 마을처럼 이 시기 새마을운동은 1970년 전국 마을에 배포된 시멘트 사용에서 시작되었다. 1971년 3월부터 시작된 이 사업은 마을 공동우물, 빨래터 정비, 골목길 고치기, 농로개설 등이 핵심이었다. 정부는 시멘트를 지원했고, 마을 주민들은 노동력, 모래, 자갈, 각종 자재 등을 부담했다.[29]

　　이후 다양하게 진행된 대천마을의 새마을운동은 농촌지도소의 지원으로 진행되었다. 농촌지도소는 기본적으로 사업자금과 각종 시설을 지원하였다. 메탄가스 설치의 경우를 보면 지도소는 메탄가스 재료, 시멘트, 목재, 가스통 등 설비와 설치 지도를 담당하였다. 기본적으로 농

29　부산시 북부출장소, 「새마을가꾸기 사업현황」, 1973.

촌지도소의 지원이 새마을운동을 진행하는데 결정적인 역할을 하였다. 가스탱크를 만드는 노동일은 마을 사람들이 담당하였다. 그리고 농촌지도소의 도움으로 응용영양시범부락을 추진하고(대 1971.3.22), 공동취사장 건립도 추진하였다(대 1971.9.22). 지금까지 마을에 남아있는 간이상수도사업이 이 때 시작되었다. 그리고 오늘날 대천마을 사람들에게 새마을운동의 상징은 마을회관 건립으로 기억된다. 모범부락으로 선정되면서 1974년 대통령하사금 1,000,000원을 종자돈으로, 마을 사람들의 노동력과 재원, 출향인사들의 후원으로 완성될 수 있었다.

새마을운동 과정에서 마을 주민들 사이에 마찰도 빈번했다. 농로개설과 관련하여 개인이 땅을 제공하지 않으면서 사업이 지연되기도 하였다. 마을 대표자들의 설득과 회의가 농로를 완공할 수 있었다(대 1971.4.18). 노동일은 마을 사람들의 부역으로 진행하였는데, 부역에 참여하는 마을 사람들이 모두 자발적으로 참여한 것은 아니었다. 공동취사장을 건설할 때에는 한 명도 나오지 않는 경우도 있었다(대 1971.9.28). 새마을운동에 부역노동이 일정한 역할을 하고 있었지만, 노동력이 없을 때는 마을 대표자의 가족이나 개인의 희생으로 진행되기도 하였다(대 1971.8.1). 그리고 농로개설의 경우에는 노임을 지불하는 것으로 봐 모든 사업이 부역노동으로 진행된 것은 아니었다.

대천마을 새마을운동의 특징은 마을자치조직의 주도이다. 행정기관, 특히 농촌지도소의 지원이 많았지만, 마을 현장과 행정기관의 중간에서 마을자치조직의 역할이 중요하였다. 뒤에 설명하게 될 아포 동신마을과 구별되는 부분이 있다. 사업이 마을 사람들의 중요한 경제활동과 연동지어 진행될 수 있었다. 예를 들어 메탄가스 설치사업과 공동취사장 건립사업은 7월, 8월, 9월에 집중적으로 진행되었다. 이 사업을 시작하기 직전 많은 노동력이 필요한 모내기를 이미 마친 뒤였고, 그리고 10월 하순부터 진행되는 벼베기와 보리파종이 시작되기 전에 사업을 마무리 하였다. 이것은 마을 조직이 사업을 주도함으로써 마을 사람들의 일상패턴을 고려한 운영이 가능했음을 이야기한다.[30] 그리고 사업과 관련해 마을주민들에게 경제적인 대가를 지불하였다. 앞서 언급한 기와공장 근무자, 농로개설에 노임 지불 등은 개인적인 노동활동 못지 않게 마을 공동노동에서도 경제적인 수익이 있다는 점을 이해시키는데 도움이 되었다.

대천마을 새마을운동 특징은 농촌지도소를 앞세운 국가권력의 직접적인 개입이 마을 조직에 의해 일정하게 제어될 수 있었던 점이라 할 수 있다. 이것은 윤희수가 개인의 경제적 욕망을 추구하면서 경험한 마을의 부분적인 전통질서, 이를 매개로한 마을공동조직의 운영 등에 기인한다고 할 수 있다.

2) 동신마을 새마을운동

동신마을 새마을운동은 통일벼 재배와 보온절충모자리 조성, 마을

---

30 충청남도 당진군 삼화2리 새마을운동의 '추진기록부'를 보면, 담당자가 매일 참여자들의 동태를 기록하고 있다. 이 기록부에는 농번기, 장례식 등 마을 전통관습 등이 인력동원에 지장을 주는 요인임을 강조하고 있다. 따라서 사업 추진 주체가 관공서인지 마을주민인지는 사업성과를 달성하는데 중요한 요소라고 생각한다(당진군 삼화2리, 「추진기록부」, 1972~1973).

길 넓히기, 하수도와 우물 수리, 객토사업, 보 건설, 새마을창고와 공동 빨래터 건설 등이었다. 대부분 환경개선사업이고 소득증대사업은 통일벼와 보온절충모자리 조성 정도였다.

동신마을에는 앞서 대천마을처럼 1960년대 새마을을 조성하기 위한 내부적인 분위기가 없었던 것으로 보인다. 일기 중에 "동장 선출하는 대할 사람이 어따니 한심하기 짝이 없구나"(아 1969.3.3) "우리 마을을 바서는 재대로 일을 마음먹고 동내 일을 바주는 사람이 업따"(아 1970.12.24) 라고 탄식하는 부분에서 잘 이해할 수 있다. 권순덕이 새마을운동을 주도하는 세력이 아니었기 때문에 일기에 기록이 적을 수 있다. 하지만, 이 시기 마을의 조직 가운데 권순덕은 청년회와 관련있었던 점을 고려하면 이상의 내용을 신뢰할 수 있다.

권순덕이 1972년 8월 청년회 회원도 아니면서 형 대신 임시총회에 참석했다가 떠밀려 부회장직을 맡는 과정(아 1972.8.15)이나, 1973년 1월 1일 정기총회에서 회장으로 선출되는데, 그의 눈에 청년회원들은 마을에서 가장 나쁜 행동을 하는 인물로 인식될 정도로(아 1973.1.1) 청년회는 마을의 새로운 변화에 적극적이지 못했던 것으로 보인다. 이후 권순덕은 2년간 청년회장직을 수행하지만, 청년회는 마을 동장의 보조 역할 밖에 못했다. 권순덕은 당시 청년 회장이었으나 동장의 지시에 따라 새마을교육에 참가한다든지, 객토사업에 청년회원 동원을 부탁받는다든지, 동장이 우마차를 몰고 나오라고 해서 참가하는 등 대체로 동장의 요구에 따라 움직이고 있었다. 아마 마을 공동 질서가 해체되고 있던 과정에서 마을 공동조직이 제대로 작동하지 않아 마을조직보다 국가의 말단 행정조직이 직접 새마을운동을 담당했던 것으로 보인다.

한편 권순덕은 국가가 주도하는 새마을운동에 그다지 신뢰를 가지지 못했다. 새마을교육 몇 시간 받은 뒤 이수증을 받자 불필요한 낭비로 "우습구나"(아 1974.1.8)라고 생각할 정도였다. 1975년 8월 당시 국무총리였던 김종필이 이 마을을 방문했는데, 군에서 나와 청소도 하고 바쁘게 움직이자 "공갈치는 것을 보니 더 보기가 실꾸나"(아 1975.8.6) "동민들이 예료가 말할 수 업씨 크구나"(아 1975.8.111) "국무총리 오신다고 사람을 못살계 굴더니"(아 1975.8.16) 등의 표현은 정부의 사업 진행에 불만이 많았음을 잘 보여준다.

이런 분위기에서 아무런 보상 없는 부역노동은 권순덕이나 마을 사람들에게 제대로 수용될 수 없었다. 그러다 보니 운동의 진행과정에서 호혜성 문제가 쉽게 대두하였다.[31] 작업량이 균등하게 배분되지 않는다는 불만이 가장 많았다. 호혜성과 관련한 사료는 아래 농로확장과 새마을창고 공사 과정에서 확인할 수 있고, 그 결과 공동노동이 얼마나 성의없이 진행되었는지를 잘 보여준다.

새마을사업 (…중략…) 공동 일에 공편하게는 안 댄다고는 하지만 현재 우리 마을에 농로 학장하는 데는 너무나 불공편해서 착실이 할려고 더는 사람마자 일에 의욕이 업깨끔 하고 있는 형편에 노이고 있따(아 1973.3.11).

새마을창고 짓는 데 부역을 하는데 불만이 만더라. 그리고 부역이 소 업

---

31 새마을운동의 성공에 마을 주민들 사이의 신뢰, 호혜성 등 마을 내 사회적 자본의 역할이 컸음을 강조하는 연구는 이현정, 「70년대 새마을운동에서 마을공동체의 역동성 비교연구」, 고려대 박사논문, 2012 참조.

는 사람들만 부록구 빼는 데만 사용을 해서 매일 부역을 하다시피 하니까 불만이 더 있는 것 같더라(아 1974.3.30).

새마을창고 짓는다고...부역을 나와서 부룩구을 찍어내 보내 일이 하기 실을 때는 세멘 배압이 아주 억망으로 하기 때문에 부록구들이 재대로 나오지 안키 때문에 집 수명이 아주 짤바절 끄수로 보고 있다(아 1974.3.28).

하지만 권순덕은 새마을운동에서 자신의 경제적인 욕망과 연결되어 있는 부분에 대해서는 호의적으로 평가하였다. 오히려 새마을운동 가운데서도 돈벌이가 잘 되는 일에 나가려는 생각도 하였다. 당시 농촌에서는 관의 폭압적인 방식 때문에 불만이 많았던 통일벼 생산과 공동묘판에 대해 권순덕은 오히려 통일벼 생산에 기대를 걸고 있었다. 생산량이 많아 농가경제를 풍족하게 해 줄 수 있을 것으로 기대하였다.

정부에서 장래하는 통일벼씨가 업는 사람에께는 썩 대어따고 본다. 왜냐 밥맡은 이런 벼보다 적다 하지만 우선 생산량이 배나 수학이 대고 있쓰니 업는 사람으로서는 정부에서 장래을 안 예도 통일을 심어야 잘 살 수가 있따고 자신은 너켜다(아 1972.10.28).

권순덕이 새마을운동을 바라보는 시선은 이중적이었다. 새마을운동이 개인적인 욕망 충족에 도움이 될 경우에는 적극적이지만, 그 외 개인적인 경제활동과 충돌할 경우에는 고민하는 모습을 보였다.

새마을사업에 돈벌이 나갈라고 생각을 해 보았찌만 잘 안 대는구나. 왜 냐하면 새마을 사업 돈버리가 자신에 상점 밑 배나 벌 수가 있찌만 상점 문을 안전이 닽고 돈 벌로 간다면 자신의 손님이 대신으로 갈 껏이며 내 손님을 빼키개 대며 대신 복수가 지방민에깨 안전이 인심을 일코 있키 때문에 자신이 요 기해에 손님을 어들라고 드니 우선 돈버리가 나도 가지 못한 형 편이다(아 1974.12.22).

공동우물에 일하는데 웃마을에만 일만 하게 대어서 남들은 하는데 자신은 상점 문을 닷고 일을 할려고 하니 여관 힘이 아니며 남왜 눈만 아니며 나가지 않을 마음도 들고 있는데 그럴 수도 업고 해서 하로 일을 하였는데 보통일이 아니다(아 1975.5.9).

이상에서 볼 때 아포 동신마을의 새마을운동은 개인의 경제적 이익이 가능한 분야에서는 참여가 적극적이었으나, 그렇지 않은 공동노동이나 비경제적인 영역에서는 소극적이었음을 확인할 수 있었다. 권순덕에게 그의 경제활동에 필요한 시간과 동원이 충돌할 경우에는 전자를 택하는 경우가 일반적이었다. 이것은 압축근대시기 경제적 풍족함을 추구했던 농촌마을 사람들의 욕망 실현과 또 한편으로 근대화로 인한 마을 내부의 전근대적인 호혜성과 공동체 정신이 축소된 때문으로 보인다. 새마을운동은 공동노동과 공동분배의 협업적 전통을 활용하는 것이 사업의 목적이었다.[32] 하지만 압축근대시기에 협업적 전통은 상

---

32 하재훈, 「1970년대 농촌새마을운동과 농촌사회의 집합적 참여 ─ 공동체적 전통의 활용을 중심으로」, 오유석 편, 『박정희 시대의 새마을운동』, 한울, 2014, 280~282쪽.

당정도 와해되어 있었다. 거기다가 개인의 물질적 욕망의 증가는 새마을운동의 전면화를 역행하는 역할을 하였다. 이처럼 새마을운동은 마을 사람들의 일상에 내재된 욕망으로 인해 국가에 완전히 포섭되지 못하는 영역, 틈 때문에 기획대로 성과를 거두는데 한계가 있었다.

5. 일상의 시간과 로컬리티

로컬리티란 로컬의 가치 혹은 속성으로 정의된다. 속성이 더 큰 개념으로 가치 또한 여기에 포함된다고 할 수 있다. 좀 더 구체적으로 로컬의 속성이란 부단히 변화하는 로컬의 다양한 운동성의 총합이다. 간단히 말하면 로컬을 작동시키는 에너지라고도 표현할 수 있겠다. 물질이 내부에 운동하는 성질을 포함하고 있듯이 로컬리티 또한 로컬을 움직이는 에너지라고 할 수 있다. 그런데 이러한 로컬리티는 어떻게 구성되는 것일까. 로컬에 존재하는 다양한 요소들의 상호작용이 로컬리티 생성에 중요한 역할을 한다. 르페브르는 모든 개체는 고유한 리듬(시간)을 가지며, 이러한 시간이 다른 시간들과 상호작용을 통해 공간을 만든다고 역설했다. 르페브르의 논리를 로컬로 옮기면 로컬에도 고유한 작동시간이 존재하고 있으며, 로컬시간이 로컬리티를 구성하는 중요한 요소라고 할 수 있다.

이 글은 로컬시간을 로컬 현장에서 설명하기 위한 한 사례로 '일상'에 주목하였다. 일상은 '사소'한 것이며, 반복적이고, 습관화된 것이란 점에서 시간의 범주에 들어간다고 할 수 있다. 일상은 단순해 보이지만 특별하지 않은 모든 것을 포함하기 때문에 복잡하고 다양하다. 우리가 시간으로서 일상에 주목하는 이유는 일회적이거나 우발적인 사건과 비교하면 반복과 습관화됨으로써 익숙해지는 것이 지닌 에너지 때문이다. 일상은 기존의 리듬을 유지하면서 끊임없이 변화하려는 힘이 강하기 때문에 외부에서 작용하는 사건이나 힘과의 상호작용 과정에서 다양한 대응방식을 드러낸다. 갈등, 포섭, 배제 등 다양한 양상의 발현은 일상이 지니는 힘에서 나온다고 할 수 있다.

이 글은 압축근대 시기 농촌 농민들의 생산노동 과정에서 확인할 수 있는 일상의 힘이 국가가 요구하는 정책에 어떻게 대응하는 가를 확인하는 작업이다. 즉 일상의 힘에서 로컬리티를 발견하려고 하였다. 이 시기 농촌 농민들의 대표적인 일상은 노동과정에서 발견할 수 있다. 1년을 주기로 하는 벼와 보리 재배, 농촌 소득증대를 위해 정부가 장려한 채소재배, 과수원, 축산업 등이 중심이었다. 벼와 보리가 1년을 단위로 진행되고, 수확 후 현금 수입이 가능하다는 점에서, 근대 사회에서 생활하는 농민들의 소비욕구를 충족시키기에는 한계가 있었다. 각종 부업 즉 채소재배, 과수원, 축산업 등은 1년 단위의 노동과정의 문제를 해결하기 위해 농민들이 선택할 수밖에 없는 또 다른 주기(시간)를 가진 노동과정이었다. 이 시기 농민들은 자신이 보유한 노동력 가운데 가능한한 최대치를 노동과정에 투입하였다. 그런 만큼 그의 일상은 점점 더 빨라져, 바쁜 일상 속에서 생활을 하지 않을 수 없었다. 이런 이유는 농촌 위기에 따른 농민들의 근대화 욕망과 관련있다. 라디오, 스피커, 신문 등 외부세계와 일상적인 접촉의 확대, 근대적 교육, 군대생활, 도시경험 등이 농민들의 근대적인 욕망을 자극하였기 때문이다.

농민들의 욕망에 의한 일상 리듬의 빨라짐은 자연스레 마을공동체보다 개인의 생업에 집중하는 모습을 보이게 한다.

이 글에서 분석한 두 마을에서 전통적인 인간관계에 근거한 공동체는 많이 파괴되고 있었음을 확인할 수 있었다. 따라서 마을공동체의 개인에 대한 규정력도 약화되었다고 할 수 있다. 마을공동체와 관계 맺기가 유지되고 있었다고 해도, 개인의 경제적 욕망 충족을 위한 배경으로서만 유효성을 지녔을 뿐이었다. 이런 양상은 국가와 개인의 관계에서 좀 더 명확해 진다. 이 시대 농민들은 국가의 동원 행사에 참석해야 했다. 이 글의 주요 분석대상인 윤희수나 권순덕의 생활이 이를 잘 보여준다. 하지만 국가의 동원이 이들에게 일방적으로 수용되는 것만은 아니었다. 특히 권순덕은 예비군 동원과 관련하여 다양한 형태로 거부하는 모습을 보인다. 그리고 새마을운동과 같은 전면적이고 대규모적인 국가의 동원 논리는 과거 연구성과와 달리 최근에는 개인들의 경험에 따라 사업 성패에서 차이가 많다는 점이 강조되고 있다.

새마을 운동을 사례로 이 시기 국가의 정책이 농촌 농민들에게 일방적인 수용을 거부당하는 이유를 본 연구에서는 농민들의 일상에서 찾았다. 경제적 욕망을 충족하기 위해 구성된 개인의 일상은 자신의 경제적 이해관계와 상관없는 국가의 요구에 일방적인 동의를 거부하는 모습을 보인다. 권순덕의 사례를 보면 새마을운동의 사업 가운데 경제적으로 이익이 있으면 적극적으로 참여하더라도, 그렇지 않고 일방적인 희생을 요구하는 사업에는 자신의 업무가 바쁘다는 이유로 거부한다. 윤희수처럼 국가기구와 친밀한 관계를 유지하더라도 마을공동체가 마을 주민들의 시간에 어울릴 수 있도록 조정하는 모습을 보인다. 이처럼 국가의 정책이 농민, 농촌마을에서 일방적으로 수용되는 것만이 아니라 농민들의 일상적인 조건에 따라 선택적으로 받아들여지는 이유는 농민들의 일상적 시간에 의해 축적된 힘 때문이다. 이러한 힘을 우리는 로컬리티라고 부른다. 마을 사람들은 일상에 내재된 욕망을 무기로 국가에 완전히 포섭되지 못하는 영역, 즉 틈을 만들면서 자신의 삶을 살아왔다.

참고문헌

양흥숙·공윤경·변광석·차윤정·차철욱 편, 『대천일기』 1·2, 부산대 출판부, 2017.

이정덕 외, 『아포일기』 1~5, 전북대출판부, 2014~2015.

부산시 북부출장소, 「새마을가꾸기 사업현황」, 1973.

당진군 삼화2리, 「추진기록부」, 1972~1973.

경제기획원, 『한국통계년감』, 각 연도.

「지역개발상 마련」, 『경향신문』 1968.1.13, (7)1.

고원, 「새마을운동의 농민동원과 '국민 만들기'」, 공제욱 편, 『국가와 일상-박정희 시대』한울, 2008.

김영미, 『그들의 새마을운동』, 푸른역사, 2009.

남춘호, 「압축근대와 생애과정의 표준화, 탈표준화, 개인화」, 이정덕 외, 『압축근대와 농촌사회』, 전북대 출판문화원, 2014.

李桓炳, 「모범 농민·마을의 성장과 농촌 새마을운동」, 성균관대 박사논문, 2011.

맨발동무도서관 편, 『대천마을, 사진을 꺼내들다』, 해피북미디어, 2013.

박섭·이행, 「근현대 한국의 국가와 농민-새마을운동의 정치사회적 조건」, 『한국정치학회보』 31-3, 한국정치학회, 1997.

박재환 외, 『일상생활의 사회학적 이해』한울, 2008.

박진도, 「이농의 전개과정과 그 의미」, 『한국농촌경제연구원 연구자료』, 2003.

박진환, 『박정희 대통령의 한국경제 근대화와 새마을운동』[(사)박정희대통령기념사업회], 2005.

서만용·박수영, 「5·16군정기 지방행정 환경변화와 모범부락조성사업에 대한 고찰」, 『농촌지도와 개발』 20-3, 한국농촌지도학회, 2013.

손현주·문만용, 「농민일기에서 나타나는 기술수용과 그 양가성에 대한 연구」, 『지방사와 지방문화』 19-1, 역사문화학회, 2016.

손현주, 『『아포일기』에서 나타난 농민의 근대적 관광 경험에 대한 연구」, 『비교문화연구』 22-1, 서울대 비교문화연구소, 2016.

안승택 이성호, 「개발독재기 농민의 경제적 생존전략 다시보기-자본주의-소농사회 접합의 일단(一端)」, 『민족문화연구』 71, 고려대 민족문화연구원, 2016.

위성남, 「'마을'은 어떻게 드러나는가?」, 『마을로 간 인문학』(김영선, 이경란 편), 당대, 2014.

유병용, 최봉대, 오유석, 『근대화전략과 새마을운동』, 백산서당, 2001.

이만갑, 『한국농촌사회의 구조와 변화』, 서울대 출판부, 1973.

이현정, 「70년대 새마을운동에서 마을공동체의 역동성 비교연구」, 고려대 박사논문, 2012.

장경섭, 「압축적 근대성과 복합위험사회」, 『비교사회』 통권2, 한국비교사회학회, 1998.

장상환, 「한국전쟁과 경제구조의 변화」, 『한국전쟁과 사회구조의 변화』, 백산서당, 1999.

조승연, 「농민의 대응전략과 농업생산형태의 변화」, 『한국문화인류학』 32-1, 한국문화인류학회, 1999.

허종욱, 「백포원 荒蕪地에 심은 풍년 − 경상남도 부산시 부산진구 화명동」, 『지방행정』 17-172, 1968.

하재훈, 「1970년대 농촌새마을운동과 농촌사회의 집합적 참여 − 공동체적 전통의 활용을 중심으로」, 『박정희 시대의 새마을운동』(오유석 편), 한울, 2014.

황병주, 「새마을운동 시기 국가와 농민의 정치경제학」, 『박정희 시대의 새마을운동』(오유석 편), 한울, 2014.

구술자료

구술자	출신년	성별	일시	구술 장소
최묘연	1920년	여	2012년 8월 2일	부산시 북구 화명2동 대천마을
윤희수	1925년	남	2012년 8월 2일	부산시 북구 화명2동 대천마을
윤광필	1951년	남	2016년 10월 18일	부산시 북구 화명2동 대천마을
권순덕	1944년	남	2016년 1월 30일	경북 김천시 아포읍 동신마을

도시 동족마을에서 문중조직의 활동과 역할*

변광석

1. 도시의 동족마을

현대 사회에서 마을은 도시화와 무분별한 개발에 포섭되어 하나씩 사라지고 있다. 마을은 그 공간에 거주하는 구성원들 사이에 사회적·일상적으로 상호 작용하는 관계에 놓여 있다. 그것이 일반적인 타인과의 대인관계일 수도 있고 친인척 관계일 수도 있으며, 일정한 목적성을 지닌 네트워크일 수도 있다. 마을의 형성에 있어서 역사적으로 보아 조선시대 이후로 내려온 전통마을은 동족同族, 종족宗族 마을에서 출발하였다. 마을이라는 공간은 그 자체가 구조적 질서와 생활양식이 내포되어 있다. 특히 동족마을은 정착이후 그 구성원들이 장기간의 거주와 면면

---

* 이 글은 『歷史學硏究』 65(호남사학회, 2017.2)에 게재된 「도시 동족마을의 실태와 산업화 시기 마을개발사업」을 총서의 편집에 맞게 수정 보완한 것이다.

한 전통으로 형성된 공동체적 문화와 삶의 방식이 강하게 내재되어 있는 공간이다. 물론 동족(종족)마을이라고 하여 그러한 질서와 양식이 불변적이 아니라, 사회경제적 발달과 인구 증가에 따라 타성他姓 주민과 함께 거주하는 마을이 늘어나기 마련이다.

특히 산업화 이후 우리 사회의 급격한 변동과 주거공간의 변화 속에서 동족(종족) 마을이 많이 사라지는 추세였기에, 그러한 마을 중에서 오늘날까지 전통문화와 공간을 보존하고 있는 경우는 상당히 드물다. 더구나 도심에서는 아파트단지처럼 주거공간의 급격한 집거화에 따른 환경변화로 인해 마을의 전통적 공간(공유공간으로서의 골목, 광장, 마을회관, 당산나무 등 고목, 정자, 재실 등)이 점점 사라지고 있다. 이런 점에서 농촌과 달리 도심 속의 동족마을의 사례를 연구하는 것은 쉽지 않은 실정이다.

이 글은 부산광역시 금정구 남산동에서 3백년 동안 내려온 은진 송씨恩津 宋氏 문중을 대상으로 삼아 진행하였다. 연구의 내용은 마을주민과 문중의 활동을 통하여 동족마을이 지녀온 지역성地域性과 정체성正體性, 로컬리티, 아이덴티티의 변화과정에 관한 것이다. 글의 전개 순서에서 전반부는 문중의 입향 후 동족마을의 형성과 지역에서의 문중의 활동(정착~현재)을 살펴본다. 이어 후반부는 산업화 시기인 1960~1980년대를 중심으로 마을회관 건립, 정수장(마을간이상수도) 설치와 운영 등 새마을운동과 같은 마을 공동사업의 진행, 마을조직과 문중의 역할 및 마을의 변화 등을 살펴보고자 한다.[1]

---

1 이 글을 위해 문중자료의 제공과 조언을 해주신 현 종중회장 宋鎭謨 선생께 지면을 빌어 감사드린다.

2. 동족마을의 실태와 문중조직

1) 남산동의 동족마을

현재 부산광역시 금정구는 17개동으로 구성되어 있다. 그 중의 하나가 남산동으로 면적은 금정구의 5.6%이다. 남산동의 명칭은 조선시대부터 사용되어 오던 마을이름으로서 『동래부지東萊府誌』에 의하면 북면 남산리(읍성의 관문에서 18리)로 되어 있다.[2] 최근 남산동의 호구는 2014년 통계에 의하면 13,173세대, 33,632명으로 되어 있었다. 이는 금정구 전체의 호구(100,616세대, 252,850명)에 비하면 세대는 13.1%, 인구는 13.3%에 해당하는 비율로서 남산동이 제법 큰 규모의 동에 속한다.[3]

원래 남산동은 신암新岩, 남산南山, 남중南中, 외남外南의 4개 자연마을로 형성되어 온 동洞이다. 『경상남도동래군가호안慶尙南道東萊郡家戶案』에 의하면 북면 남산동의 호수는 42호로 되어 있으며, 김金·송宋·최崔·한韓씨 등의 성씨가 거주하고 있었다. 그 중에서 김씨와 송씨가 가장 오래된 동족문중이었다.[4] 이러한 동족마을 중에 현재까지 내려오는 자연마을의 분포는 〈표 1〉과 같다.

자연마을 중에 현재 은진 송씨 문중이 주로 남아있는 동족부락은 신암마을이다. 물론 다른 마을에도 문중의 성씨를 가진 주민들이 소수는

---

2 『東萊府誌』(1740) 各面各里遠近程道, 北面.
3 2015년 부산시 금정구에서 발행한 통계연보 기준에 의함.
4 度支部 司稅局 『慶尙南道東萊郡家戶案』(1904).
5 서검뜸(덤)의 유래는 조선후기 숙종 46년(1720) 은진 송씨 俊業公이 입향하여 서당을 지어 후학을 교훈하였는데, 당시 문무가 조화된 동량이 배출되라는 뜻으로 당호를 書劍書堂으로 했다고 한다.

자연마을	전통명칭/구역	내역(정착~현재)	비고
新岩	書劍(뜸)[5] / 5, 6통	은진 송씨(장사랑공파 유익공종중) 문중 18세손이 1720년 정착한 이후 현재까지 세거	
南山	本洞, 안동네 / 1, 14통	임란 후 김해 김씨(삼현파) 문중이 정착. 1970년대 이전까지 집성촌을 이루었으나 현재는 많이 분산	
南中	머들 / 2, 9, 11, 12통	은진 송씨 문중이 조금 살았으나 지금은 이주하고 새 주민이 전입. 남산마을과 신암마을의 중간에 위치.	일제강점기에 동래군 북면사무소 건물이 소재. 현재 청룡초등학교 앞
外南	半南山, 바깥마을	새벽시장의 위쪽으로 남산파출소 뒷산과 인접한 작은 마을	

있으나, 신암마을이 다수의 분포를 이룬다. 도심 속에서 그나마 수백 년 내려오던 전통 마을도 1960~70년대의 급격한 산업화 과정에서 크게 해체되어 갔다. 그러한 전통마을의 해체는 역설적으로 정부 주도의 새마을운동 시행 이후 가속화되었으며, 그것이 도시에서의 경우는 도로건설·주택(아파트) 건축 및 공공시설 건립 등의 사업과 맞물려 있었다.

그와 같은 정부 주도의 대표적 사례가 마을의 제1~2차 토지구획정리사업[6]이었다. 1966년부터 시작하여 2000년 도시개발법이 입법화될 때까지 진행되었다. 이 사업에 따라 남산동의 경우 1~2차 토지구획정리사업으로 신흥 주택지로 성장하였으며, 1985년 도시철도 1호선 개통으로 주민의 교통이 한결 편리해 지면서 아파트와 빌라 등 신흥주택과 상업건물이 많이 들어섰다.

산업화와 도시화 추세에 나름대로 전통 마을의 공동체적 관계를 유

---

6 대지로서의 효용증진과 공공시설의 정비를 위하여 토지의 교환·분합, 기타의 구획변경, 지목 또는 형질의 변경이나 공공시설의 설치·변경에 관한 사업으로, 크게 계획·개발·환지의 3단계로 나누어 시행된 사업이다. 건설부 시행령으로 1966년 8월 3일에 시행하여 2000년 7월 1일에 폐지되었다.

옛 당산자리

신암마을
새마을계회관

옛 간이상수도
정수장 자리

신암마을

남산초등학교(옛 서
검뜸 거릿대제 자리)

〈그림 1〉 남산동 신암마을 지도
자료 : 국토정보플랫폼 항공지도(http://map.ngii.go.kr/ms)

지하기 위하여 위의 4개 마을에 대대로 거주해 온 주민들은 원주민회
를 결성하였다. 우선 이 회의 명칭을 남산동 전체에 분포되어 오던 자
연마을 이름을 그대로 사용하여 '남산남중외남신암원주민회南山南中外南
新岩原住民會'라 불렀으며, 총회의 사무소는 남산동 내에 두었다. 그리고
중요한 요건인 회원의 자격을 "1945년 이전부터 남산남중외남신암부
락에 거주한 자 또는 그 상속인으로서 독립세대주인 성년남자"로 정하
였다. 즉 해방 이전까지 마을에 세거해 온 토착인을 대상으로 한다는
취지였다. 원주민회의 설립 목적은 회원 상호간의 친목 도모와 본회의
총유재산總有財産인 부산시 동래구 남산동 산57번지 임야 143정町 5반反

3무보畝步의 관리처분(제4조)이라고 했다. 동시에 총회에서는 회칙제정 관련, 임원선출 관련 및 예산·결산 관련의 업무를 수행하였다.

이 주민회의 규약에 의하면 "본회칙은 종래부터의 관행을 성문成文 보충補充한 것이고, 1972년 9월 4일부터 시행한다"(제16조)고 했다. 이리하여 1945년 이전부터 위의 4개 마을에 거주한 자 또는 그 상속인으로서 독립세대주를 회원 자격(회원 133명)으로 하여 조직을 갖추었다.[7] 오래 전(해방후)부터 각 4개 마을별로 마을회관마을洞舍을 구심점으로 모임들이 운영되면서 공동체적 활동은 유지되어 왔다. 특히 오랫동안 마을 공동으로 보유해 오던 임야의 처분이 목적인 것으로 보아 이는 1970년대 이후의 산업화에 따른 동족마을의 분화 내지 해체 현상의 한 양상으로 볼 수 있다. 이처럼 4개 마을 원주민들의 공동체 모임이 일정 기간 유지되어 오다가, 지금은 활동이 종료되었다고 한다. 그 이후는 '서검뜸찬물샘친목회'와 '신암부락새마을계'가 유지되어 왔다. '서검뜸찬물샘친목회'와 '신암부락새마을계'는 부락회원 상호간의 상부상조와 친목도모 및 신암부락(서금뜸) 발전에 기여함을 목적으로 한다고 규정되어 있다.[8] 이 양자의 계조직을 통한 구체적인 마을활동 분석은 4장에서 다루기로 한다.

7　南山南中外南新岩部落原住民會, 「規約」 제3조·제4조, 1972.9.
8　두 계원조직의 회칙 제2조에 명시되어 있다.

2) 신암마을의 형성과 문중조직

　은진 송씨의 부산지역 이주는 문중의 12세世인 삼성공조三省公祖 송응지宋應祉(11世 仁壽의 3子)가 임란 전 충청도 회덕에서 동래 재송리에 입향한 것이 최초이다. 한편 인수仁壽의 제1자子인 양오당공조養吾堂公祖 송응현宋應賢은 임란 전 동래로 이거해 왔다가 다시 밀양 화악산 아래로 이거하였다. 재송동에 입향한 문중은 그 이래 후손이 번성하다가, 이어 17세 초건楚健(동래부 무청 교련관)의 대代에서 다시 분화되었다. 『문중세보門中世譜』에 의한 입향 이후 후손의 직임과 분화에 대한 내역은 다음의 〈표 2〉와 같다.

〈표 2〉 초건의 아들(18世) 가계의 분화

초건(17世)	俊芳(제1子)	재송 후곡	
	俊豪(제2子)	울산 검단으로 이거	
	俊業(제3子)	남산 서검뜸	입향조
	俊枰(제4子)	울산 이거	

〈표 3〉 조선후기 은진송씨 문중의 동래부 武廳·吏廳 직임

세계	선조	관련 무청·이청	비고
17세	楚健	훈련원 판관, 교련청 교련관	鎭謨 직조
18세	文成	장관청 초관, 교련청 교련관	영민의 손(재송문중)
	俊芳	별기위청 영하	초건의 자
	俊業	〃	〃 (鎭謨 직조)
	俊枰	교련청 교련관	〃
	信萬	별기위청 영하	정민의 손
	信迪	〃	〃
19세	世輝	장관청 초관/교련청 교련관	초건의 손

	世元	교련청 교련관	〃
	再章	장관청 초관/교련청 교련관	〃 (鎭謨 직조)
	世迪	〃	진건의 손
20세	周興	별군관청 대솔군관	초건의 증손 (鎭謨 직조)
22세	振賢	중군청 중군	영민의 6대손 (재송문중)
23세	鍾垠	동래부 호장	영민의 7대손 (재송문중)
24세	尙弼	동래부 호장	영민의 8대손 (재송문중)

〈표 3〉과 같이 17세 초건 이후 그 후손의 분화와 조선후기 동래지역에서의 무청과 일부 이청의 직임을 맡은 내역을 보여주고 있다. 최초로 동래에 입향한 삼성공조 후손들은 대대로 동래 재송동과 남산동 일대에 세거하면서 특히 무청에 출입하여 중군과 판관 등 주로 무임집안으로 문중의 위상을 지켜왔다.

초건의 제3子인 18세 유익공조有益公祖 준업俊業(별기위청 令下)이 1720년 경 재송리에서 남산리 서검書劍뜸으로 이거 정착하였다. 이것이 남산문중 세거의 시작이었다. 그 직후 마을에서 서검서당書劍書堂을 세워 교육을 하기 시작했으므로 서검뜸이라는 마을 이름이 붙여지게 되었다. 이후로 초건의 제1자와 제3자의 후손들이 재송동과 남산동을 중심으로 세거하면서 현재까지 부산지역 문중의 일과 지역사회의 역할을 맡고 있다. 남산동의 은진송씨 유익공종중有益公宗中 문중은 재송문중에서 분기하여 남산동에 이거한 후 지금의 마을에서 동족촌락이 형성되어 왔다. 그 후 문중 구성원의 일부는 사회경제적인 이유로 분화가 생겨 여기에서 재이주하는 사례가 있었다. 1850년 경 송두규宋斗奎(22世)는 남산 서검뜸에서 경북 문경 평천리로 이거 정착한 이후, 1910년 경 송일로宋逸魯(23世)의 제2자子 송수홍은 남산 서검뜸에서 전북 군산으로 이거 정착한 사례가 있다. 이와 같은 한말~일제 초기 문중의 일부 분화는 당시 급격한 사회변혁기에 있었던 개인적인 이주의 모습이라 하겠다.

3) 마을에서의 문중의 활동

문중의 후손에 대한 자격은 "은진송씨恩津宋氏 삼성공각하三省公脚下 유익공有益公 후예라 함은 본 회가 수보한 가첩명단에 등재된 자의 직계 후예임이 명백한 자로서 숭조사상이 돈독하고 본 회가 주재한 위선행사에 참여하는 자"로 규정하고 있다.[9]

유익공종중 종회宗會의 사무소는 문중의 재실인 서검재書劍齋(남산동 996-8)에 있으며, 본회의 목적은 "선조를 숭앙하고 묘소 및 재실 수호관리, 시사봉행, 후예의 인재양성, 친척간의 화목도모"(「종헌宗憲」 제3조)라고 되어 있다. 이와같은 목적을 달성하기 위해 유지경영하는 사업은 〈표 4〉와 같다(「종헌」 제4조). 〈표 4〉의 1~3번처럼 선조를 위한 시사봉행과 재실 관리 등은 당연한 문중의 일이지만, 5~6번과 같이 경로와 효행을 권장하며 불경과 불효를 징계하는 부분은 전근대사회의 향약이나 또는 동계洞契, 村契의 규약과 마찬가지로 공동체의 유제遺制를 볼 수 있다. 아울러 "종중宗中이나 사회社會에 중대한 과오를 범한 자에게는 이사회 결의에 의하여 (…중략…) 종사宗事에 참여할 수 없다."(「종헌」

---

9 「장학사업규정」 제1장 제2조. 『宗規集』 은진송씨 유익공종중 종회, 2004.

<표 4> 宗憲

① 선조에 대한 시사 봉행	⑥ 不敬 및 不孝의 징계
② 선영의 수호 및 재실 관리	⑦ 장학 사업
③ 선대묘소 참배	⑧ 재산 관리
④ 효도관광	⑨ 간행물 발간
⑤ 경로 및 효행 장려	⑩ 기타 이에 수반하는 부대사업

제23조)는 상벌조항에서도 확인된다. 이는 문중의 구성원과 마을 지역 민간에 정서적 공동체임을 재확인하면서 지역 주민들의 유대관계를 강화하려는 의미이다. 아울러 문중의 일정한 사회적 책임을 명시한 부분으로 해석된다.

그리고 오늘날도 문중회에서는 묘사나 시사를 지내고 선대의 같은 종중 후손 집안과의 교류가 진행되고 있음을 볼 수 있다. 이와 아울러 1995년 4월 11세 통정공仁壽의 아들인 양오당공應賢[10]의 후손 세거지인 경북 하양 계전마을을 방문하여 교류를 한 사례와, 또한 송두규(22세)가 경북 문경으로 이거한 후, 남산동 신암문중 일원이 처음으로 그 곳을 방문하는 등 원근의 문중친족간의 교류를 통해 동족의 위상을 지킨다고 했다.

20세기에 들어와 문중에서의 주요 활동은 다음과 같다. 남산동에 이거한 은진송씨의 『세대파보世代派譜』(필사본, 1924)를 발행한 이후, 문중명념회門中銘念會라는 계가 발족되었다(1925).[11] 이 문중계는 1925~1934년까지 계원들이 활동하였으며, 그 전통이 현재는 문중명념회의 후신으로 종회宗會의 기구로서 운영되고 있다. 발족 이후 문중명념회의 운영은 매년

---

10 조선 중기 부산 재송동에 최초로 입향했던 宋應祉와 형제임.
11 門中銘念會, 乙丑三月三日~甲戌九月九日.

<표 5> 문중에서 하는 일

선조를 위한 사업	시사봉행, 벌초행사, 선조 봉분 조성공사, 선대 유적지 답사
문중운영 사업	이사회 회의 및 임원회 회의, 정기총회, 임시총회, 종중회보 발행
장학사업	유익장학금 지급(1991이후 매년 행사)
포상사업	경로효친부문, 공로부문, 축의금부문

회비를 종회원들로부터 징수하여 원금을 보존하고 식리하면서 문중의 행사비용에 충당해오고 있다. 주요 소용처는 재송동 산소의 위토답位土畓 관리, 시제조時祭條 비용, 벌초비용, 산소임야세, 연초가, 주가 등으로 운영 되었다. 한편 문중의 사회적 활동으로는 일부 인사들이 안락서원장, 동래 향교 석전제헌관釋奠祭獻官, 삼화고무이사장, 부산변호사회회장, 은진송 씨 삼성공파문회회장, 1950년대 초대 면의원, 1980~1990년대 구의회 의장 등에서 보듯이 유림계, 재계, 법조계, 관계 등에서 활동했다.

은진송씨 유익공종중 종회의 「회원 및 종원 명부」에 의하면 1995년 시점에 회원 51명, 종원 11명으로 파악된다.[12] 현재 신암마을에서 옛 터를 지키며 송진모宋鎭謨(28世) 선생(현 종중회장 겸 간이상수도조합장)이 문 중의 대소사를 맡고 있으며, 동시에 '신암부락 새마을계'의 일원으로서 신암부락(서검뜸) 마을 공동의 일을 함께 해나가고 있다.

부산 일원에 소재한 문중의 부동산 재산 부분은 필요에 따라 처분하면 서 관리해 왔다.[13] 현재 문중의 공동재산으로는 유익공종중 재실과 전답

---

12 『종중회보』 제1호, 1995.11.
13 종중회장의 전언에 의하면 처분 개요는 다음과 같다. 재송동 소재의 선산을 매도하여 남산 동 신암재(서검재) 신축용 부지를 매입, 명장동과 노포동 소재 미등기 선산을 송규석 명의 신탁등기, 서검뜸 소재 23세, 24세조와 조비의 산소를 노포동 선산으로 이장하는 등 일부 선산 정리, 남산동 蘇山 소재의 선산 매도, 양산군 동면 개곡리 전답 매입, 명장동 선산을 학교법인 혜화학원으로 토지 수용. 노포동 선산을 송규석에서 남산문회로 명의 변경, 기장

(원래 재송동에 소재하던 땅을 처분하고 정관면에 15,000평 정도 소유) 등이다.

이처럼 은진송씨 남산문중의 제반 사무와 종회의 운영을 위한 구심점은 종회 사무소에서 이루어졌음을 볼 수 있다. 그리고 문중의 일은 선조에 대한 의례와 같은 상향적 부분(묘사, 시사 등), 문중 친족간의 관계에 대한 수평적 부분(종친회, 문중계 등), 후손에 대한 교육과 인재양성의 하향적 부분(선조에 대한 교육과 장학사업 등)으로 구성되어 있었다.

3. 마을의 개발사업과 주민의 활동

1960년 중반~1970년대 한국사회는 근대적인 시설의 도입과 환경의 변화들이 본격적으로 전개되었다. 산업화시기의 그것은 곧 농촌에서 촉발되어 도시로 확산된 새마을운동이었으며, 박정희 정권의 근대화 추진을 위한 주민 동원과 아래로부터의 자발적 호응이 결합된 근대화 운동이었다.[14] 이와 같은 근대화의 표상인 새마을운동은 영농정책, 조림사업, 농지개량사업 등 농임업 정책과 도로 보수 및 신설, 교량 설치, 마을개량

군 장안읍 덕선리 산 외 8건을 남산문회 명의로 매입.

[14] 이에 대한 연구는 정부의 동원이나 주민의 자발성 중에서 무엇을 주안점으로 두느냐에 다르다. 이 글은 이에 대한 논점을 다루는 것이 아니므로 논외로 하며, 대표적 연구사례를 들면 다음과 같다. 박진도·한도현, 「새마을운동과 유신체제—박정희 정권의 농촌 새마을운동을 중심으로」, 『역사비평』 47, 역사비평사, 1999; 홍석률, 「1960년대 지성계의 동향—산업화와 근대화론의 대두와 지식인사회의 변동」, 『1960년대 사회변화 연구—1963~1970』, 백산서당, 1999; 황병주, 「박정희 시대의 국가와 '민중'」, 『당대비평』 12, 생각의나무, 2000; 허은, 「1960년대 후반 '조국근대화' 이데올로기 주조와 담당 지식인의 인식」, 『사학연구』 86, 한국사학회, 2007; 이창섭, 「1970년대 농촌새마을운동의 전개와 성격—충남 당진군 석문면 삼화2리를 중심으로」, 『한국민족문화』 59, 부산대 한국민족문화연구소, 2016; 차철욱, 「압축근대시기 농촌마을의 일상과 새마을운동」, 『역사와 세계』 50, 효원사학회, 2016.

사업, 상수도 개설, 마을복지관 건립 등과 같은 생활환경 개선사업이 다양하였다. 이러한 양상의 변화들이 농촌과 도시 모두 일어났으며, 특히 생활환경 개선사업들은 도시의 주거공간까지도 변화시켜 나갔다.

1) 신암마을 간이상수도 설치와 운영

남산동 내의 동족마을 가운데 1958년 당시 신암마을의 은진송씨 가호는 30호였으며, 현재는 20가호이다. 산업화 시기에 일반적으로 마을에서 당장 필요한 사업은 단연 전기와 수도시설이 해당되었다. 신암마을에서는 전기시설은 1960년대 말~1970년대 초에 설치되었고, 市水道 시설은 1970년대 초에 가설되었다. 마을에서는 금정산에서 발원하는 水原을 가지고 간이상수도를 설비하려고 했다. 마을의 대표적 사업으로는 간이상수도 사업, 마을회관 건립사업, 도로포장 공사사업 등을 지적할 수 있다.[15] 무엇보다도 산업화시기에 신암마을 사업의 가장 대표적인 부분이라 할 간이상수도 사업을 서술하면 다음과 같다.

1970년대에 도시에서의 산업화 추세가 한창 일어나면서 농촌에서 농업을 영위할 여건이 열악한 주민들이 도시로 이농하는 현상이 많이 일어났다. 이로써 도시의 주거밀도가 서서히 확대되면서 주민들의 생활환경이 문제시 되기 시작했다. 그 중에서도 무엇보다 주민들에게 절실히 필요했던 것이 식수문제였다. 식수는 마을주민 전체에게 상시적

---

15 이 외에도 부수적으로 신암마을 아래 온천천변의 다리공사 사업도 있었다. 주민자체가 주도하면서 문중에서도 참여하여 진행한 사업이었다.

으로 공급되어야 하는 문제이기 때문에 단순히 지하수를 파내는 관정수管井水나 한정된 수도로 해소될 문제는 아니었다. 그래서 규모에 따라서 다르기는 하지만 마을의 상수도가 필요하게 되었다.

신암마을에서도 간이상수도 건립을 위한 마을주민들 간에 여러차례 논의되다가 의견이 모아져서, 마침내 1971년 12월 '간이상수도설치위원회'가 발족되었다. 상수도의 원천은 대대로 수원지로서 내려오던 남산동 산기슭의 찬물샘의 취수공사 작업의 일환으로 시작되었다. 당시의 취지문 요지는 다음과 같다.

> 본 부락의 식수는 지대가 암석으로 조밀하여 지하수를 먹지 못하고, 오물이 많고 질이 나쁜 지표수로써 그것도 소량임에 식수의 확보, 각종 질병 등에 염려많은 시간을 낭비하고 있는 실정입니다. 이에 본부락민 및 추진위원들은 부락의 뒤 800m 지점(속칭 찬물샘)에서 솟아나는 천연수를 도수導水하여 간이상수도화 할 것을 결의하여 관계요로에 상신上申한 바 농촌 간이상수도 설치와 생활환경 개선에 각별한 관심과 실천가이신 강판녕姜判寧 구청장님의 지도와 최대한의 지원으로써 동민의 오랜 숙원을 풀게 되었습니다. 본 간이상수도의 공사비는 金 壹百五拾一萬壹阡七百원 정으로써 市費 金 四拾四萬四阡參百五拾九원, 주민노력부담 金 四拾參萬參阡參百四원, 주민현금 六拾參萬四阡參拾七원으로써 이루어 지는 것입니다. … 현재 전국적으로 파급되고 있는 간이상수도 설치작업에 순연純然 우리 부락의 성과가 으뜸이 되어 오랜 숙원인 맑고 깨끗한 물로 전환하여 새마을 새가정 새일터에서 새출발합시다.
> —서기 1971년 12월 일 동래구 남산동 3통 간이상수도설치추진위원회[16]

위의 취지문에서 1971년 간이상수 도 시설을 위한 추진위원회를 결성했음을 볼 수 있다. 당시 정부가 주도하던 새마을운동의 기치와 배경을 쉽게 발견할 수 있다. 주로 "너와 나의 구별 없는"이라는 표현처럼 조국근대화의 획일적 구호가 담겨있으며, 또 "새마을 새가정 새일터에서 새출발하자"는 결의 등에서 그러하다. 특히 구청의 물자 지원과 마을주민의 자체 부담(노력, 현금)이 함께 이루어졌다. 간이상수도의 총 공사비는 합계 1,511,700원

〈그림 2〉 찬물샘 취수공사
추진위원회의록(1971)

이었으며, 그 내역은 시부담금 444,359원, 주민노력부담금 433,304원, 주민현금 634,037원으로 이루어졌다. 현금이나 물품의 기부자 중에는 송을만宋乙萬, 송덕복宋德福 등 문중사람, 제1통과 제2통 등 마을단체 및 주민, 국회의원 양찬우楊燦宇와 같은 출향인사 등으로 보아 다양한 구성원이 참여한 마을의 큰 사업이었음을 알 수 있다.

간이상수도를 신설할 당시 추진위원회에서는 주민들에게 준수할 사항을 약정서(1975.5)로 수령하여 운영하였다. 약정서의 주요 내용은 사용 승인조 72,000원 지불, 가설 자재비와 노임 부담, 물탱크 규격사용, 수도사용료, 수도 가량은 1개만 설치, 인입관 고장 및 수리문제 등이었

---

16 간이상수도설치추진위원회, 「찬물샘취수공사 추진위원회의록」, 취지문, 1971.

다. 특히 경비 부분을 살펴보면, 간이상수도 사업과 관로사업은 기본적으로 市에서 절반 정도 부담하고 절반은 마을에서 부담하기로 되어 있었다. 특히 정수장 설치를 위해 당시 문중에서는 제1차 물탱크(400톤)용의 부지(40여평)를 무상으로 간이상수도조합에 제공함으로써 가장 큰 마을기부를 하였다. 당시 상수도 부지는 지금의 남산 럭키아파트 자리였다. 최근에 부지는 매각하여 신암부락 공동마을 기금으로 흡수되어 있다.

그런데 간이상수도의 설치와 운영이 순조롭게 진행된 것은 아니었다. 운영과정상 발생하는 문제는 상황에 따라 토의사항을 붙여 의결해나갔다. 수도관리비 징수와 미납자에 대한 수금책은 주가구주主家口主 주인이 책임을 지도록 결정했다. 그런데 1971년 12월 시점에 1차 상수도 시설이 53세대에 해당하는 50톤 용량의 탱크를 시설했으나, 4년 동안 수용세대수가 급증함에 따라 많은 식수난을 겪게 되었다. 이에 1974년에 2차로 시청으로부터 자재를 지원받고 수용세대당 22,000원씩 조합원이 부담하여 500톤 용량의 배수탱크를 증설하였다. 하지만 확장된 탱크시설을 활용하지 못해 조합원의 부담액을 증수하여 3차 확장공사를 시행하게 되었다. 이에 주민들은 상수도 관리위원회에 사용승인조에 의한 부담금 지불, 자재 및 노임 부담, 물탱크 규격 준수, 수도사용료 규정, 수도가량의 1개 설치, 인입관의 고장 수리 본인 책임, 파손시 원상복구 및 기타 이행사항 등을 약정하였다.[17] 또한 상수도의 소독을 처리해야할 문제가 있었다. 원래 동사무소에서 지급하는 약이

---

17 약정서(1975.5.23) 및 확약서(1975.5) 참조.

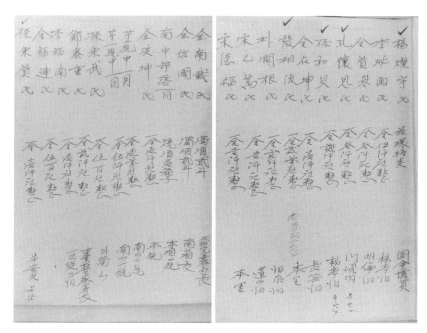

〈그림 3〉 찬물샘 취수공사 찬조금·물품 기증한 개인과 단체(1971)

있었지만 부족하여 그 방안을 논의한 결과 시중에서 염수기를 구입하여 설치하기로 했다.[18]

간이정수장 수도를 사용하는 남산동의 가구수는 초기에는 약 150가구였다고 한다. 수도세 납부액은 각 가구수와 1가구 내의 세대수에 따라 유동적이었다. 다만 수도세 징수부분에 대하여 유동세대수를 감안하면서 회계처리의 방식과 일련 서류를 검토하면 알 수 있겠다. 설치 초기인 1976~1978년 사이의 수도세 징수철을 검토한 결과, 납세한 가구수는 큰 변동이 없으며 대략 100가구(송씨재실 포함, 세대수 계산은 제

---

18 역원회의(1976.7.30) 참조.

〈그림 4〉 현재의 남산동 정수장

외) 정도로 파악되었다(1978년 1월 기준). 그 이후 1980~1990년대까지도 사용 가구수가 큰 변동 없이 유지되어 왔음을 볼 수 있다.[19]

그런데 2000년대에 들어와 아파트 건설이 급증하면서 간이상수도 사용가구가 감소하는 추세로 나타났다. 현재는 사용 가구수는 약 70여 호 정도이며, 서검뜸 마을에는 지금도 주민들이 정수장 상수도와 부산시 상수도를 병행하여 사용하고 있는 점이 특징이다.[20]

---

19 각 년도별로 마을 수도료 영수장부(호주, 총세대수, 유동세대수, 영수금액)와 간이상수도 조합에서 발행한 가호별 영수증철이 마을회관에 보관되어 있다.
20 70가호(호당 4인 기준) 기준으로 보면 70×4＝약 280명이 사용 인구이다.

2) 마을회관 건립과 지역민의 참여

1970년대 초부터 정부의 새마을 사업 추진에 전국적으로 시·군 지역 주민의 적극적 호응을 유도하여 참여하도록 바람이 불었다. 그러한 운동은 각 동과 각 마을에 경쟁적으로 치열하게 전개되었다. 신암마을에서도 적극적 호응의 분위기가 일어났다. 더구나 1972년에 간이상수도 사업 및 도로포장 사업을 자력으로 해결하고 올해도 좌시할 수 없어 온 통민統民이 일치단결해 나가는 상황이었다. 당시 취지문에서 확인된다.

> 전국적全國的으로 메아리치는 새마을 사업事業에 우리 통민統民은 적극 호응하여 지난 七二年度의 간이상수도簡易上水道 및 도로道路 포장을 자력自力으로 해결하고 올해도 좌시할 수가 온 통민은 일치단결하여 우리희 숙원인 마을회관을 건립하여 주민대화의 광장으로 삼고 (…중략…) 잘 살기 위한 대열에 모두 참여할 것을 자조, 자립, 협동의 정신을 발휘하여[21]

당시 정부가 주도하는 새마을운동의 일환으로 명칭을 새마을회관이라 불렀다. 마을회관 건립은 1973년 3월에 시작되어 대지 32평, 건평 16평의 규모로 진행되었다. 건립추진위원으로는 송문선宋文宣·송명수宋明洙 등 마을유지 8인이 주도하였다. 회관건립추진위원회 서류에 의하면 4개 마을 주민들의 찬조금 납부내역이 수록되어 있으며, 총 찬조금만 해도 무려 411,400원이었다. 찬조자가 80여 명이며, 이 때 남산동 출신이면서 동래구

---

21 1973.3. 회관건립추진위원회 취지문.

〈그림 5〉 마을회관 건립추진위원회
회의록(1973)

수안동 등 여타 동리에 거주하는 원동민原 洞民들도 찬조하고 있음을 보아 소위 '고 향마을'에 대한 강한 애향심을 읽을 수 있다. 그 중에서 공동체 단위의 찬조내역 을 보면, 신암부인계新岩婦人稧, 노인계老人 稧, 남산동회장南山洞會長, 남중南中원주민 일동一同, 남산일통주민일동南山一統住民一 同 등 마을의 많은 단체에서 십시일반 거 출하여 공동참여하고 있음을 볼 수 있다.

회관의 완공으로 마을 주민의 공용회 의, 집회 및 화합의 용도로써 유용하게 활용되게 되었다. 회관을 구심점으로 한 모든 운영은 마을주민의 회의를 통해 합의했다. 준공 직후 회관의 관리와 운용에 대한 문제를 토의한 결과 매월 방세房貰는 3,000원 정을 하기로 하되, 거기에 수반한 전기료와 기타 수도료 등은 관리인이 부담할 것을 결의했다.[22]

그 후 새마을회관은 오랜 사용으로 노후되어 가자 마을회관의 증개축 필요성이 제기되었다. 사업목적은 "옛 서검뜸(신암마을)의 정서를 후세들에 게 잇게 하고, 지방자치시대를 맞아 지역문화 창달과 경로효친 사상의 터전 을 마련코자함"이라고 밝히고 있다. 공사기간은 1996.7.11.~1997.10.24. 이었고, 공사금액은 58,812,371원이었다. 현 종중회장 댁에서 건립위원

---

22 회의록(1973.7.13) 참조.

회원이 모여 동민洞民들이 이용토록 하는 것임을 결의했다.[23] 여기서도 마을의 공용을 강조하고 있다. 회관은 1997년에 새로이 낙성하였다.[24] 이것이 현재 모습의 신암부락 새마을계회관이다.

새마을계회관은 지금 서검뜸 경로당으로서의 기능을 겸하고 있다. 이 공간은 매년 '신암부락 새마을계'의 정기·임시 총회를 통해 신암부락(서검뜸)의 공동체적 일에 기여하기 위한 모임들이 일어나고 있다. 1960년대까지는 마을 구성원의 동족비율이 높았기 때문에 신암부락 새마을계의 전신前身은 문중이 주도해 오다가, 대체로 1970년대부터 마을의 여러 타성他姓 가구와 함께 공동으로 운영하고 있다.

3) 5·6통 진입로 포장공사(1978년도 새마을가꾸기사업)

1970년대에 새롭게 건설된 산업도로에서 신암마을로 진입하기 위한 포장도로가 제대로 구비되지 못한 상태에서 그 필요성에 대한 마을의 여론이 대두되기 시작했다. 그러한 논의는 본격적으로 1977년에 전개되었다.

1977년 12월 마을사업의 결산보고회의에서 5,6통 진입로(안길) 포장사업에 대한 안건이 제기되었다. 안건명은 '남산동 5·6통 진입로 축구(구축) 및 포장 공사'였다. 당시 동장은 이 사업을 새마을 가꾸기 지

---

23 「서금뜸회관 준공정산보고서」, 서검뜸회관 건립추진위원회, 1999.
24 '서금뜸회관건립추진위원회' 자료 중 「준공정산보고서」에는 마을주민의 현금성금자와 금액/추진위원 명단 / 유공자 명단 등이 명시되어 있다. 유공자 명단 6명 중에 송씨 문중이 3명을 차지하고 있다.

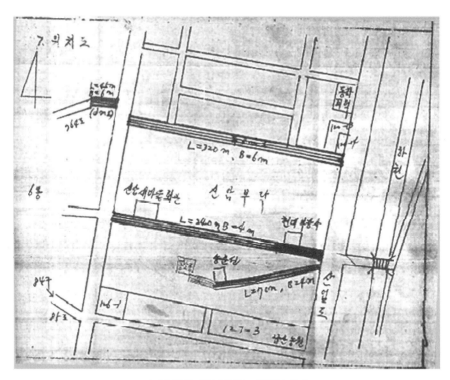

〈그림 6〉 5 · 6통 진입로 포장공사 도면

원사업으로 제의하였고, 이에 참석자들이 자신들의 힘으로 추진할 것을 주민들에게 설득하여 결의하였다.[25] 곧이어 이듬해 1월부터 마을 총회를 개최하면서 사업의 방향과 주민의 참여에 대해 구체적으로 논의했다.

우선 주민들의 부역과 경제적 부담 부분에 대하여 문제제기가 있어 이에 대한 논의가 있었다. 이 회의에서 가구주와 비가구주를 구분하여 자재부담을 거출하는 방식을 결정하고, 구정(설)을 대비한 부역작업은

---

25 회의록(1977.12.22). 이 때 새마을 가꾸기 사업 추진위원 명단은 5 · 6통 합하여 23명이었고, 송씨 문중에서 8명이 참여했다.

마을청소를 하기로 하고 5,6통 주민 일동이 도로의 노면 고르기 작업과 하수구 청소를 하도록 결의했다. 이 작업은 진입로 포장공사를 위한 마을부역의 공동작업이었다. 1978년 2월 1일부터 시작하는 사업에 불참하는 원호주에게는 골조를 2,500원씩 부담하기로 결의하여 진행하였다.[26] 이는 전통적인 마을공동체 의식을 유지해 나가기 위한 한 방법이었다.

주민부담금에는 각호별 등급명세표를 작성하여 세대별로 차등을 두어 6등급(특등,1~5등)으로 정하였다(등급명단. 금액). 1977년 남산동 새마을 사업계획에 의하면, 5,6통 안길 포장공사의 사업비는 9,182,000원, 지원금은 6,412,000원이며, 주민부담금이 2,770,000원이었다. 당시 주민부담율은 30%이며 참여인원은 1,350명이었다. 이와같은 마을 진입로 포장공사 사업에도 주민의 참여와 공동부역이 수반되었음을 볼 수 있다.[27] 결국 마을의 진입로 포장공사는 대체로 주민들 간에 협조적으로 잘 수행되었으며, 이는 나름대로 동족마을이 오랫동안 정착해온 공동체적 전통에다가 주민들의 단합을 잘 이끌어낸 결과였다. 나아가 신암마을의 새마을사업에도 일반적 사례처럼 정부의 사업지원을 받으면서 진행되었고 주민들도 정책에 협조적이었다.

새마을가꾸기 사업의 진행과정과 문제들은 마을의 개발위원이나 추진위원들이 참석하여 주민회의를 통해 해결했다. 자재의 경우는 구청

---

26 회의록 (1978.1.30). 원칙적으로는 마을의 공동부역에 나올 수 없는 사람은 다른 사람을 사서 내보내야 할 것을 합의했다.

27 "우리 남산동은 부산시의 표본동으로 지금까지 가꾸어 왔는데 더욱더 가꾸어야 하겠기에 우리 고장을 우리의 힘으로 포장 및 축구를 할 것을 참석한 주민에게 설득하였는바 회의에 참석한 우리 5·6통 주민 모두가 단합하여 추진……" 회의록(1977.12.22).

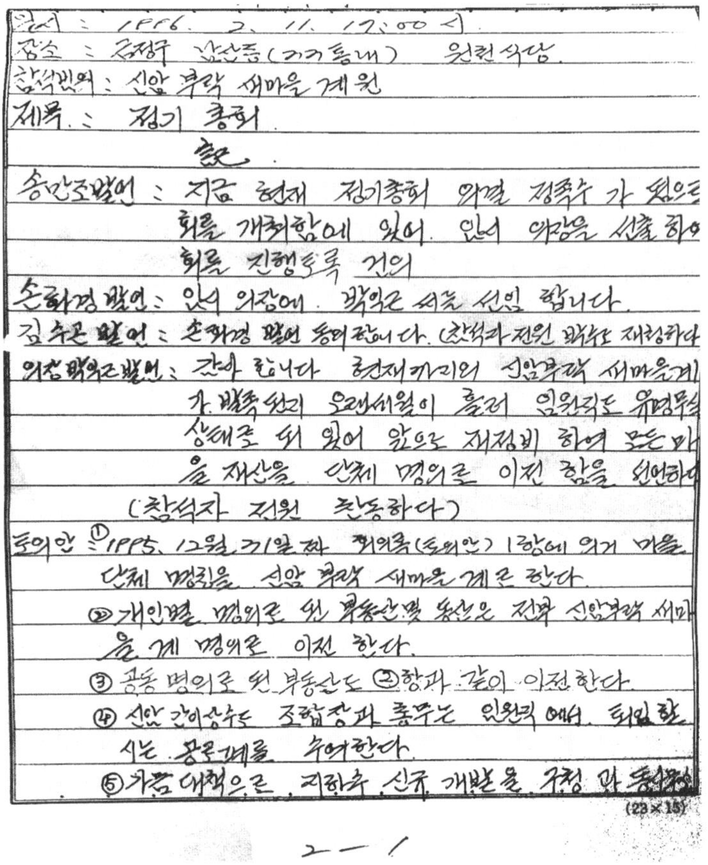

일시 : 1996. 2. 11. 17:00 시
장소 : 금정구 남산동(??통내) 원천식당
참석범위 : 신암부락 새마을계원
제목 : 정기 총회

송만조 발언 : 지금 현재 정기총회 의결 정족수가 되었으므 회를 개최함에 있어. 임시 의장을 선출하여 회를 진행토록 건의
손화경 발언 : 임시 의장에. 박익근 씨를 선임 합니다.
김수곤 발언 : 손화경 발언 동의합니다. (참석자 전원 박익근 재청하다
의장 박익근 발언 : 감사 합니다 현재까지의 신암부락 새마을계가 발족된지 오랜세월이 흘러 임원진도 유명무실 상태로 되 있어 앞으로 재정비 하여 모든 마을 재산을 단체 명의로 이전 함을 선언하다
(참석자 전원 찬동하다)
토의안 ① 1995. 12월 21일자 회의록(토의안) 1항에 의거 마을 단체 명칭을 신암부락 새마을계로 한다.
② 개인별 명의로 된 부동산 및 동산은 전부 신암부락 새마을계 명의로 이전 한다.
③ 공동 명의로 된 부동산도 ②항과 같이 이전 한다.
④ 신암 간이상수도 조합장과 총무는 임원진에서 퇴임할 시는 공로패를 수여한다.
⑤ 가뭄 대책으로. 지하수. 신규 개발을 구청과 동사무소

(23×15)

2 — 1

〈그림 7〉 새마을계 정기총회(1996)

에서 하달되어 세멘트(2,970포), 모래(216누베), 자갈(297누베) 등이 배당되었다. 그 외는 도급여부, 주민부담, 개인사유지(지주)의 승낙문제, 자재 관리와 배분 등이 거론되었다. 물론 마을에 지원되는 물자의 보관과 활용되는 과정 등에 대하여 주민들의 견해는 여러 형태로 표출되기도 했다.[28]

남산동 신암마을의 새마을운동의 전개방식과 성격을 보자면 다음과 같다. 첫째, 일반적인 새마을운동의 전개양상은 어느 정도 보였다고 할 수 있다. 이를테면 도로 보수, 마을회관 내지 복지관 건립, 간이상수도 개설, 골목 청소 등 각종 마을개량사업 등이었다. 둘째, 이처럼 국가에 의한 압축적 근대화의 표상이 어느 정도 나타나고 있다. 다만 농업지대가 있는 농촌 마을과는 다르기 때문에 계획영농, 계획양잠, 계획조림, 계획수매 등의 영농정책과 농촌지도교육과 같은 근대의 표상은 보기 어렵다. 즉 1970년대 정부의 농업정책이나 기타 정부주도의 산업정책과는 약간 거리가 있었다. 셋째, 1970년대 정부가 주도하던 각종 행사 동원이 있었다. 대표적으로 주민단합대회, 반공궐기대회, 산림녹화 등이었다.[29] 넷째, 새로운 가치·제도의 유입을 들 수 있다. 즉 마을회의, 새마을운동 홍보와 조직, 경로당(마을회관 내), 각종 계 조직, 각종 회의 등에서 볼 수 있다. 다섯째, 마을의 길 넓히기, 다리놓기, 마을회관 건축, 수해를 막기 위한 보수 등의 일은 모두 마을공동체의 환경개선 내지 복지에 관한 분야로서, 마치 두레처럼 공동노동의 방식으로 전개되었다.

---

28 1978년도 새마을 가꾸기사업 −5·6통 진입로 포장공사, 새마을가꾸기 사업회의록(1978.2.11).
29 당시 정부가 주도하던 일반적인 동원 행사가 전국적으로 시행되었다. 신암마을의 경우, 산림녹화사업은 1968년 삼(杉)나무 조림사업으로 전개되었다. 현재도 부산녹담산악회재단 옆에 삼나무 숲이 그대로 살아있다.

4. 마을의 계조직 활동과 의례

1) 계조직 활동과 복지사업

신암마을에서는 주로 1960년대 말~1980년대에 걸쳐 마을의 도로 포장이나 마을회관 건립, 마을청소 등과 같은 환경개선을 위한 새마을 운동이나 식수확보를 위한 간이상수도 설치사업 등을 시행해왔다. 아울러 크고 작은 일련의 환경개선 사업은 지금도 지속되고 있다. 원래 그러한 마을의 공동이익을 위한 사업은 남산동의 4개 자연마을 연합의 '부락원주민회'에서 시작되었다. 앞의 1장에서 '규약'을 통해 설명한 바와 같이 마을 공동의 사업을 위한 구심체로서 역할해 오다가 1970년 대 이후 급격한 도시화에 밀려 동족마을이 분화(해체)되는 추세에 따라, 이에 대한 연속선상에서 '서검뜸찬물샘친목회'와 '신암부락 새마을계' 가 등장했다.

우선 '서검뜸찬물샘친목회'('서금뜸친목회'로 약칭)는 1991년 계회를 제정하면서 상호간의 상부상조와 친목도모 및 신암부락(서금뜸) 발전에 기여함을 목적으로 한다고 명시되어 있다. 이는 '신암부락 새마을계'의 목적과 동일하다.

'서금뜸친목회'보다 앞서 1971년 2월 25일 제정된 '신암부락 새마 을계'의 목적은 철저히 마을 공동체적 사업에 관련되어 있었다. 즉 계 칙에 의한 「사업」의 분야는 ① 마을 공동재산의 관리 및 운영, ② 서검 뜸회관 및 비품 등의 관리 보존, ③ 신암간이상수도 관리 운영의 지원, ④ 경로 및 효행 장려, ⑤ 길흉사시 상부상조 및 적극참여, ⑥ 기타 이에 수반되는 부대사업 등"으로 되어 있다.[30] 다만 '서금뜸친목회'는 현재 해산된 상태이지만 '신암부락 새마을계'는 지금도 마을을 위한 활동을 하고 있다. 대체로 제4항과 제5항은 여느 마을처럼 일반적이지만, 여기서 주목되는 부분은 바로 제1항과 제3항이다. 동족마을의 전통에 따라 신암마을의 공동재산의 관리와 운영이 중요한 사업이며, 또한 마을의 간이상수도를 지금도 운영하고 있다는 점이다.

새마을계의 공동재산은 공동비품목록을 제외하고 부동산 4건이 있으며, 대지1건·건물1건(서검뜸회관)·답2건으로 되어 있다. 새마을계의 현재 회원(임원과 계원)은 모두 23명이며 그 중 송씨 문중은 10명이다. 이로 보아 현재 신암마을에는 공동사업을 위한 새마을계 구성원의 절반 가까이 되는 비율이 문중사람이며, 비록 동족마을의 외형은 사라졌지만, 마을의 중요 여론이나 사업에 있어서는 문중 구성원이 아직도 마을을 움직여 나가는 중요한 하나의 축을 이루고 있음을 볼 수 있다.

그 외의 모임(계)으로서는 '동갑계', '신암부인회' 등이 있었다. '동갑계'는 신암마을 남자들의 경제적·문화적 목적의 계로서 일제강점기부터 내려오다가 현재도 친목모임 형태로 유지되고 있다. '신암부인회'는 1970년대에 연탄판매사업과 거리청소 작업을 수행하며 마을의 공익을 위해 활동했다. 현재는 명칭이 '신암장남계'(실제는 부인들의 모임; 현재회원 12명)로 바뀌어져 유지되고 있으며, 술 판매 등과 같은 활동을 통해 그 이윤으로 상부상조 전통을 이어가며 마을의 공동체를 위한 일들을 맡아 수행하고 있다.

---

30 신암부락 새마을계(2014.4) 계칙의 제4조.

한편 신암마을의 복지사업으로는 마을의 보육과 쉼터의 공간을 확보하려고 노력했다. 그 예로 탁아소와 어린이놀이터를 설치하여 원활한 보육을 시행할 수 있도록 시도했다.[31] 부조교환의 문화로서 잔치공동체(문중제사, 동제. 관혼상례, 회갑연)를 들 수 있다. 그 중에 문중 재실將仕郎公派 有益公宗中에서 정기적인 회의와 시사봉행을 지낸 후 마을주민들과의 관계를 돈독히 하고 있다. 종중에서는 포상금 지급(경로효친 부문, 공로 부문, 축의금 부문)과 장학사업(장학사업 규정 제9조)을 매년 시행하고 있다. 특히 마을주민의 공동 모임공간인 서검재書劍齋의 보수공사에 참여하였고 마을의 공익을 위해 노력하고 있다. 다만 '신암부락 새마을계'의 운영은 초기에는 문중에서 주도해 오다가 근래에는 각 집안에서 교대로 운영하고 있다.

2) 의례행사

의례행사에는 공동체적 마을의 유지를 위한 목적도 있고, 또한 구성원들 간의 친목 목적도 들어있다. 원래 마을의 주민들이 노동공동체나 모임(또는 놀이)공동체를 영위하는 것은 마을문화의 공유가치를 담보하기 위함이었다. 마을공동체의 가치를 확인하는 행위로서 중요한 것은 마을 수호신을 함께 섬기는 의례이다. 그것은 동신洞神 또는 서낭城隍, 서낭신이라 하며, 서낭신은 마을 주민들에게 두 가지 의미를 지닌다.

---

31 5 · 6통 회의록(1976.7.17).

하나는 해당 마을을 처음 개척한 입향자가 마을의 시조신으로서 지역 신이자 공간신의 의미를 지니고, 둘은 마을과 마을의 주민들 및 마을의 살림살이를 두루 지켜주는 수호신으로서 공동체의 신이자 생업신의 의미를 지닌다.[32]

마을공동체의 수호신에 대한 의례가 곧 당산제^{堂山祭}였다. 이러한 당산제는 공간과 사람을 지켜주는 상징적 의미 외에 일상생활의 현장(또는 주변 공간)과 맞물려 있는 현실적(물질적) 의미도 들어있다. 따라서 그 현장인 당산과 의례를 수행하는 물질적 경비 또한 중요한 요소라 할 수 있다. 남산동 동족마을인 신암마을에서의 당산제의 의례과정과 그 변화를 살펴보면 다음과 같다.

의례는 오래 전부터 당산제(동신제,동제)로 불리는 마을공동체 의식으로서 주민들이 공동으로 참여하여 진행되었다. 제의를 지내는 제당^{祭堂}과 주변 공간을 위해 은진 송씨 집안에서는 문중의 땅을 제공하였다(현재 럭키아파트 자리). 원래 유익공종중 선산 옆에 위치하고 있었으며, 흔히 마을 사람들은 이를 서검뜸 당산제라 불렀다. 당제 시기는 매년 정월 15일 축시^{丑時}였으며, 당산 구조는 목조 와가에 돌담으로 둘러져 있었다고 한다. 주로 제의는 문중어른이 주도하였으며 가장 중요한 산신제 격인 서검뜸 당산제(당산할매제)와 서검뜸 거릿대제(솟대제)를 시행해왔다. 이어 당산할매제는 마을의 연배 높은 종중의 할머니가 맡았으며, 1970년대 초까지는 현 종중회장의 백모^{伯母}가 주관했다고 한다. 거릿대제는 서검뜸 옛길 큰바위 옆(현재 남산초등학교 중앙 뒤편이며, 큰바위는 지금도 남아있음)에 위치하였고,

---

32 임재해, 『마을문화의 인문학적 가치』, 민속원, 2012, 122~123쪽.

매년 정월 14일 유시酉時에 지냈다고 한다.[33] 일반적으로 독축고사讀祝告祀 형식의 제의였으나 도심의 경우 토목·건축 등의 건설로 인해 더 이상 유지되기가 힘들었다. 신암마을의 당산제와 거릿대제에 있어서도 1972년 남산동의 마을 토지구획정리사업이 시행되면서 이후로는 지낼 수 없게 되었다. 근대 산업화와 도시화의 영향으로 오랜 기간 지속되어온 마을의 전통 의례의 하나가 소멸되어 갔다.

이상과 같이 볼 때, 마을의 당산 부지를 송씨 문중에서 땅을 제공하였고, 제의의 준비와 과정을 주도하는 등 마을의 공동체적 의례에 크게 기여해 왔음을 알 수 있다. 이로써 마을의 공동 의례의 과정은 마을 의식(또는 신앙생활)의 공유적 기능을 발휘하는 것이었으며, 오래동안 송씨 문중에서 주도하거나 또는 마을에서 공동으로 수행하는 방식으로 이루어졌다.

또 마을의 길흉사를 통한 의례의 참여가 있었다. 마을 내에서 혼례잔치나 초상례가 있을 경우에도 마을굿을 하던 신앙의례처럼 주민들이 참여하여 뜻을 표함으로써 가족에 한정하지 않고 하나의 마을공동체가 공유하는 마을의 잔치이자 의례였다. 혼상례는 축하와 애도의 방식을 통해 주민들 간에 상호 기부의 풍속을 정착시켰으며, 마을주민들 간의 금전부조나 물품제공은 전통적인 부조교환의 문화였다. 흔히 이것들을 '마을잔치' 또는 '동네잔치'라 불렀다. 회갑례의 경우에도 1970년대 이전까지는 가족의 잔치에 그치지 않고 마을주민들과 함께하는 잔치가 되었다고 한다. 그 이후는 친족이나 가까운 이웃주민들이 큰 식당을 빌

---

33 금정문화원,『鄕土文化 – 남산동 편』, 2003, 149~150쪽.

려 음식을 주문하고 물품을 선물하며 행사를 치루는 형태가 되어갔다.

결국 마을 전체의 동제(당산제)나 친족 내지 마을주민 간의 관혼상례 또는 회갑연 등의 의례를 통해 하나의 의례공동체의 네트워크가 형성되어 있었다. 즉 마을에서의 대부분의 의례를 마을 내에서 많은 비용을 들이지 않고서도 공동체 구성원들 간에 공유하였다.

5. 동족마을의 발자취

은진 송씨 남산문중에서는 근대 산업화시기에 마을의 새마을운동을 위해 적극적으로 참여하였고, 일부는 마을사업을 주도해 나갔음을 알 수 있었다. 신암마을에 있어서 새마을운동의 주요 사업은 전기·전화 공사와 시수도공사를 비롯하여 간이상수도 시설사업, 마을진입로 포장

〈그림 8〉 신암부락 새마을계 회관

〈그림 9〉 은진송씨 유익공종중 재실

공사, 서검뜸 마을회관 건립과 마을주민 상호간의 화합모임(전통의례 행사) 등으로 요약할 수 있다. 전자는 시에서 주도한 사업인 반면 후자들은 마을에서 주체가 되어 시행한 사업이라 할 수 있다.

새마을운동은 중앙으로부터 전국 시·군 단위로 하달되면서 시행되었고, 부산에서도 구청-동사무소 단위로 내려오면서 실시되었다. 그러한 근대시설로서 남산동에도 1960년대 말~1970년대 초에 전기시설이 처음 들어왔고, 곧이어 시수도市水道 시설이 놓이기 시작했다. 이에 신암마을에서는 1970년대에 들어오면서 본격적으로 마을공동 사업을 추진하기 시작했다. 우선 1971년부터 금정산에서 발원하는 간이상수도 시설사업을 시행하였고 사업부담은 시, 주민(노력부담금, 현금)으로 수행되었다. 여기에는 정수장 부지를 문중에서 마을을 위해 무상으로 제공하였다. 현재까지 일부 세대는 이용하고 있음을 볼 수 있다. 일반적으로 새마을운동

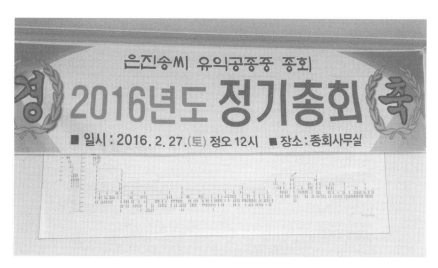

〈그림 10〉 은진송씨 유익공종중 정기총회

사업을 할 때 마을의 고개길을 낮추거나 산을 잘라 길을 새로 내거나 하는 등의 사업에 대하여 마을주민들의 반응은 양면적이었다. 그것은 항의 내지 수용이었으며, 주로 마을민들의 이해관계가 작동하는 법이었다.

그런데 신암마을에서는 동족부락의 전통이 강하게 내려온 분위기에서 마을사업에 있어서 크게 저항적이거나 반대의 분위기는 그다지 찾을 수 없었고 대체로 마을사업에 찬성 분위기였으며, 문중에서도 사업의 일부를 주도하여 마을민과 협조적이었다. 그것이 마을 전체를 위한 공동이익의 목적이었기 때문이었다. 그것은 간이상수도 사업의 과정에서나 마을 진입로 도로포장 공사 및 마을회관의 건립과정에서 확인할 수 있었고, 마을의 계조직 활동을 통한 기타 마을사업에서도 동질적인 양상이었다.

전통적인 동족마을에서 상부상조하는 문화체계를 갖추고, 아울러 혼상례·회갑례 및 친목계조직의 활동 등으로 주민들 간에 인식의 공

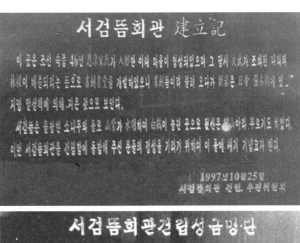

〈그림 11〉 서검뜸회관(신암부락 새마을계 회관) 건립비

감대를 가지고 각종 의례를 공유하는 것은 매우 중요한 복지문화라 할 수 있다. 동시에 마을의 사회사업, 마을구성원의 각종 의례 등은 결국 마을주민들에게 있어서 생활공동체, 문화공동체의 의미를 지니고 있었다. 신암마을은 도시지역에 지역공동체적 유제가 남아있는 대표적 공간이었다. 더구나 그러한 성격이 아직도 일부는 작동되고 있다. 하지만 이러한 것들이 산업화 이후 급격한 사회변동과 주거공간의 변화로 인해 마을의 모습이 변하기 시작했다. 마을주민들의 개발 사업이나 의례

의 공유 등 생활공동체적 방식의 전통이 점차 축소되어 가는 분위기였다. 이에 따라 과거 문중 주도의 사회참여 방식 점차 사라져 가는 추세임을 알 수 있다. 결국 전통 마을이 공동체적 방식의 상호구조를 유지해 오다가 1980년대 이후 급속한 도시화와 산업화로 인하여 그러한 가치와 생명력이 사라져 가는 추세임을 알 수 있고, 도시화가 마을의 전통적 공간과 기능을 배제시켜 나가는 과정이라 할 수 있다.

참고문헌

『東萊府誌』『慶尙南道東萊郡家戶案』『金井區誌』, 금정구청, 1991.

금정문화원, 『鄕土文化-남산동 편』, 2003.

『향토문화』 제2호, 금정향토문화연구회, 2010.

『門中銘念會』『宗中會報』『宗規集』, 은진송씨 유익공종중 종회

「찬물샘취수공사 추진위원회의록」, 회관건립추진위원회 자료, 서금뜸회관건립추진위원회 자료, 신암부락 새마을계 자료, 「서검뜸회관 준공정산보고서」

김영미, 『그들의 새마을운동』, 푸른역사, 2009.

이정덕 · 소순열 · 남춘호 · 문만용 · 안승택 · 이성호 · 김희숙 · 김민영, 『압축근대와 농촌사회-창평일기 속의 삶, 지역, 국가』, 전북대 출판문화원, 2014.

이환병, 『모범 농민 · 마을의 성장과 농촌 새마을운동』, 성균관대 박사논문, 2011.

임재해, 『마을문화의 인문학적 가치』, 민속원, 2012.

박진도 · 한도현, 「새마을운동과 유신체제-박정희 정권의 농촌 새마을운동을 중심으로」, 『역사비평』 47, 역사비평사, 1999.

양흥숙 · 공윤경, 「일기를 통해 본 농촌 여성의 일상과 역할」, 『한국민족문화』 61, 부산대 한국민족문화연구소, 2016.

염미경 · 문순덕, 「산업화시대 이주자 공동체로서 향우회의 역할과 변화」, 『한국민족문화』 61, 부산대 한국민족문화연구소, 2016.

오유석, 「박정희식 근대화 전략과 농촌새마을운동」, 『동향과 전망』 55, 한국사회과학연구소, 2002.

이창섭, 「1970년대 농촌새마을운동의 전개와 그 성격-충남 당진군 석문면 삼화2리를 중심으로」, 『한국민족문화』 59, 부산대 한국민족문화연구소, 2016.

차철욱, 「압축근대시기 농촌마을의 일상과 새마을운동」, 『역사와 세계』 50, 효원사학회, 2016.

허은, 「1960년대 후반 '조국근대화' 이데올로기 주조와 담당 지식인의 인식」, 『사학연구』 86, 한국사학회, 2007.

홍석률, 「1960년대 지성계의 동향-산업화와 근대화론의 대두와 지식인사회의 변동」, 『1960년대 사회변화 연구-1963~1970』, 백산서당, 1999.

송진모 종중회장과 경로당회장 면담 및 자료조사

2016년 2월 17일 면담 및 마을답사.
2016년 3월 16일 면담 및 자료조사(서검뜸 새마을회관).
2016년 4월 22일 면담.
2016년 10월 20일 면담.

문화와 재현

마을 문화와 지역성의 동학

박해광

1. 지역적인 것의 복원과 마을

지역적인 것의 확인과 숨겨진 것의 복원이 새로운 시대적 경향으로
자리잡아 가고 있다. 이전에도 지역에 대한 관심이 없었던 것은 아니지
만, 그것은 언제나 보편적인 것, 주류적인 것에 대비되는 하위적이고 부
차적인 것일 뿐이었다. 하지만 최근의 지역에 대한 관심은 그것과는 상
당히 다른 양상인 듯하다. 지역을 있는 그대로의 특이성으로 이해하고
자 하는 노력이 주목받을 뿐 아니라, 나아가 중심과 주류적인 것이 가진
한계를 극복할 대안으로서의 가능성에 대한 탐색으로 그 양상이 확장되
고 있다. 그러한 이론적이고 실천적 경향성과 그에 따른 변화를 총칭하
는 어휘가 아마도 지역성locality이라는 개념일 것이다. 지역성이란 말 그
대로 지역에 고유한 것, 지역의 특성, 그리고 지역적 정체성 등을 포괄
하는 개념이다. 지역성은 상당히 정치적인 개념일 수밖에 없다. 그것은

엄연히 수도권 중심의 중앙의 논리가 작동하는 사회 안에서 지역들에 주목할 것을 주장한다는 점에서 반중앙적이며, 보편적이고 일반화된 것이 아니라 특수하고 지엽적인 것들의 가능성을 논한다는 점에서 반보편주의를 함축하기 때문이다. 물론 이러한 관심이 중앙과 보편성에 대한 공격이거나 지엽적이고 특수적인 것의 배타적 옹호라고 섣불리 말할 수는 없다. 다만 이 지역으로 대표되는 다양한 특이성들에 대해 살펴볼 필요를 제기한다는 점에서 지역성이라는 개념은 일단 주목할 만한 가치가 있는 것이다. 이렇게 지역성에 대한 논의들은 비교적 최근에 이론 영역에 등장하여 이제는 하나의 담론의 장을 구성해가고 있는 것으로 보인다. 지역연구, 지역문화 연구, 로컬리티 연구 등에 대한 연구들과 아울러, 마을 만들기, 지역 축제, 지방 자치 등에 대한 다양한 주제들이 모두 지역성에 대한 관심에 두루 걸쳐 있다.

그러한 논의의 연장선상에서 '마을village'을 지역성의 한 차원으로 중요하게 검토할 필요가 있음을 제기해보고자 한다. 마을은 전통적인 공동체적 생활의 기본 단위이자, 근대적 행정구역을 통해 새롭게 만들어진 공간 단위이면서, 동시에 장기간의 정주를 통해 구성되는 구체적 삶의 장소라는 다양한 의미 층위를 갖는다. 그러면서 마을은 개인들의 삶을 집단적 형태로 보장하는 가장 근원적인 무대라는 점에 그 핵심적 중요성이 있다. 아파두라이Appadurai는 지역성의 단위를 '이웃'neighbor 으로 규정하는데, 적어도 집단적인 삶의 최소 단위에 대한 관심을 드러낸다는 점에서 유사성을 갖는다.

이 글은 '마을과 지역성'을 중심 주제로 놓고, 오늘날의 상황 속에서 지역성의 양상 및 마을과의 관계, 그 역동성을 검토해 보고자 한다.

그리고 이를 위해 특히 '마을 문화'에 주목할 것이다. 마을 문화라는 개념은 하나의 작은 단위로서의 '마을'이라는 공간 내에서 발생하는 문화적 양상들의 특이성에 주목하면서, 동시에 마을이라는 지역 층위에 대한 문화(론)적 접근을 통해 마을과 지역에 대한 이해를 새로운 차원으로 옮겨보자는 의도를 함축한다. 이를 통해 가장 지역적인 곳에서 가장 문화적 방식으로 작동하는 지역성의 의미를 마을을 통해 확인해 볼 수 있기를 기대한다.

2. 마을과 지역성

포스트 모던한 변화의 특징 중 하나는 가속화화는 전지구화의 흐름이다. 전지구화하는 힘은 전세계를 하나의 단일 구역으로 묶으면서 근접토록 하며, 동시에 근대성 속에 가려져있던 지역local들을 다시 소환하여, 지역을 글로벌과 로컬이 공존하는 혼성적 공간으로 변모시키고 있다. 그러한 상황에서 발견되고 재구성되는 지역의 특성을 일컬어 지역성이라 명명하고 있다. 지역성은 구체적인 지역의 공간의 특이성과 다양성, 그리고 그것을 매개로 하여 만들어지는 다양한 담론과 관행들의 산물이라 할 수 있다. 특히 이러한 지역성의 재발견에서 중요한 것은 다층적으로 얽혀 있는 구별과 대립의 관계들이다. 지역성은 중앙·발전·보편성·전지구화·지배·드러난 장소 등과 대비되는 그 반대속성들의 귀속지이자, 그러한 차이와 구분으로 인해 새롭게 부각되는 특이성의 구현물이다. 즉 지역성은 낙후된 것, 특수한 것, 주목받지 못한 것, 보편적이지 않은 것, 미발전한 것 등으로 지칭되는 어떤 대상이다. 그런데 지역성은 단지 특정 공간이나 질적 특이성만을 지칭하는 것이 아니라, 중심적인 것, 지배적인 것과의 대조와 대비 속에서 형성중인 사회적 특성으로 보는 것이 더 타당할 것이며, 그런 이유 때문에 중심적이고 지배적인 것이 간과하고 배제한 모든 풍부한 잉여적인 사회적 특성들을 대표한다.[1]

우선 로컬은 중심적인 것central과의 대비를 통해 구성되며 드러난다. 지역은 항상 중심과 중앙의 상관물이자 그 대립물이었다. 중앙이 주류·지배적·보편적·정상적인 것을 표상해왔다면, 지역은 그 대립물로서 비주류·종속적·특수적·비정상적인 것의 성격을 부여받았다. 보편성을 본질로 삼고자 하는 근대의 돌진은 지역의 특수성을 낙후된 것, 비정상적인 것으로 치부하면서 중앙의 하위적인 범주로 전락시켰다. 지역은 근대성 속에서 환영받지 못하는 존재였던 것이다. 동시에 역설적으로 중앙은 이러한 지역의 종속성과 하위성이라는 대비를 통해서만 그 보편성을 성립시킬 수 있었다. 많은 비판가들이 지적하듯이, 근대성의 이러한 보편화하는 힘은 매우 억압적인 것이었다. 중요한 것은 이러한 배제와 억압 속에서 지역은 스스로의 특이성을 보존하면서, 근대와는 다른 방식으로 자신의 존재를 이어 오고 있다는 점이다. 오늘날 지역과 특이성의 부상이 근대가 만들어낸 보편성과 억압적인 위계

---

1 이런 맥락에서 아파두라이는 지역성을 이렇게 정의한다. '나는 지역성(locality)을 양적이거나 공간적인 것이 아니라 근본적으로 상관적이고 문맥적인 것으로 간주하며, 또한 사회적인 현안에 대한 감각과 상호작용의 기술, 문맥들 간의 상호 의존성들이 만들어 내는 일련의 관계로 구성되는 복잡한 현상학적 성질로 간주한다(Appadurai, Arjun, 차원현·채호석·배개화 역, 『고삐 풀린 현대성』, 현실문화연구, 2004, 312쪽).

성에 균열을 만들어내고 있다는 사실은 근대라는 역사의 한 필연적 귀결이라 할 수 있다.

지역은 또한 근대적 / 전통적 대립관계 속에서 전통적인 것의 표상으로 존재해 왔다. 근대는 지역을 근대성의 미발달한 공간이거나, 혹은 근대성의 이면으로서 필요한 전통의 저장고 역할을 수행하도록 만들어 왔다. 근대는 모든 공간을 균질적인 공간으로 만든 것은 아니다. 발달한 근대의 공간은 그것과 대비되는 미발달한 전근대의 공간을 언제나 필요로 했다. 그것은 무엇보다 근대성이 중앙과 지역, 근대와 전통 등의 대립관계를 통해 작동하는 정치적·권력적 질서였기 때문이다. 한 예로 우리 사회에서 근대성은 강력한 정치적 구호였다. 군사 쿠데타를 통해 권력을 획득한 박정희는 근대성을 '근대화'라는 명칭 하에 강력한 정치적 아젠다로 탈바꿈시켰다. 지역을 근대화하는 것은 발전이라는 이름으로 미화되었고, 근대화에서 배제된 것은 비정상적인 것이거나 열등한 것으로 간주되었다. 근대의 정치적 돌격 운동이라 할 수 있을 '새마을운동'은 지역, 즉 농산어촌 지역을 전근대의 유적으로 간주하고, 이를 근대적인 공간으로 변모시킴으로써 정치적으로 정당화하고자 했다. 지역을 근대성이 침투하는 공간으로 만드는 정치적 노력은 지역의 특이성들을 대량으로 파괴했다. 근대성은 전통 의례를 폐지하고 가옥을 개량하며, 길을 새로 닦음으로써 전통적 촌락공간을 변화시켰다.

이와 동시에 근대성은 지역의 전통을 선별적으로 호명하여 근대의 한 부분으로 전화시키기도 했다. 지역을 민속과 전통의 공간으로 형성하고, 선별된 좋은 민속과 전통을 근대의 뿌리이자 역사적 배경으로 삼으면서 '좋은' 민속문화를 국가적으로 양성하는 것은 근대의 일반적인 정치적 기획이었다. 예컨대 '전국민속예술경연대회'처럼 국가가 주관하는 경쟁을 통해 '좋은 민속'을 발굴하거나 만들어내는 일, 혹은 문화재 보호법 등의 법률을 통해 보호되어야 할 전통을 정의하는 일 등이었다.[2] 물론 이 정치적 선별에 포함되지 못한 지역과 민속문화는 여전히 근대의 이면, 전근대적 잔여물로 자리매김 되었음은 물론이다. 이러한 근대의 정치적 기획이 가진 이중성 하에서 지역은 모순적 요구를 강요받으면서 뒤틀린 근대성과 동시에 뒤틀린 전통과 특이성을 간직해 왔다.

지역의 귀환과 지역성에 대한 강조는 근대성 하에서 주목받지 못했던, 지역이라는 장소가 함축하는 새로운 특이성과 가치를 탐색하고 또 추구할 수 있게 한다. 그렇다면 이러한 지역성에 대한 사고와 추구를 가능하게 하는 지점과 매개물은 무엇인가? 지역은 현실에서 수도에 대비되는 모든 지역, 비교적 넓은 단위의 광역 지자체, 전통적 지역구분 방식인 영남 / 호남 등 다양한 층위의 공간적 장소들을 가질 수 있는데, 그 중에서 주목해보고자 하는 공간-장소적 층위는 바로 '마을'이다. 마을은 촌락, 취락, 부락, 동리 등과 동의어로 쓰이는, 가옥이 누적되어 형성되는 집촌集村을 지칭한다. 마을은 '사람들이 모여 사는 사회생활의 단위로서, 인간생활의 기본단위인 가족 또는 집들이 모여 정치・경제・문화의 통합을 이루고 있는 지역집단'으로 정의해 볼 수 있는데, 대개 자연적으로 형성되어 오랜 정주를 통해 공동체적 관계를 형성하게 되는 인간 집단이라 할 수 있다. 필자가 지역의 한 층위로서 마을에 주목하는 이유는, 마을은 가장 본원적인 인간의 생활 조건으로서 동일

---

2   박해광・김기곤, 『지역문화와 문화정치』, 전남대 출판부, 2012.

한 생활양식을 공유하는 사람들의 현실적 공간이며 공통의 '문화'를 형성하고 유지·전승하는 무대로서, 지역성의 의미를 가장 근원적으로 구성하는 공간으로 여겨지기 때문이다.[3]

지역성은 마을을 통해 매우 구체적인 모습으로 드러난다. 마을이라는 보다 구체적인 공간과 층위로 접근해 간다면, 우리는 의례, 상징물과 그것을 둘러싼 주체들의 역동성, 공간, 공동체 등의 지역성의 다양한 모습들을 만나게 된다. 그래서 마을은 지역성의 장소이자 그 매개물이며, 마을을 구성하는 주체들의 실천을 통해 생생한 현장으로 등장하는 의미있는 연구 대상인 것이다. 최근 목격되고 토론되는 지역성의 양상들은 마을 수준에서 뚜렷하게 다양하고 상이한 사례들로 표출되고 있다. 그것을 느슨하게 일별해 보더라도, 마을 만들기, 인권문화마을 사업, 마을 벽화 사업, 마을 기업 운동, 마을 협동조합 등 실로 다양하며 또 역동적이다. 이렇게 작지만 뚜렷한 마을 수준에서의 움직임들이야말로 하나의 거대한 흐름으로서의 지역성을 구성하는 요소들이다.

일견 작은 단위로서의 마을, 그리고 마을을 단위로 하여 발생하는 새로운 지역적 움직임들은 지배적이고 중앙적인 시각에서는 그저 아주 작은 이야기들일 뿐이다. 그렇지만 지역성은 이런 작은 이야기들을 통해 새로운 경향을 구성하며, 그것을 전지구적인 흐름과 연결시킨다. 지역은 새로운 영성, 이질성, 차이, 토속적인 것들을 전지구적 차원에서 근대에 대한 하나의 대안으로 제시한다. 또한 지역은 장소 판매, 관광, 노동력과 인구의 이동지로서 전지구적 흐름에 직접 연결된다. 즉 지역

---

3 이것은 현재 시골 마을에 이주하여 5년간 살고 있는 필자의 개인적 경험을 크게 반영한 진술이자, 다른 마을 사례들에 대한 조사를 기초로 한 통찰이다.

성은 오늘날 더 이상 지역이라는 공간에 머물지 않는다는 사실이 자명하며, 지역성을 논의하는 담론은 곧 오늘날의 전지구적 상황과 (탈)근대성의 문제를 다루는 것임을 확인할 수 있다. 이런 의미에서 마을은 아주 작고 지역적이면서, 동시에 전지구적인 것이다.

3. 마을과 마을 문화

마을의 형성을 역사적으로 추적해 본다면, 그 기본 성격은 자연적으로 발생한 공동체, 즉 자연부락이었을 것으로 생각된다. 개인 및 가구들의 집촌을 통해 자연스럽게 마을이라는 공간이 발생하였으며, 때로 이 자연부락들을 함께 묶거나 재편하는 행정부락이 자연 마을에 기초하여 출현하기도 했다. 이러한 자연부락 중심의 마을이 근대적 행정체계 속으로 편입되는 것은 일본의 식민지 지배 시기였다. 일제는 행정 간소화라는 명목으로 이전의 동리를 통폐합하는 지방행정제도 개혁을 실시하였는데, 그 핵심은 자연 마을들을 2~3개씩 통합하여 법정동리로 묶는 것이었다. 그런데 이러한 근대적 행정체계로의 재편은 많은 전통적 관습들을 해체하였음에도 불구하고, 기본 생활단위로서의 자연마을의 해체에는 이르지 못했던 것으로 보인다. 특히 농산어촌 지역의 자연마을은 행정동리 속에 포함된 경우에도 여전히 자연마을의 공동체적 성격을 그대로 지니고 있다.

따라서 마을은 자연발생적 집촌을 통해 한정된 공간의 대면적 관계를 발전시켜왔기 때문에 기본적으로 '공동체적 성격'을 가지면서 개인과 가구의 삶의 기본적 토대가 되는 공간이었다고 보는 것이 타당하다. 특히 전통마을, 즉 자연적 집촌과 경계형성을 통해 만들어진 공간들은 대부분 이러한 자연 마을의 형태를 띤다. 농산어촌 지역에는 상당히 많은 곳들이 이러한 마을 형태를 취하며, 또 전형적인 마을의 모습을 대표하는 것으로 볼 수 있다.

한편 일제 식민지배 하에서 이루어진 근대적 행정동 체계로의 재편은 자연 마을과 행정 동리의 불일치를 만들어냈다. 그래서 마을은 자연부락과 행정부락이 일치하는 경우, 두 개 이상의 자연부락이 하나의 행정부락을 구성하는 경우, 하나의 자연부락이 두 개 이상의 행정부락으로 나누어지는 경우와 같이 다양하게 분화했다. 그래서 마을의 경계를 자연부락으로 볼 것인가, 행정부락으로 볼 것인가는 그렇게 간단한 문제가 아닌 것이 된다. 왜냐하면 전통마을에서 자연부락은 삶과 공동 의례의 공동체적 공간을 구성해왔는데, 근대화와 함께 이러한 마을 공동체의 기능과 역할이 점점 축소되거나 해체되는 경향을 보이며, 그 공동체적 성격도 점차 옅어지고 있기 때문이다.[4]

따라서 결국 마을의 범위란 자연적 집촌이라는 물리적 성격에 기초하는 자연 마을적 토대 위에 행정마을이 겹쳐지고, 그 속에서 삶을 영위하는 하나의 단위가 되는 복합적인 공간적 범위를 지칭하는 것이다. 그렇게 볼 때 마을은 '삶의 기본적 욕구를 충족시켜주는 물질적 공간'

---

[4] 특히 이러한 마을 범위의 문제는 도시의 경우 더욱 정의하기 어렵다. 도시는 기존의 전통적 공동체들이 해체되는 흐름 속에서 만들어지기 때문에, 자연부락적 마을이 존재하기 어려운 환경이다. 대체로 도시의 마을은 행정부락적 성격을 강하게 띠지만, 그럼에도 불구하고 그 내적 성질에 있어서는 과거의 자연부락적 성격이 여전히 작동하는 경우도 많다. 심지어 도시화는 내부의 근대적 도시집적 과정에서 도심 내에 새로운 공동체적 마을을 형성하기도 한다(박해광·김기곤, 앞의 책, 2012).

이면서 '하나의 공동체적 삶의 단위'로 정의할 수 있다.

그렇다면 마을에서 지역성은 어떻게 구성되고 표상되는가? 지역성, 즉 지역적 정체성이란 마을의 이미지나 상징, 공통의 이야기와 기억 등 물질적으로 표상되는 것들의 총체이다. 그것을 우리는 '마을 문화'라 정의할 수 있다. 즉 마을 문화란 마을을 단위로 하여 고유하게 형성된 문화, 구체적으로 마을의 의례, 전통, 상징, 집합적 기억과 의미 등을 총칭하는 것으로, 마을을 단위로 하여 고유하게 존재하는 문화적 양상들이라 할 수 있다.

그런데 우리가 '마을 문화'라는 확정적인 개념을 사용할 경우, 그것은 사회 전체의 문화나 세대 문화 등의 개념처럼, 마을이 하나의 문화 단위, 혹은 특징적인 완결적 문화를 가능하게 하는 단위가 될 수 있음을 전제하는 것이다. 필자는 마을 문화를 그렇게 볼 수 있다고 믿으며, 그 이유는 마을 문화를 단일한 실체로 간주할 수 있는 것은 몇 가지 합당한 근거들, 즉 마을 문화를 가능하게 하는 요소들이 존재하기 때문이다.[5]

우선 마을은 문화의 생존, 즉 문화의 생성-유지-재생산의 과정을 보증할 수 있는 물질적 근거들을 명확히 갖고 있다. 마을은 공간이라는 물리적 범위를 갖고 있고, 실제적인 사람들의 완결적 삶이 생산-재생산되는 하나의 세계를 구성하고 있으며, 그 속에서 주체들의 긴밀한 교류와 상호작용이 발생하고 재생산된다. 농산어촌 지역인 경우에는 거의 예외 없이 그러하며, 도시의 경우도 어느 정도는 완결적 삶의 공간

---

5 반대로 아파두라이는 '에스노스케이프'라는 개념을 통해 '문화를 공간적으로 제한되어 있고 역사적으로 무의식적이며 인종적으로 등질적인 형태의 결과물로 보는 시각'에서 벗어나야 한다고 주장한다(Appadurai, Arjun, 차원현·채호석·배개화 역, 앞의 책, 319쪽).

적 배경이 되는 것이 바로 마을이다. 이 때문에 특정한 생활양식이자 삶의 준거, 의미화의 다양한 형식과 그 결과들은 모두 자기 재생산하는 마을 공간의 경계 내에서 고유한 방식들로 생산될 수 있다. 그러한 결과물을 바로 '마을 문화'라 할 수 있으며, 그 문화의 존재와 고유한 성격은 다양한 하위 요소들, 즉 민속과 전통, 마을 서사, 의례, 마을에 대한 소속감과 정체성 등을 통해 충분히 확인될 수 있다.[6] 즉 이상의 문화적 요소들은 오직 마을이라는 층위에서만 발견되는 고유한 양상들인 것이다.

한편 도시와 같이 마을이 전통적 마을처럼 완결적인 삶의 터전이 되지 못하는 경우에도, 마을은 유사한 삶의 배경이자 경계로 기능하는 경우들이 많다. 대부분의 자발적 주민 운동이나 마을 만들기와 같은 공동체적 실천은 마을을 단위로 해서 이루어지는 경우가 대부분이며, 그러한 경우 마을은 사람들에게 뚜렷한 경계이자 소속 단위로 인식되기 마련이다. 또 도시 마을의 경우에도 예외적으로 남아있는 전통적 요소들은 자주 현대로 호출되어, 마을 축제나 의례 및 장소 판매의 근거가 되기도 한다.

둘째, 마을 문화는 그것을 구성하는 주체들, 즉 '마을 사람들'을 포함하고 있다. 사회적 집단이나 층위 어느 곳이든, 그 모든 곳은 그것을 구성하는 사람들, 즉 주체들을 필요로 한다. 그리고 그 주체들을 통해서만 사회적인 것은 생산되고 재생산될 수 있다. 이 마을 사람들을 통해

---

6 물론 마을이 하나의 완결적인 문화의 경계가 된다 하더라도, 그 경계는 다른 마을과의 관계를 통해 '마을들'로 확장된다. 하지만 그렇다 해도 마을 문화가 마을들과의 관계 하에서 그 고유성을 잃는 것이 아니라, 오히려 자동적으로 고유한 마을 문화를 더 확립하기에 이른다. 마치 기호들이 다른 기호들과의 관계 속에서 구별되는 것과 마찬가지다.

마을은 유지·재생산되며, 이들을 통해 마을의 문화와 삶의 양식들이 구성된다. 비도시 지역의 자연 마을의 주민들은 대다수가 전통적인 농임어업적 사고와 생활양식, 그리고 문화를 유지하고 있는 사람들이다. 이들은 대체로 마을의 정체성과 역사성을 과거의 전통에서 찾고자 하며, 마을의 주요 의례와 행사도 농임어업의 주기와 시간성을 기준으로 사고하는 경향이 강하다.[7] 또 마을에서의 오랜 정주를 통해 깊은 수준의 대면적 관계를 형성하고 있고, 고유한 소통과 교류 양식들을 발전시킨다.

또한 마을 사람들이라고 정의할 수 있는 주체들은 자신의 정체성 표지 중의 하나로서 '마을에의 소속감'을 가지고 있는 사람들이다. 단결심, 집단 연대감, 우리 의식 등으로 표현되는 이 소속감은 마을 문화를 구성하는 핵심 요소 중 하나다. 대부분의 마을에서 발견되는 공동체적 의례들은 이 단결심과 집단 연대감을 유지 재생산하는 기능을 수행한다. 마을에는 대부분 전체 공동체 일의 중심이 되는 공간들이 존재한다. 마을 입구나 마을 중심에는 마을회관과 경로당이 존재하며, 마을의 역사를 상징적으로 대변하는 나무(노거수나 정자목)가 대개 있기 마련이다. 이 마을회관과 경로당, 나무와 주변 공간은 마을의 공동체적 성격을 상징적으로 대변하며, 또 실제적으로 중요한 공동체 의례들이 이루어지는 공간이기도 하다. 해마다 마을 잔치나 체육대회, 윷놀이 등의 의례들이 이루어지고, 울력(대개 마을 청소나 공동 구입 등)을 위한 모임 장소가 되기

---

7   필자가 살고 있는 마을을 포함한 인근 마을들의 경우는 전형적인 농업 지역이며, 마을의 주요 행사인 마을 울력(마을 대청소), 동계를 통한 관광, 명절맞이 행사 등은 모두 농업 주기와 전통 명절의 주기에 맞춰 이루어지고 있다.

도 한다. 이러한 마을 의례와 문화적 실천들은 마을 사람들을 통해 여전히 재생산되며, 이러한 실천이 또 마을 문화를 재생산하고 있다.

셋째, 마을은 스스로의 문화를 존재하게 하는 다양한 사회적 근거들을 갖고 있다. 즉 마을은 다양한 종류의 인간행위와 특히 상징적 실천이 수행될 수 있는 틀이나 환경을 제공한다는 점에서 일종의 사회적 문맥context인 것이다. 문맥은 언제나 소통과 의미교환의 준거 역할을 수행한다. 그리고 이러한 문맥 하에서 마을은 내부 주민들의 의미 교환과 공유, 사고의 준거틀 등을 제공하는 경향이 있다. 오랜 기간을 통해 만들어진 마을 내부의 제도와 관행, 마을의 역사, 집합기억 등이야 말로 마을 내에서 주민들이 스스로의 문화를 만들어낼 수 있도록 하는 주된 근거들인 것이다.

달리 표현하면 마을 문화는 이러한 사회적 문맥 하에서 발생하는 일종의 정체성 작용의 근거이자 결과물이라 할 수 있다. 주민들은 마을에 거주함으로써 소속되고, 마을은 소속을 통해 주민들에게 정체성의 근거를 제공한다. 이 때 정체성 작용의 근거들이 바로 마을의 문화적 요소들, 즉 역사와 집합의식, 관행, 마을의 서사들 등이다.

이상을 통해 마을 문화가 마을이라는 층위에서 그 속성을 반영하는 하나의 문화로서 존재하고 있음을 확인할 수 있다. 이제 우리가 확인해 보아야 할 것은, 구체적으로 이 마을 문화를 구성하고 있는 요소들과 그것의 의미, 그리고 마을 문화가 지역성과 맺는 관련성이다. 즉 우리는 지역성이라는 담론을 통해 마을 문화를 어떻게 의미있게 호출할 것인지를 고민해 보아야 한다.

4. 마을 문화와 지역성 – 현실과 쟁점

마을 문화에 대한 관심은 파편적인 형태지만 이전부터 상당히 제기되어 왔다. 특히 1990년대 지방자치제 이후 지자체 주도로 시작된 마을 만들기를 필두로, 마을 기업, 마을 관광사업과 장소 판매 등 다양한 변화들로 인해 마을 문화와 관계된 다양한 연구와 담론들이 생산되어 왔다. 이러한 움직임을 관통하는 마을 문화의 특징과 쟁점들을 지역성과의 관련 하에서 몇 가지 검토해보고자 한다.

1) 마을과 민속문화

지역의 마을들, 특히 농산어촌 지역에 주로 분포하는 자연 마을은 민속문화folk culture의 저장고이기도 하다. 역사적으로 오랜 시간동안 전승되어 온 공동체적 의례와 관습 등이 민속문화를 구성하는데, 이것은 근대화와 시간의 흐름에 따라 점차 약화되거나 소멸되어 예외적으로만 존재하는 경우가 많다. 민속문화는 자연적으로 형성된 마을의 공동체적 성격을 직접적으로 반영하는 것이 대부분으로, 거의 모든 자연마을들은 공동체적 의례의 흔적들을 갖고 있다. 그 흔적들은 마을의 다양한 장소들과 유적들을 통해 쉽게 확인된다. 예컨대 공간적으로 공동체적 의례의 중심이 되었던 당집과 그 앞을 지키고 있는 당나무는 더 이상의 의례가 행해지지 않지만 여전히 마을을 지키고 있는 경우가 많다. 또 마을을 상징하는 상징물로서 돌탑, 장승, 입석 등이 많은 마을들에 여전히 온존한다. 그렇지만 무엇보다 마을의 공동체적 민속문화는 공동체 의례에 그 핵심이 있다. 마을 의례의 대표적인 것이 동제인데, 마을 동제는 그 대상과 기원의 내용에 따라 다양한 모습을 띤다. 예컨대 동제 중 산신제는 마을의 수호신으로 믿는 산신에게 마을 사람들의 안녕과 풍요를 기원하기 위해 지내는 동제이며, 용왕제는 주로 바닷가 마을에서 이루어지는 바다의 용왕에게 한 해의 풍년과 무사를 기원하는 동제이다. 또 질상제는 길에서 일어나는 자동차 사고 등을 미연에 방지하고 무사안녕을 기원하는 동제라 할 수 있다. 또 일부 마을에서는 여전히 비가 내릴 것을 기원하는 기우제가 열리기도 한다. 또 전통적 농업경제 내에서 공동체적 문화의 핵심이었던 두레나 계, 품앗이 등은 마을 행사의 가장 핵심을 이루고 있었지만, 오늘날 두레나 품앗이 등은 거의 소멸되고 그 흔적만 남아 있다.

현대 마을에서는 전통과 민속의 쇠퇴 속에서 민속문화의 변형 혹은 대체 현상이 자주 관찰된다. 이 변형 혹은 대체는 과거의 전통과 민속에서 그 내용을 현대적 의례로 가공하거나, 일부 요소를 선별하여 다른 형식의 의례나 이벤트로 재구성하는 등의 방식으로 이루어진다. 현대 마을 의례에서 이런 변형이나 요소의 선별 등이 발생하는 이유는, 의례가 포함하고 있는 공통의 의미와 감정구조, 연행의 형식 등을 처음부터 새롭게 만들어내는 것이 그리 쉽지 않을 뿐만 아니라, 그것을 공동으로 실천하는 마을 주민으로부터도 호응을 얻기 어렵기 때문이다. 그래서 이제는 그 세시적 성격이나 목적을 상실했음에도 불구하고 산신제, 도당제, 장승제 등이 맥락을 상실한 채 새롭게 마을 의례로 등장하는 일이 빈번히 목격된다.[8] 또 마을 공동체가 공유하고 있던 마을 신앙이나

가정신앙 등은 보다 근대적이고 보편성을 띤 종교로 대체되고 있지만, 그 속에 포함된 의례의 일부분은 마을 축제 등의 형태로 변형되어 유지되는 경우도 있다.

물론 일부의 경우는 오히려 과거의 민속을 적극적으로 되살려 민속 문화를 재구성하려는 노력의 형태로 마을 문화를 구성하기도 한다. 1960년대에 본격적으로 시작된 '전국민속예술경연대회'는 알려져 있지 않은 지역의 민속문화(주로 마을 문화)를 발굴하여 체계화하여 보급한다는 목적에서 행해진 국가 정책이었다. 경연을 통해 '우수한' 민속문화를 발굴하려 했던 이 정책은 지역의 마을 문화에 대한 이중적 시선을 만드는 계기가 되었다. 즉 한편으로 마을 문화는 복원되고 칭송되어야 할 미풍양속으로서, 또 다른 한편으로는 경연에 참여하지 못하거나 수상되지 못한 문화의 경우 부정되어야 할 대상으로 간주되었다. 더구나 이 경쟁을 통한 민속문화 발굴 정책이 가진 문제는, 좋은 마을 문화의 전형을 국가의 정치적 관심이 결정하고 선별한다는 점이다. 권력이 바라보는 좋은 문화란 결국 규모, 볼거리, 연행의 기술 등의 외형적인 것으로 귀결되었다.[9] 그 관심에는 마을 문화에 녹아 있는 주민 삶과 역사, 의미 등은 존재하지 않았다.

민속과 전통의 요소들은 현대 마을에서도 주민들의 공통의 기억으로 여전히 존재하고 있고, 그것은 마을 주민들을 묶어주는 상징적 실재로 작동한다. 그리고 윌리엄스Williams의 표현에 따르면 민속문화는 '잔

---

8 권혁희, 「마을의례의 창출과 참여집단―노량진 장승제를 중심으로」, 『한국문화인류학』 47권 2호, 한국문화인류학회, 2014, 247쪽.
9 박해광·김기곤, 앞의 책, 54쪽.

여적인' 문화임에 틀림없다. 그런데 주목할 점은 이 잔여적 문화로서의 민속문화가 오늘날 글로벌화하는 질서 속에서 지역성의 대두를 통해, 마을 전통과 민속을 자원으로 하여 새로운 마을 문화적 실천을 이끌어 내는 경향이 커져가고 있다는 점이다. 즉 민속문화의 유의미한 일부분의 재호출 혹은 재구성을 통해 마을을 비롯한 지역들 스스로가 자신을 적극적으로 드러내고 재현하는 문화적 실천을 수행하고 있다. 이것은 따로 선택 가능한 민속과 전통의 요소를 재구성하여 새로운 마을 의례를 창출하는 방식으로 나타나기도 하고,[10] 때로는 실용적 목적에서 마을의 관광지화를 위한 이른바 브랜드화라는 이름의, 마을 전통과 민속 문화 활용 방식이 등장하기도 한다. 그런 점에서 민속문화는 오늘날 마을의 지배적 문화라고 보기는 어렵지만, 그럼에도 불구하고 여전히 마을의 성격과 정체성을 정의하는 가장 중요한 마을 문화의 요소 중 하나로 자리 잡고 있는 것이다.

2) 마을 문화와 마을 서사

마을 문화를 구성하는 요소로 마을 서사village narrative라 불리는 이야기들을 살펴볼 필요가 있다. 마을 서사란 '한 마을 내에서만 고유하게 존재하는, 그리고 대부분의 주민들이 공유하고 있는 이야기들의 집합체'를 지칭한다. 마을 서사는 마을의 기원과 역사적 과정, 주요 사건과

---

10 대표적으로 서울 장승배기 마을의 장승제를 들 수 있다.

마을의 독특성 및 우월성 등을 포함하는 이야기로, 일종의 마을 정체성 표지와 같은 것이다. 최근 마을이나 지역마다 '마을지誌'를 발간하는 일이 늘어나고 있는데, 이 마을지는 문자로 표현된 전형적인 마을 서사에 해당된다.

마을지처럼 문자화되지 않더라도, 마을 서사는 마을의 유래, 특히 마을의 시·공간적 정의를 담은 이야기로서 회자되는 경우가 많다. 그런데 마을에 대한 이 시·공간적 정의는 상당히 자의적인 형태로 이루어지기도 한다. 하나의 마을 경계를 정의하는 것은 복잡한 역사적 사건들에 대한 취사선택을 통해 이루어지는 현재적이고도 정치적인 결정이다. 마을의 유래를 설명하는 각 기록들은 대개 과거에는 어떤 지역에 속했고, 이후 이러저러한 변화와 합병 등을 거쳐 오늘날의 마을이 되었다고 제시한다. 실상 이러한 지역 유래의 역사적 근거는 지리적 인접성의 원리 말고는 없음에도 불구하고, 이러한 인접한 지역을 자기 마을의 역사적 근거로 삼음으로써 그 마을은 '유서 깊은 마을'이라는 속성을 만들어내게 되는데, 다음과 같은 식이다.

조선시대 말기에는 도천면 옹정리에 속했고 1914년 위의 도천면과 부동만면의 방림 일부, 유안, 운용리가 합쳐져 효천면 봉선리가 되어 처음으로 봉선이라는 이름이 나타났다. 이후 1935년 광주군 효천면과 지한면이 합병되어 효지면 봉선리가 되었고, 1955년 광주시역의 확장에 따라 광산군 효지면이 광주시에 편입되면서 광주시 봉선동이 되어 공식적으로 봉선동이라는 명칭이 사용되었다.[11]

이러한 역사적 사실의 호출 과정에서 자연적-지리적 경계는 쉽게 해체되고, 또 오늘날의 행정적 구역경계라는 의미 없는 자의적 경계에 의미를 부여하는 재구성을 통해 '마을'을 발명해내게 된다. 이러한 자연적-지리적 의미화는 마을에 다양한 서사를 부여하기 위한 가장 기본적이고 중요한 요건이 된다.

또한 마을 서사는 역사적 전통 위에서 다양하게 만들어진, 마을의 정체성을 확인시켜주는 이야기들이기도 하다. 마을이 가진 서사들은 대부분 주요한 역사적 변곡점에서 마을과 관련된 어떤 인물, 마을을 구성하고 있는 사람들 및 가문, 역사적으로 중요한 사건과 신화, 공통의 기억 등에 대한 것들이다. 이 서사들 중 어떤 것은 마을에 남아 있는 주요 상징물이나 장소와 연결되어 신화적인 방식으로 존재하고 공유되는데, 이것은 보편적인 신화의 형태와 크게 다르지 않다. 예컨대 필자가 살고 있는 마을은 전라남도 담양군에 속한 아주 작은 마을인데, 이곳의 개울가 다리를 매개로 하여 진시황의 불로초 신화와 마을이 연결되어 있다. 짧게 요약해 보면, 불로초를 찾기 위해 진시황이 보낸 사람들은 전남 이곳 마을까지 당도했다고 한다. 그런데 이 마을의 옆 마을에 불로초가 있었는데, 그 마을의 지명은 '삼천리'였다. 개울로 나누어진 이 마을과 삼천리를 연결하는 다리가 있었는데, 불로초를 찾아온 중국인들은 이 마을에 와 불로초가 있는 곳을 물었다고 한다. 동네 사람들은 '구름다리를 지나 삼천리(마을)로 가면 된다'고 답했는데, 불로초를 찾아 온 이들은 삼천리나 더 가야 한다는 말로 알아듣고는 이에 낙담하고 발길을

---

11 광주광역시 남구 봉선2동 주민자치위원회, 『봉다리—십시일반 나눔마을이야기』, 2016, 9쪽.

돌렸다고 한다. 물론 이 신화적 마을 서사는 진시황의 신하들이 불로초를 찾아 한반도 땅에까지 왔다는 일반적 신화를 그대로 차용하고 있어, 어느 시점에서 자의적으로 만들어진 서사일 가능성이 높다. 중요한 것은 이 서사를 통해 마을이 불로초를 보유하고 있을 정도로 풍요롭고 귀한 땅이라는 사실을 강조하는 것이다.

또 마을 서사는 신화적 사건 뿐 아니라, 아주 작은 이야기들을 포함하기도 한다. 예컨대 필자가 살고 있는 마을 뒷산에는 그리 높지 않은 작은 산이 있는데, 이 산은 옆 마을의 조금 더 높은 산과 대비되어 마을 서사의 한 부분을 구성하고 있다. 일제 강점기에 두 마을의 산에서는 모두 삼림자원의 수탈이 있었는데, 유독 옆 마을의 산에서만 나무를 옮기는 중 많은 사람들이 죽었고, 우리 마을의 뒷산에서는 죽은 사람이 없었다는 내용의 서사다. 이 서사는 우리 마을 산의 신령함, 마을의 우월함, 마을의 안전함 등을 강조하는 것임을 쉽게 알 수 있다. 물론 그것이 실제 있었던 역사적 사실인지는 확인되어 있지 않다. 그 밖에도 마을 서사에는 마을을 주로 구성하고 있는 사람들, 즉 성씨와 그 성씨를 가진 유력자와 유명인 등에 대한 많은 이야기들이 포함되어 있고, 마을 사람들 개인의 개인사들이 생애사와 같은 방식으로 말해지고 주민들 사이에서 공유된다.

마을 서사는 아직 정형화되지 않고 밖으로 널리 알려지지 않은, 그렇지만 매우 다양한 정신과 사고, 사건과 사실의 재현으로서 풍부하게 재해석될 수 있는 의미들의 저장고이다. 그리고 마을 문화와 주민들의 감정구조를 구성하는 의미있는 원천으로서, 마을에 대한 자부심과 긍지를 재생산하는 살아있는 이야기들이란 측면도 강조될 필요가 있다. 또한 마을 서사는 근대성 속에서 드러나지 않은, 그리고 아직 발굴되지 않은 다양한 가치 지향들을 담고 있는 가능성이자 미래의 기획이기도 하다.

3) 마을 문화의 유형학-강한 마을 문화와 약한 마을 문화

마을 문화는 마을이라는 공간적이고 사회적인 맥락 하에서 만들어 진 다양한 의미와 상징적 결과물로서, 그것을 구성하는 주민들의 고유 한 삶의 방식과 연결되어 있다. 즉 마을 문화는 그러한 문화의 내용들 이 마을이라는 공간적 경계와 형성·유지의 맥락 속에서 만들어진 것 들로서, 개별 마을들의 특이성에 의해 상관적인 고유한 문화를 형성시 킨다. 따라서 마을 문화는 개별 마을별로 독특하고 고유하다고 볼 수 있다. 하지만 동시에 전지구화하는 지역성 속에서 마을 문화가 존재하 고 재현되는 방식에는 일정한 유형화의 힘이 존재한다. 그러한 조건 하 에서 마을 문화들은 그것의 작용과 연행 및 효과라는 측면에서 강한 문 화-약한 문화로 구분된다. 또 이러한 차이는 근대적 행정단위 마을과 자연마을에서 서로 다른 양상으로 나타나기 때문에, 우리는 상당히 질 적으로 대별되는 마을문화의 유형들을 구분해 볼 수 있다. 이를 간단한 교차 도식으로 나타내보면 〈표 1〉과 같다.

여기서 바로 제기될 수 있는 의문은 문화를 '강함과 약함'으로 구분 할 수 있을까 하는 점이다. 여기서 문화의 강함과 약함이란 문화적 실 천의 뚜렷한 물질화와 그 효과라는 측면에서 구분될 수 있는 양적이고

<표 1> 마을 문화의 유형과 지역성

	강한 문화	약한 문화
자연 마을	전통적 공동체 마을 기획형 마을사업(커뮤니티 비즈니스)	해체 중인 공동체 마을
행정 마을	잘 조직된 마을 만들기	도심 공동체 마을

질적인 차이라 간주한다. 예컨대 공동체적 규범이 강하게 살아 있어서 그에 기초한 의례와 소통관계 등이 마을에 존재한다면, 그것은 상대적으로 강한 문화라 할 수 있다. 또 마을 주민들이 협력을 통해 특정한 문화적 실천을 기획하고, 이를 통해 가시적인 효과와 결과물을 산출한다면 그것은 상대적으로 강한 문화라 할 수 있다.

이런 구분을 따를 때 강한 마을 문화란 그 형태와 결과물에서 뚜렷한 양상을 띠고 있고, 마을 사람들에게 명백히 인지되며, 사람들의 참여를 통해 활성화되고 있는 문화적 결과물 혹은 그 실천들이다. 그것이 전통적인 것이든 근대적인 것이든, 강한 마을문화는 마을의 성격을 부각시키고, 마을 사람들에게 공통의 기억과 감정으로 공유되며, 개인 및 집단의 성격을 상대적으로 강하게 정의하고 규제하는 측면이 있다. 강한 마을 문화는 여전히 남아 있는 동제 등의 마을 의례나, 그러한 의례를 중심으로 한 마을 사람들의 결속이 조직 등을 통해 강하게 작동하는 경우에서 확인할 수 있다.

약한 마을 문화란 상대적으로 문화적 실천이나 결과물이 명시적으로 뚜렷하지 않거나, 마을 문화의 성격에 있어 집단적이거나 공동체적 성격이 강하지 않아서 문화가 마을의 정체성을 표현하는 정도로 유지되는 문화라 할 수 있다.

강하고 약한 마을 문화는 그 마을의 성격에 따라, 즉 행정 마을과 자연 마을에서 서로 다른 방식으로 표출된다. 그래서 이념형적인 4가지 유형의 마을 문화 혹은 문화적 실천 방식이 대별되는데, 이 각각은 서로 다른 마을 문화의 성격과 구성 및 재생산 방식을 대표하는 것으로 볼 수 있다. 이러한 유형학을 제시하는 것은, 오늘날 전지구화하는 힘 앞에서 표출되는 마을 문화라는 지역성이 어떤 역학 속에서 작동하는지를 보다 명확히 하고, 이를 통해 마을 문화의 실천적 전망을 탐색해 볼 수 있으리라 기대하기 때문이다.

(1) 강한 마을 문화 – 전통적 자연마을

강한 마을 문화는 자연 마을에서는 공동체적 문화가 여전히 강하게 남아 있는 경우나 혹은 전통과 민속을 자원으로 하여 마을 문화를 상품화하려는 노력의 형태로 출현하고 있다. 전통적 자연 마을은 강한 공동체적 규범이 마을 문화의 핵심을 이루는 경향이 있다. 즉 전통적 관계와 질서들이 비교적 뚜렷이 살아 있고, 마을 문화를 구성하는 전통적 요소들, 예컨대 동제나 품앗이 등의 전통이 여전히 실행되고 있는 경우이다. 대개 이런 마을들은 또한 집성촌인 경우들이 많은데, 그런 까닭에 마을의 인적 관계는 대부분 혈연에 기초한 위계적 관계를 띤다.

이러한 자연 마을은 전통적 규범이 마을 문화의 핵심으로 기능하는데, 그 규범들은 대체로 개인을 강하게 구속하는 경향이 크다. 그 대표적인 규범적 양상들을 살펴보면, 우선 마을 사람들의 우리 의식이 상당히 강하며, 타인에 대한 구별의 의식 역시 강하게 작동한다. 지역화의 새로운 경향 하에서 귀농·귀촌을 실행하는 도시인들이 갈수록 늘고 있는데, 이들이 자연 마을로 이주해 갈 때 제일 먼저 경험하게 되는 것이 바로 타인 취급을 당하는 텃세이다. 우리 의식은 자신의 마을과 공동체를 모든 것에 앞서는 배타적 질서로 취급하는 경우가 많기 때문에 타인은 이러한 우리 의식에 대한 일종의 침입자로 간주되는 것이다. 타인으로서 자연 마을에 들어간 사람들이 텃세 때문에 버티지 못하고 빠져 나오거나, 혹은 마을의 일원으로 인정받는데 상당한 시간 경과를 필요로 했다는 이야기들은 쉽게 사례들을 통해 확인할 수 있다.[12]

이렇게 강한 전통적 규범이 작동하는 마을 문화 속에서는 개인의 일탈이나 다양성이 억압되는 경향이 있다. 그렇지만 동시에 전통 공동체의 미덕이라 할 수 있는 공동체 규범에 대한 의지와 주민 상호간의 호혜적 관계 등이 공동체적 삶의 긍정적 측면을 제공하기도 한다. 이러한 강한 공동체적 문화에 기반하여 때로 기획형 마을사업이 이루어지기도 하는데, '농촌체험관광마을' 사업이나 '농촌 전통 테마마을' 사업 등이 그것이다.

농촌의 관광마을이나 테마마을 사업은 1980년대에 '관광농원사업'에서 시작된 것으로 일종의 커뮤니티 비즈니스라 할 수 있다. 커뮤니티

---

12 관련된 기사들은 매우 많지만 하나만 소개하면 다음과 같다. "2011년 충북의 한 시골로 귀농한 최 모 씨는 주민과 갈등을 빚다가 마을을 등졌다. 마을 고지대에 설치된 물탱크에서 물을 끌어다 쓰는 게 시비로 번졌다. 최 씨는 매달 수도요금만 내면 될 것으로 생각했다. 하지만 주민들은 물탱크를 설치할 때 십시일반 설치비를 걷었다며 그만큼 돈을 내라고 요구했다. 이 문제로 골머리를 앓던 최 씨는 차츰 주민들과 소원해졌고 결국 귀농의 꿈을 접었다. 제2의 인생을 꿈꾸는 귀농·귀촌이 붐을 이루고 있지만 이처럼 원주민과 귀농·귀촌인이 갈등을 빚는 사례가 자주 발생하고 있다. 서로 살아온 환경이 다른 데다 인식과 문화 차이가 커 간극을 좁히고 화학적으로 결합하기가 쉽지 않기 때문이다. 원주민들은 조용했던 마을에 불쑥 나타난 외지인이 분위기를 흐린다고 배척하고, 귀농·귀촌인들은 원주민 텃세를 견디기 힘들다고 하소연한다." 『연합뉴스』, 2017.2.16.

비즈니스는 1970년대에 영국 스코틀랜드 지방에서 시작된 것으로, '지역 커뮤니티들이 스스로 지속적인 거래를 통해 스스로 직업을 만들어 내는 경제자립'을 의미하는 것이었다.[13] 이 사업들은 공통적으로 마을을 '볼거리', 관광의 대상으로 만드는 것을 목적으로 하며, 이를 통해 경제적 수익을 창출함과 아울러 관광의 대상이 되는 민속과 전통적 관습 등을 활성화시키고자 한다. 이런 이유 때문에 근대화와 도시화의 저편에 존재하는 것으로 여겨졌던 전통적 자연 마을 중에 이러한 사업을 적극적으로 수행하는 경우가 보이는데, 이는 무엇보다 자연 마을로서의 잠재적 관광 자원들, 즉 민속이나 전통, 그리고 생태적 환경 등을 갖고 있기 때문에 가능한 것이었다.

한 연구는 대표적인 농촌 체험관광마을 사례로 꼽히는 경기도 이천의 부래미 마을이나 충남 아산의 외암 마을의 '성공'을 가능하게 한 요소로 마을주민의 적극적 참여, 차별화된 체험 프로그램, 컴퓨터 활용, 주민들의 평생 학습, 외부 네트워크의 활용 등을 지적한다.[14] 이러한 경영학적 평가를 마을 문화와 관련하여 해석해 본다면, 부래미 마을은 근대의 개발로부터 비켜나 있어서 자연환경과 농촌마을의 문화가 잘 보존되어 있어 포스트 모던한 관광 경향으로 '농촌 체험과 향수'를 충족시킬 수 있는 자원을 풍부히 갖고 있었다.[15] 또 외암 민속마을의 경

---

13 김영수 · 박종안, 「한국 커뮤니티 비즈니스의 성공요소에 관한 사례연구」, 『농촌사회』 제 19집 2호, 한국농촌사회학회, 2009, 169쪽.
14 김영수 · 박종안, 앞의 글, 199쪽.
15 "부래미마을은 경기도 이천시 남단에 위치한 전형적인 시골마을입니다. 수도권에 속해 있으면서도 개발이 되지 않아 옛 농촌의 모습이 잘 보전되어 있습니다. 자그마한 마을이지만 마을주위를 감싸고 있는 아름다운 산과 입구의 동그란 저수지가 아늑하고 포근함을 더해 주는 평화로운 마을입니다", 부래미마을 홈페이지 마을 소개문.
    http://buraemi.invil.org/index.html?menuno=2171&lnb=10102.

우는 이미 1970년대에 민속마을로 지정되어 전통건조물 보존과 민속 관광 등을 오랜 시간동안 특화시켜왔고, 이를 통해 국가 및 지자체로부 터도 많은 지원을 받아온 마을이다. 즉 전통과 민속, 문화적 유적 등이 마을 문화를 상징하고 유지하는 중요한 근거가 된 마을들이며, 주민들 의 결속 역시 상당히 높은 마을이다. 이런 강한 마을 문화적 특징으로 인해 전통과 민속 및 주민의 적극적 참여를 자원으로 하는 마을 사업은 다른 마을들에 비해 상대적으로 용이하게 추진될 수 있었던 것으로 생 각된다.

전근대로 치부되던 전통과 민속을 마을 문화의 강한 형태로 변모시 키고 이를 사업이나 문화적 실천으로 구체화하는 것은 전지구적 지역 성 하에서 매우 뚜렷한 경향으로 자리잡아가고 있다.[16] 그런데 이런 강 한 마을 문화 실천은 결국 비즈니스와 같은 사업화 및 상업화의 운명을 스스로 만들어가고 있다. 이러한 방향성이 보이는 문제점에 대해서는 다음 절에서 검토해 볼 것이다.

(2) 강한 마을 문화 – 도시 행정 마을과 마을 만들기

최근 마을 만들기는 자연 마을이나 행정 마을 모두에서 하나의 유행 처럼 확산되고 있지만, 특히 마을 만들기가 뚜렷한 형태로 이루어지고 있는 곳은 도시에 있는 행정 마을인 것으로 보인다. 원래 마을 만들기 는 1960년대 일본에서 시작된 '마치즈쿠리'를 번역한 개념으로 소개 되었고, 1990년대 지방자치제의 시작과 함께 우리 사회에서도 본격적

---

[16] 물론 이러한 경향을 추동하는 기술적 이유로서 컴퓨터와 인터넷을 통한 전지구적 연결도 중요하게 고려될 필요가 있을 것이다.

으로 도입되기 시작했다. 마을 만들기는 대체로 '지역 주민들의 자발적 참여를 통해 스스로 지역의 문제를 해결하고 삶을 질을 제고하는 지역 사회를 건설하는 것' 정도로 정의될 수 있다. 최근의 마을 만들기는 그동안의 경험의 축적과 지자체의 적극적인 지원 등에 힘입어 상당히 뚜렷한 운동이나 실천으로 전개되고 있고, 또 이를 통해 열성적인 활동가 및 주체들이 형성되고 있다.

마을 만들기와 같은 실천이 강한 마을 문화로서 기능하는 이유는, 그 것이 매우 의지적이고 목적의식적인 실천을 핵심으로 하기 때문이다. 문화가 갖고 있는 기능 중 하나인 집합의식의 창출은 다양한 문화적 매개물, 예컨대 상징물, 의례, 소통관계 등을 통해 무의식적으로 이루어지게 마련이다. 그리고 그러한 과정은 비교적 오랜 시간의 경과를 필요로 한다. 그런데 마을 만들기는 단기간에 재원을 비롯한 사회적 자원의 투입을 통해 뚜렷한 성과의 형태로 결과물을 만들어내고자 하는 노력이라는 점에서 강한 문화로서의 면모를 갖고 있다. 또 마을 만들기가 강한 문화인 것은, 거의 예외 없이 마을 만들기가 그 수단이나 실천의 매개물로서 예술이나 문화적인 것들을 동원하고 있다는 점에서도 그렇다. 여기에 덧붙여 마을 만들기를 지자체나 중앙 정부가 적극적으로 후원하는 형태를 띨 경우, 지원되는 사업비를 얻기 위한 노력이 열성적으로 벌어지기도 한다.

마을 만들기는 지향하는 목표와 추진하는 주체의 차이에 따라 여러 유형으로 구분되기도 하지만,[17] 그 공통의 요소들을 추려본다면 마을

---

17 예컨대 마을 만들기는 그 목적에 따라 경제공동체, 문화공동체, 자치공동체로, 그리고 수행 주체에 따라 민간주도형, 공공지원형, 공공계획형, 공공교육형 등으로 구분되기도 한다(심

만들기가 마을 문화, 그리고 지역성과 어떤 관련을 갖고 있는지를 보다 명확히 알 수 있다. 우선 마을 만들기는 거의 예외 없이 '마을 공동체'를 지향하고 있다. 이 때문에 마을 만들기가 농산어촌 지역 보다는 도시 지역에서 보다 의미 있는 정책이나 실천으로 받아들여지는 것으로 보인다. 근대화와 개인화 등을 특징으로 도시 지역에서 마을은 개인들의 개별적인 삶이 이루어지는 공간일 뿐, 집합적인 공간으로서의 속성은 상실되기 마련이다. 20세기 말 이후의 포스트 모던한 반성은 인간 사회에 공동체적 삶이 표상하는 것들, 즉 삶의 질, 탈물질적 욕구, 정서적 유대 등이 중요하다는 자각을 가져왔고, 이런 이유에서 이미 다양한 공동체적 실천들이 실험되어 왔다. 마을 만들기는 이러한 배경 하에서 마을의 공동체적 성격을 회복하거나 도입하려는 의도적 정책과 운동으로서의 성격을 가진다. 물론 앞서 이미 보았듯이, 도시 행정 마을에서 자연 마을과 같은 공동체적 규범을 유지한다는 것은 현실적으로 불가능하다. 그렇기 때문에 마을 만들기는 공동체적 분위기를 만들기 위한 주민들의 매우 적극적인 참여, 거기에 지자체나 중앙 정부 등 외부의 자원 투입이 결합될 때만 현실적으로 가능해진다. 그런 점에서 마을 만들기는 의도적 공동체 운동의 성격을 갖고 있는 것이다.

또 하나의 공통점으로 뚜렷이 '문화적' 실천을 그 수단이나 특징으로 하고 있다는 점이다. 마을 만들기가 표방하는 주요한 실천의 원리는 '주민 자치'와 '문화예술'이다. 이 중 특히 문화예술은 마을 만들기의 주된 수단이자 또 얻고자 하는 결과물인 경우가 많다. 예컨대 마을 만

익섭·심화섭, 「마을 만들기 연구경향의 분석과 과제」, 『국가정책연구』 제30권 1호, 중앙대 국가정책연구소, 2016, 32쪽).

들기에서 공통적으로 발견되는 마을 가꾸기는 마을 벽화 그리기, 시화
詩畵가 있는 마을, 마을 상징물 만들기 등의 양상을 띠고 있다. 이를 통
해 마을의 문화적 환경을 창출하거나 예술적으로 바꾸는 것이 마을 만
들기의 중요한 목표가 되는 것이다.[18] 이 때 문화와 예술은 마을의 보
다 고양된 모습을 상징하는 개념으로 등장하며, '예술적 결과물'을 마
을의 새로운 요소로 도입하는 형태로 진행된다.[19]

　나아가 문화예술을 매개로 하여 마을 주민들의 소통과 유대 관계를
개선하고자 하는 마을 만들기 사업들도 등장하고 있다. 필자는 이전에
'생활문화공동체'라는 개념으로, 이러한 주민들의 자발적 문화예술 활
동 실태를 조사·분석한 바 있다. 생활문화공동체란 마을이라는 거주
공간에 기초하여, 그 곳의 주민들이 자발적으로 문화예술 활동을 적극
적으로 실천하면서 공동체적 유대와 자치를 지향하는 움직임을 지칭한
다. 문화예술에 기초한 이러한 움직임은 주로 동호회, 문화예술 거점
시설을 매개로 한 다양한 모임의 활성화, 문화예술을 통한 봉사활동 등
의 형태로 나타나고 있다. 이들은 주로 음악이나 미술 등의 문화예술을
서로 향유하는 경향이 높았고, 또 이를 마을 가꾸기나 봉사, 마을 축제
등으로 연결하여 마을에 기여하고자 하는 활동을 하는 경향이 있음을
보여주었다.[20]

　마을 가꾸기나 주민 자치, 생활문화공동체 움직임 등을 포괄하는 마

18　전국적으로 이미 널리 알려진 이러한 유형의 마을들은 상당히 많다. 광주의 경우 북구 시
　화문화마을, 부산의 감천 문화마을, 또 벽화로 유명해진 통영 동피랑 마을이나 청주 수암
　골 벽화마을 등을 대표적으로 꼽을 수 있다.
19　이러한 움직임에는 미술계에서 등장한 '공공예술' 혹은 '공공미술' 흐름이 결합되어 있기
　도 하다.
20　박해광·김기곤, 앞의 책, 231쪽.

을 만들기는 마을을 문화적으로 재구성하려는, 도시 지역의 강한 마을 문화를 대표한다. 이 문화는 적극적으로 자신의 마을을 바람직한 것으로 바꾸려는 실천이라는 점에서 풀뿌리 민주주의 등의 흐름과 맞닿은 정치적인 운동이다. 또 물질이나 경제적 관심 보다는 아름다운 것을 추구하고 삶의 질을 높이고자 한다는 점에서 미학적인 것이다. 여기에 지자체는 조례 제정 및 지원 공모 사업 비중을 확대해가고 있어, 당분간 이 강한 마을 문화는 상당히 확산될 것으로 생각된다.

(3) 약한 마을 문화 – 해체 중인 자연 공동체 마을

필자가 살고 있는 마을을 포함하여 대부분의 자연 마을은 약한 마을 문화를 특징으로 한다. 기존의 공동체적 규범은 현저히 약화되고 있고, 민속 의례들도 거의 사라지거나 몇몇 변형된 형태로 명맥만을 유지하고 있다. 그렇지만 이 자연 마을의 약한 마을 문화는 한편으로 마을 문화의 가장 전형을 보여준다고도 할 수 있다. 그것은 아마도 자연 마을의 대부분이 이러한 약한 마을 문화를 갖고 있을 것으로 여겨지기 때문이다. 그렇다면 이러한 약한 마을 문화를 가진 자연 마을은 오늘날 어떤 의미를 갖는 것일까?

대부분의 농산어촌 자연 마을들은 근대화 과정 속에서 과거의 전통적 공동체성이 약화되고 있고, 자연적인 인구 감소와 고령화 등의 어려운 현실에 처해 있다. 최근 귀농·귀촌의 움직임으로 인해 이 자연 마을로 유입해 들어오는 인구들이 있지만, 그 수가 많다고는 볼 수 없어, 마을의 활력은 그리 높지 않다고 보는 것이 맞을 것이다. 마을별로 차이가 있겠지만, 이런 상황 때문에 약한 자연 마을 문화는 전통 문화의 선별적 연행, 약하게 남은 공동체적 관습 등을 그 특징으로 하고 있으며, 여기에 유입되어 온 인구들이 약간의 새로운 문화적 자극을 제공하는 정도의 모습을 띠고 있는 것으로 보인다.

그래서 오늘날 자연 마을들이 가진 딜레마는 역설적이게도, 강한 문화를 가진 도시 혹은 자연 마을의 실천들을 모방하고자 하는 강한 의지를 갖고 있다는 점이다. 대부분의 강한 문화 마을들이 지자체나 정부의 자원 지원에 의해 마을의 외형을 바꾸는 방식으로 진행되기 때문에, 이러한 지원을 받지 못하는 마을들은 거의 공통적으로 소외의 정서를 갖고 있다. 마치 돌진하는 근대성 속에서 근대화의 흐름에 편성하지 못하면 낙오되는 것으로 여기는 것과 유사한 정서들이 오늘날 자연 마을의 상황처럼 보인다. 그런데 이런 약한 마을들은 강한 문화적 실천을 위한 인적·문화적 자원이 풍부하지 못한 경우가 대부분이기 때문에, 마을 만들기나 농촌 체험 마을 등을 모색하기도 쉽지 않다. 그래서 때로 마을 만들기 등에 편승할 기회가 오면 이를 적극적으로 수용하려는 의지를 보이기도 한다.[21]

그런데 이 약한 문화를 가진 자연 마을이야말로 지역성의 근거이기도 하다. 아직 말해지지 않은 다양한 마을 문화와 지역적 정체성은 이

---

21 필자가 살고 있는 마을의 경우, 건너 마을이 '슬로 시티'로 유명해진 마을이어서 우리 마을 주민들은 내심 그 마을을 부러워하는 경우들이 자주 보였다. 그러던 중 슬로 시티의 탐방로를 우리 마을길로 확장하여 뒷산까지 연결하는 계획을 면에서 추진하려 했다. 하지만 이를 둘러싸고 찬반양론이 벌어진 끝에 결국 계획은 무산되었고, 탐방로는 마을을 우회하여 뒷산으로 연결되었다. 개발은 반대했던 주민들은 관광객·외지인들이 마을에 대량으로 들어 올 경우 훼손될 마을과 분위기를 가장 우려했고, 이 의견이 더 중요했던 것으로 볼 수 있다.

러한 약한 문화 속에서 고유한 자신의 모습을 간직하고 있다. 다양한 서사들과 전통, 민속, 의례, 상징물과 문화적 실천 등은 다만 아직 널리 드러나지 않았을 뿐 그 내부에서 풍부하게 존재하고 있다. 살아남은 민속과 전통이 오늘날 강한 문화로 변모하였듯이, 약한 작은 문화적 요소들은 그 스스로의 의미를 머지않아 드러내게 될 것이다. 더구나 전지구화하는 지역성이 급격히 상업화의 특성을 띠게 되는 오늘날, 이 약한 마을 문화들은 그것과는 구분되는 특성의 담지자로서 의미 있게 작용하게 될 것이다.

(4) 약한 마을 문화 – 도심 공동체

도심 공동체는 근대 속에서 오랜 정주를 통해 만들어진 마을 공동체로, 자연 마을과 같은 강한 유대와 공동체성을 갖고 있진 않지만, 장소에 기반한 규범과 문화를 발달시킨 행정 마을의 문화를 대표한다. 도심 공동체는 주민들의 삶의 주기가 같거나 매우 유사하고, 대면적 접촉의 빈도가 높고, 강한 집합적 유대를 가지는 자연 공동체와 유사한 형태를 취하지만, 그 정도에서는 상당히 약한 그러한 공동체이다. 도심 공동체는 일반 주택촌에도 또 아파트촌에도 형성될 수 있지만, 단절된 생활공간인 아파트 보다는 주택촌에서 형성되는 경향이 있는 것으로 보인다. 필자가 사례조사 했던 광주광역시 산수1동의 경우는 일제 강점기부터 주택촌으로 개발되었다가, 도시화 과정을 겪으면서 각지에서 모인 사람들이 오랜 세월 동안 그 곳을 떠나지 않고 살면서 자연스럽게 만들어진 근대적 도시 정주 공동체이다. 이 도심 공동체의 주민들은 주로 광주 토박이가 아닌 타 지역 농어촌 출신들이 대부분이며, 그래서 자연 마을의 공동체적 관계를 도심 속에서 부분적으로 실현하며 살아가는 경향이 있었다. 즉 친족 관계인 사람들이 같은 마을에 사는 경우가 많으며, 마을의 골목길이나 마을회관 등을 통해 대면적인 깊은 관계를 지속하는 삶을 꾸려가고 있다. 또 음식을 일상적으로 나누거나 김장을 함께 준비하는 등의 공동체적 관행이 여전히 살아 있으며, 계와 같은 경제적 상호부조의 경험도 상당히 갖고 있다.[22]

또 이 도심 공동체는 빈곤으로 묶인 공동체라는 특징도 갖고 있어서, 이 빈곤을 집단적으로 해결하려는 노력이 자연스레 공동체적 실천을 낳기도 한다. 예컨대 방치된 빈 공간에 텃밭을 일구고 상추 등의 야채를 공동으로 경작하는 것은 식비 부담을 줄이려는 노력의 일부분이다. 또한 이 도심 공동체는 계를 자연스럽게 발달시켰는데, 이것은 개인의 힘으로는 해결하기 어려운 경조사 등의 문제를 해결하기 위한 수단으로서 발전하였다. 또 다른 특징은 대체로 이 도심 공동체는 공간적으로 매우 과밀하다는 점이다. 집과 방들은 아주 작고, 집과 집 사이의 동간, 즉 골목도 매우 협소하다. 그런 이유 때문에 의도치 않게 이 마을은 긴밀한 대면적 관계를 발전시켰고, 이로 인해 공동체적 결속이 만들어져 왔다.

그런데 전통적인 자연 마을이 공동의 삶을 지배하는 동질적인 공간을 갖고 있는 반면, 도심 공동체는 전통 공동체에 비해 공간과 장소가 갖는 삶의 완결성과 그 사회적 맥락이 약하기 때문에 쉽게 분절되고 단

---

22 박해광·김기곤, 앞의 책, 2012.

절되는 경향이 있다. 또 빈공 공동체의 특성으로 인해 도심 공동체는 경제적 문제 때문에 내부에서 쉽게 배제와 갈등이 발생할 수 있다. 예컨대 보다 시설이 잘된 유료 노인당을 이용할 수 있는 집단과 그렇지 않은 집단과의 위계화와 갈등이 발생하기도 하고, 빈부의 차이에 따라 서로 공유하는 공간이 분리되는 양상을 보여주기도 한다.

　도심 공동체는 불완전할 뿐 아니라 한시적인 공동체이다. 도심 공동체는 우연한 사회적 조건 하에서 공동체의 부분적 요소들이 결합되어 탄생한 공동체이며, 동시에 가속화되는 도시화 속에서 재개발이라는 이름으로 사라질 운명에 처한 공동체이기도 하다.[23] 하지만 도심 공동체는 근대 도시에 의미 있는 마을 문화를 남겼다. 필자가 연구했던 사례에서 주민들은 한결같이 산수1동을 '좋은 동네', '사람이 사는 동네'라고 평가하고 있고,[24] 심층 면접을 했던 주민들 중에는 마을을 각자 떠난 후에도 여전히 만남과 계 등의 마을 문화를 이어가는 사람들이 있었다. 원자처럼 개인의 삶을 사는 도시 내에서 오랜 기간의 공동체적 정주를 통해 만들어진 도심 공동체와 그 마을 문화는, 그것의 한시성과 약함에도 불구하고 도시와 대비되는 의미있는 문화와 공동체적 규범을 발전시켰던 것이다. 그리고 이 도심 공동체는 아직 여러 도시들 곳곳에 그 모습을 유지시켜 가고 있다.

23 　필자가 조사했던 산수1동은 재개발 고시가 일찍이 되었지만 개발 사업자의 참여 부진으로 표류하다가 최근 재개발사업이 다시 추진되고 있고, 대부분의 도심 공동체 주민들은 마을을 떠나고 있다.

24 　재개발 사업을 관할하는 광주 동구 홈페이지에는 산수1동 재개발과 관련한 주민들의 의견이 다수 있는데, 상당수 주민은 이 재개발 이전의 마을을 긍정적으로 평가하고 있다.

5. 전지구적 지역성의 함정과 마을 문화의 의미

지역성의 대두는, 그것이 이론적인 것이든 실제-경험적인 것이든 모두 전지구적 움직임과 연결되어 있다. 그래서 국민국가 내에서는 중앙과 지역의 대립관계에 대한 인식을 통해, 그리고 전지구적으로는 공간과 장소, 정체성의 문제의 사고 지점으로서 지역과 지역성이 중요하게 대두되었다. 그리고 그 결과 보편적이고 일반적인 것, 공통적인 것이 아닌, 구체적이고 특이하며 지역에 고유한 특성들이 새롭게 주목받고, 그러한 특성을 전지구적 흐름과 연결시키려는 노력들이 정치·경제·문화적 실천으로서 속속 등장하고 있다. 지역성의 가장 작은 모습이라 할 수 있는 마을 문화도 이러한 흐름에서 비켜나 있지는 않다. 문화는 항상 구성적이고 또 시간적 변화에 노출되어 있는 것이지만, 최근 마을 문화를 둘러싼 변화는 좀 더 특별한 양상을 띠면서 전개되고 있다. 마을 문화의 지역성이 뚜렷이 '사업화' 혹은 '상품화'의 노력으로 드러나고 있다는 점이 그것이다. 이는 특히 강한 마을 문화 속에서 뚜렷이 드러난다.

마을 문화를 사업화하려는 노력이 보여주는 가장 일반적 양상이 바로 마을을 관광 상품으로 변모시키기 위한 장소 판매, 그리고 이를 위한 마을 가꾸기 노력이다. 물론 마을을 시화마을이나 동피랑마을처럼 문화예술적으로 재구성하는 것은 일차적으로 마을 환경을 미화함으로써 주민들에게 아름다움을 제공한다. 그렇지만 이러한 마을 가꾸기는 타자의 시선, 마을 외부인이 바라볼 마을이라는 관점에서 마을을 아름답게 가꾸려는 노력의 성격이 더 강하다. 이것은 20세기 말부터 전세계적으로 대두된 지역 재활력화의 한 방법으로서의 '장소 판매'의 영향을 반영하는 것이다. 그런데 문제는 이 장소 판매는 원래의 마을의 기능, 즉 안정적인 주민들의 정주와는 자주 충돌한다는 점에 있다.[25] 한때 날개벽화가 있는 마을로 널리 알려졌던 서울의 이화마을은 방문객의 급증으로 소란과 마을 훼손 등의 문제점이 커지면서 결국 날개 벽화를 지워버리기도 했다. 이런 사태들은 단순히 마을 문화의 사업적·상업적 실천의 부작용 정도가 아니라, 지역성을 드러내려는 마을 문화의 실천이 갖고 있는 근원적 모순성이라 할 수 있다.

이와 유사하게 민속이나 마을 문화의 요소들을 상품화하는 사례도 증가하고 있다. 농촌체험 상품, 민박 상품, 특정 요소를 주제로 한 마을 축제의 증가, 마을 의례의 상품화 등으로, 이것의 성공으로 마을이 관광마을로서 경제적으로 이익을 보는 경우도 많다. 그렇지만 이러한 성공이 마을을 보다 정주하기 좋은 곳으로 만들고 있는지는 마찬가지로 따져볼 필요가 있다. 또 마을 문화의 사업화·상업화를 위한 마을 조직들, 예컨대 마을개발위원회나 번영위원회 등의 조직은 그 외 마을 주민들과 갈등을 만들어내기 일쑤였음을 많은 사례들을 통해 확인할 수 있다.[26]

전지구화와 연결된 지역성이 항상 관광과 장소 판매, 마을 문화의 상

---

25 "주거공간으로서의 마을에 벽화가 그려지며 관광지로서의 가치가 부각됐으나 정작 마을 주민들에게 각각색의 불편이 생겨난 것이다. "자기 집이나 집 주변에 벽화가 그려진 사람들은 다 힘들어 하더라고요. 아닌 사람들도 쓰레기 때문에 고생깨나 했어요." 그나마 벽화로 인해 마을의 삭막함이 사라졌던 점은 좋았다고 차분하게 말하던 이씨와 달리, 실제 벽화 주변에서 소음에 시달렸던 박순애씨(72·가명)는 단번에 싫은 기색을 드러냈다. "이제 그 얘기라면 지겨울 정도예요. 지나가는 사람들은 별거 아닌 걸로 생각하겠지만 그렇게 사람들 다녀가면 얼마나 시끄럽고 마음이 불편했던지. 날씨 좋을 때면 더했죠. 벽화를 보러 온 사람들이 옆 마을에서부터 시작해 여기까지 쭉 내려오니까요." 시사저널 2016.2.16.
26 대표적으로 외암 민속마을 사례에 대해서는 유보경(2008)을 참조할 수 있다.

품화, 혹은 전통의 인위적 재현 등으로 연결되는 것은 아니지만, 그러한 경향을 따를 때 초래되는 문제에 대해서는 성찰적으로 인식할 필요가 있다. 사업화 및 상업화가 초래하는 위험은 바로 특이하고 다양한 것으로서의 마을 문화를 획일화하고, 이를 자본주의적 가격과 이윤 논리로 전치시켜버릴 수 있다는 점에 있다. 무자비한 자본주의적 근대가 보여주었던 위험이 바로 획일화, 보편화, 중심화 등에 있었다는 사실을 다시 상기시킬 필요가 있다.

지역성은 마을 문화라는 구체적인 양상들을 통해 새로운 이야기들을 발굴할 풍부한 가능성을 갖고 있다. 작은 마을들이 스스로 말하고 재현하기 시작한 것은 이 전지구적 지역성이 가져온 뚜렷한 변화 중의 하나라 할 수 있다. 이를 통해 근대를 지배해 온 문화적 획일성에 대한 대안으로서, 작은 문화들의 다양성과 문화적 생태원리들이 하나의 가능성으로 등장할 수 있게 되었다. 즉 작은 이야기, 적정한 것, 지엽적인 것, 특수적인 것 등이 의미 있게 존재하고 기능할 수 있다면, 그 자체로 문화는 더 풍부해질 것이다.

마을 문화는 근대의 위계적이고 이분법적인 시선과는 다른 방식으로 인식되고 재현되어야 할 대상이 되어야 할 것이다. 그것은 마을 문화를 지배적 힘이나 유용성, 경제적 이익이나 볼거리의 대상으로 간주하는 것과는 다른 시각을 필요로 한다. 이렇게 상대적이고 특수적인 것을 있는 그대로 인정하고 드러내는 뚜렷한 방안을 우리는 아직 갖고 있지 못하다. 하지만 마을 문화가 지닌 자연스러움과 다양성은 곧 그러한 한계를 깨고 자신의 이야기를 풍부하게 드러낼 수 있게 될 것이다.

참고문헌

광주광역시 중앙동 주민자치위원회, 『세 동이 하나된 중앙동 이야기』, 2015.

광주광역시 남구 봉선2동 주민자치위원회, 『봉다리-십시일반 나눔마을이야기』, 2016.

광주광역시 북구 용봉동 주민자치위원회, 『용봉마을 이야기』, 2016.

광주광역시 북구 우산동 주민자치위원회, 『와우골 이야기』, 2016.

구동회, 「로컬리티 연구에 관한 방법론적 논쟁」, 『국토지리학회지』 제44권 4호, 국토지리학회, 2010.

권혁희, 「마을의례의 창출과 참여집단-노량진 장승제를 중심으로」, 『한국문화인류학』 47권 2호, 한국문화인류학회, 2014.

김수진 · 박정임 · 심우경, 「전통마을 공동체 공간의 문화경관적 해석」, 『한국전통조경학회지』 Vol.24, No.4, 한국전통조경학회, 2010.

김영수 · 박종안, 「한국 커뮤니티 비즈니스의 성공요소에 관한 사례연구」, 『농촌사회』 제19집 2호, 한국농촌사회학회, 2009.

김용규, 「로컬리티 문화정치학과 비판적 로컬리티 연구」, 『한국민족문화』 제32호, 부산대 한국민족문화연구소, 2008.

김재호, 「마을 만들기와 마을민속의 활용방안」, 『한국민속학』 48, 한국민속학회, 2008.

박경섭 · 김형주 · 최정기 · 김현 · 한보희 · 정경운 · 한선 · 박해광 · 이소영, 『공동체의 경계』, 전남대 출판부, 2016.

박해광 · 김기곤, 『지역문화와 문화정치』, 전남대 출판부, 2012.

박해광 · 이소영, 「마을과 인권-광주 '인권문화공동체 만들기' 사업 분석」, 『민주주의와 인권』 제15권 2호, 전남대 5 · 18연구소, 2015.

서해숙, 「농촌마을의 민속변화와 문화적 대응」, 『남도민속연구』 제21집, 남도민속학회, 2010.

심익섭 · 심화섭, 「마을 만들기 연구경향의 분석과 과제」, 『국가정책연구』 제30권 1호, 중앙대 국가정책연구소, 2016.

여관현, 「마을만들기를 통한 공동체 형성과정 연구」, 『한국정책학회 동계학술대회 자료집』, 2012.

유보경, 「민속마을 정책과 사회적 관계의 변화-충남 아산시 송악면 외암 민속마을 사례」, 『농촌사회』 제18집 2호, 한국농촌사회학회, 2008.

이상봉, 「탈근대, 공간의 재영역화와 로컬 · 로컬리티」, 『한국민족문화』 제32호, 부산대 한국민족문화연구소, 2008.

이은진, 「마을 만들기 운동의 현황과 과제」, 『한국사회학회 심포지움 논문집』, 2006.
임만택·김현태, 「문화의 특성에 따른 문화마을개발유형에 관한 연구」, 『문화연구』 제4집, 한국문화학회, 2000.
장희권, 「문화연구와 로컬리티」, 『비교문학』, Vol.47, 한국비교문학회 2009.

Appadurai, Arjun, 차원현·채호석·배개화 역, 『고삐 풀린 현대성』, 현실문화연구, 2004.
Tomlinson, John, 김승현·정영희 역, 『세계화와 문화』, 나남, 2004.
Williams, R, 이일환 역, 『이념과 문학』, 문학과지성사, 1982.

마을 문화의 재구성과 차이의 가능성*
삼지내마을의 슬로시티 인증을 중심으로

차윤정

1. 로컬리티, 왜 마을 문화에서 출발하나?

로컬리티 연구는 '로컬의 가치회복과 로컬에서 살아가는 사람들의 행복한 삶의 추구'를 목적으로 한다. 이러한 연구 목적은, 로컬리티 연구가 추구하는 것과는 괴리된 현실에 근거하여 설정된 것이다. 그런 점에서 로컬리티 연구는 그동안 중심 지향의 거대서사에 가려져 획일적이고 단일화된 공간으로 그려졌던, 비가시적 공간으로서의 로컬과 로컬인들을 소외시켰던 현실에 대한 비판적 관점에서 출발한다. 그리고 이에 대해 로컬의 서사들을 일깨우고 차이가 살아있는 장소로 복원함으로써 로컬을 가시화하고, 로컬인들의 삶이 장소로부터의 소외에서 벗어날 수 있는 이론적, 실천적 대안을 찾고자 하는 것이 로컬리티 연

---

* 이 글은 『한국학연구』 41(인하대 한국학연구소, 2016.5)에 게재된 「로컬 서사를 통해 본 차이의 가능성」을 총서의 편집에 맞게 수정 보완한 것이다.

구이다.

　로컬리티 연구는 다양한 단위의 로컬들을 통해 수행 가능하지만, 이 글에서는 '마을'을 연구의 단위로 삼는다. 로컬리티 연구에서 인식의 공간과 물리적 공간을 아우르는 개념인 로컬은, 관계적 관점에서 볼 때 다양한 층위의 단위들로 구분될 수 있다. 물리적 공간으로서의 로컬의 외연을 관계적 관점에서 범주화할 때, 마을은 로컬의 다양한 하위 범주 가운데 하나가 된다. 로컬리티 연구 단위로서 마을을 선택한 이유는, 마을이 우리의 삶이 이루어지는 구체적 장소이기 때문이다. 일반적 관점에서 볼 때 스케일의 규모가 커질수록 구성원들의 삶의 서사도 거시적 관점에서 획일화되는 경향이 있다. 이에 비해 상대적으로 규모가 작은 단위인 마을은 로컬인으로서의 구성원들의 다양한 삶의 양상이 잘 드러날 뿐만 아니라 그 삶의 맥락을 살피기에도 용이하다. 이런 점에서 마을은 로컬리티를 읽어내기에 유용한 단위이다. 또한 마을 단위를 대상으로 한 연구가 로컬인들의 획일화되지 않은 구체적 삶의 양상을 보여줄 수 있다는 것은, 로컬리티 연구가 차이와 다양성을 드러냄으로써 은폐되었던 비가시적인 것들의 가치를 드러내고 이것들로부터 로컬이 가진 역동성을 찾아내고자 하는 것과도 맞닿아 있다.

　특히 문화를 통한 로컬리티 연구가 문화 이면에 작동하고 있는 정치적 경제적 권력 관계와 논리 등을 확인하고, 그것들이 어떻게 문화의 (재)구성에 관여하는지를 밝힘으로써 그 권력 관계를 해체시키고 로컬의 문화를 드러내는 것을 일차적 목표로 삼는다면, 마을의 문화를 연구하는 것은 이러한 권력 관계의 양상을 드러내기에 용이하다는 점에서 연구의 필요성이 제기된다. 그리고 문화와 인간의 삶이 불가분의 관계를 맺는다고 할 때, 문화의 (재)구성과 이면의 권력 관계가 구체적 삶 속에서 파악됨으로써 인간은 동질화된 문화로부터의 강요와 소외로부터 벗어날 수 있는 길을 찾을 수 있을 것이다. 이렇게 구체적인 삶의 장소로서의 마을, 특히 마을의 문화를 통한 로컬리티 연구는, 마을 문화의 (재)구성의 이면에 작동하는 정치 경제적 권력관계의 표면화와 함께 구체적인 삶의 장소에서 확인되는 다양한 문화들을 확인함으로써, 획일화된 문화로부터의 포섭과 소외로부터 자유로워질 수 있다는 점에서 의미가 있다. 그리고 이러한 점은 결과적으로 구체적 장소에서 생성된 차이와 다양성의 작은 서사를 통해 로컬이 가진 역동성을 확인하는 것으로 귀결된다는 점에서 중요한 의미를 지닌다.

2. 글로벌화와 흔들리는 로컬

오늘날 급속한 글로벌화의 진행 속에서 로컬은 글로벌과 접촉하는 최전방의 장소로서, 글로벌과 로컬, 국가와 로컬이 공존, 상호침투하는 복잡한 공간이 되었다. 로컬은 그동안 중심 지향의 거대서사에 가려져 은폐되어 있던 비가시적 공간으로부터 글로벌적인 힘이 직접 작용하는 개방적 공간으로 변모하고 있을 뿐만 아니라, 글로벌화와 함께 끊임없이 흔들리며 탈구하고 있다. 인간과 자본, 문화의 글로벌한 이동으로 동일성에 기반한 구분과 경계가 더 이상 무의미해지고 있을 뿐만 아니라 정형성과 고정성을 탈피하고 있기 때문이다. 하지만 로컬은 동시에 글로벌화하려는 힘들과 국가적 힘들이 여전히 작동하며, 탈구적 힘들을 끊임없이 교정하려는 힘들의 진원지이기도 하다. 이렇게 미묘하고도 긴장된 위치, 전통적인 공동체와 파편화된 탈근대적 공간 그 사이에 놓여 있는 것이 바로 글로벌화하고 있는 현재의 시점에서 로컬이 갖는 위상[1]이라고 할 수 있다.

끊임없이 흔들리는 공간으로서 로컬이 갖는 위상은, 로컬에서 작동하는 힘의 역학 관계로서의 '글로벌―국가―로컬'의 위계적 구조를 항시적으로 승인하지는 않는다. 로컬에서는 어떤 국면에서, 그리고 정치, 경제, 사회 분야가 어떻게 매개되는지에 따라 '글로벌―국가―로컬'의 다양한 역학 구조가 생성된다. 다양성과 차이를 생성해 내는 장소로서의 로컬은, 하나의 동일성으로 추상화된 공간이 아니기 때문이다. 로컬은 차이와 다양성으로 가득찬 구체적 삶들이 이루어지는 장소이기 때문에 국면마다 사안마다 다른 방식의 로컬적 대응이 가능하고, '글로벌―국가―로컬'의 위계적 구조를 뒤집기도 하는 변화무쌍함을 보이는 것이다.

글로벌화에 따른 로컬의 변화를 드러내는 대표적인 예가 문화 부분이다. 광의의 문화를 생활양식이라고 정의한다고 할 때, 글로벌화로 인한 생활양식의 변화는 곧 로컬 문화의 변화를 의미한다. 그런데 문화가 단순히 독자적, 표면적 현상이 아닌 이면에 작동하고 있는 정치, 경제, 사회적 힘과 역학적 함수 관계를 가진다고 할 때, 로컬의 문화 역시 '글로벌-국가-로컬'의 복잡한 역학 관계에 따라, 글로벌한 것과 로컬적인 것 사이에서 차이를 생성시키면서 다양한 방식으로 재구성된다. 이런

---

1 박해광, 김기곤, 『지역문화와 문화정치』, 전남대 출판부, 2012, 69쪽.

점에서 로컬의 문화적 재구성은 어떤 국면에서, 정치, 경제, 사회 분야가 어떻게 매개되는지에 따라 '글로벌-국가-로컬'의 역학 관계가 변화하면서 재편되는 과정이다. 이 과정은 힘의 역학 관계에 따라 포섭과 저항, 조정이 끊임없이 이루어지며 동일성이 유지되지 않는, 차이와 다양성을 근원으로 한다. 이러한 차이와 다양성이 중심이 지향하는 동일성으로부터 끊임없이 탈구하려는 힘의 원천이며, 로컬이 가진 역동성의 원천이다. 그런데 이러한 로컬의 역동성은 구체적 삶의 장소인 로컬, 특히 사소하지만 복잡하고 다양해서 동일성에 포획되지 않는 로컬인들의 행위와 삶을 잘 보여줄 수 있는 장소인 마을을 통해서 구체적으로 확인 가능하다.

따라서 이 글에서는 구체적 삶이 이루어지는 장소인 마을을 통해 지금까지 획일화된 거대서사에 가려져 은폐되어왔던 로컬의 서사를 드러냄으로써, 차이와 다양성의 공간으로서의 로컬의 가능성을 확인하고자 한다. 이를 위해 구체적으로 전남 담양군 창평면 삼지내마을의 슬로시티 인증을 둘러싼 마을 문화의 재구성 과정을 살피고 그 이면에 작동하는 힘의 역학관계를 밝히는 한편, 마을 문화의 재구성 과정에서 나타나는 문화의 전후면화, 누락, 삭제 같은 조작적 배치와 그 원리를 밝히고 그 이면의 배제와 소외에 대해 살피고자 한다. 그리고 이러한 배제와 소외가 만들어내는 다른 목소리들이 로컬을 차이의 공간으로 생성해내는 가능성이 될 수 있음을 살피고자 한다.

3. 글로컬화와 슬로시티 만들기

1) 슬로시티, 글로벌과 마을의 만남

기술의 발전과 대량생산, 소비의 미덕 등을 배경으로 한 '속도'에 대한 추종과 맹신은 '속도사회'라는 용어를 만들어낼 정도로 확산되고 있는데, 이러한 추세는 글로벌화와 맞물려 더욱 가속화되고 있다. 하지만 역설적으로 '속도'에 대한 맹신이 확산되면서 이에 대한 의식의 전환으로서 '느림'의 가치가 새로이 주목받고 있다. '속도'가 기계적인 시간 속에 인간을 가두고 의식과 문화를 하나로 수렴, 동일화시킨다는 비판적 인식을 통해, 자연적 시간으로의 회귀와 다양성, 특이성의 회복에 대한 요구가 등장한 것이다. 이것이 '느림'으로의 전환이며, 그 대표적 실천 운동이 슬로푸드운동과 슬로시티운동이다.

슬로시티운동은 1999년 이탈리아 그레베 인 키안티Greve in Chianti에서 '치타슬로cittaslow'라는 이름으로 시작되었다. 이 운동은 패스트푸드의 거부와 로컬푸드의 재발견, 생산성 지상주의의 탈피, 환경을 위협하는 바쁜 생활태도의 배격, 자연에 대한 인간의 기다림 등의 철학을 실천하는 것으로 느리게 살기, 독특한 문화, 지역토착산업, 지역커뮤니티 만들기를 추구한다. 슬로시티운동은 급격한 변화를 위하여 지방, 지역의 특성을 무시한 획일적인 삶을 강요하는 흐름에 반하는 개념으로 지역고유의 자연과 문화 속에서 생활하는 인간에게 익숙한 자연적인 변화 속도를 존중하여 여유로운 생활을 구현함으로써 삶의 질을 제고하려는 운동이다.[2] 이런 점에서 슬로시티운동은 신자유주의적 글로벌화에 대항하는 국제적 연대의 성격을 지녔다고 할 수 있다.

우리나라에서는 1960년대 이후 급속한 산업화, 도시화가 이루어지면서, 90년대 후반부터 속도화된 삶에 대한 피로감, 위기의식으로 '웰빙'이나 '생태적 삶'에 대한 관심이 높아지기 시작했다. '웰빙'이나 '생태적 삶'은 공통적으로 '느림'에 대한 철학을 담고 있다. 이러한 사회적 분위기와 함께, 90년대 후반은 정치적으로 자방자치제가 시행되어 지역 스스로 경제적 자립을 위한 활로를 모색해야 하는 상황이었다. 지자체의 실시는 한편으로 중앙정부로부터 지역의 자율성을 신장시키는 계기가 되었지만, 다른 한편으로는 지역 스스로가 발전과 생존을 책임져야 하는 부담을 갖게 되었기 때문이다.

지역이 경제적 활로를 모색하는 다양한 방식 가운데 하나가 지역의 문화나 장소를 상업화하는 것이었다. 관광은 이러한 전략을 위한 최적의 도구로 활용되었는데, 지역의 민속, 축제나 전통적 경관, 지역의 특산품 등을 상품화시키는 노력들이 활발하게 이루어졌다. 이러한 이면에는 중심의 시선이 만들어낸 지역의 이미지가 자리한다. 근대화되지 못한, 느린, 고향의 이미지는 상품성을 지닌 소비재로서 지역과 지역의 문화를 위치시켰다. 각 지역의 경제적 성장의 책임을 맡게 된 지방자치단체가 기업의 경영논리를 차용하여 지역의 경제적 이익을 창출하기 위한 다각적 노력을 기울이게 되었으며, 특히 지역 이미지를 개선하고 이를 상품화하는 장소마케팅과 관련한 사업이 집중적으로 추진되었다.

이러한 상황에서 슬로시티운동이 우리나라에 소개된다. 2006년 한

---

2   조상필, 「국제슬로시티 가입기본 요건 및 지역발전 시사점 」, 『리전인포』 통권 제116호, 전남발전연구원, 2008, 3~4쪽.

국슬로시티위원회가 결성되고 지자체별(각 군 단위)로 슬로시티 가입 신청을 받아 2007년 12월 전남 4개군(신안, 완도, 장흥, 담양)이 아시아 최초로 국제슬로시티 인증을 받는다.[3]

2) 슬로시티 만들기와 경합하는 힘들

슬로시티의 도입 및 인증, 그리고 슬로시티 사업 진행의 과정을 통해 누가 주체로 등장하는가의 문제는 문화의 재구성의 주체가 누구인가, 나아가서는 로컬리티가 어떻게 구성되는가라는 문제와 밀접한 관련을 가진 중요한 문제이다. 실제로 담양창평슬로시티 인증과 전개 과정에는 다양한 힘들의 경합이 이루어진다. 슬로시티의 인증과 재인증이라는 제도 아래 작동하는 글로벌로서의 국제슬로시티연맹[4]의 힘과 도입 과정에서 슬로시티의 철학과 의미를 한국적 상황에 맞추어 변화시키는 힘으로 작동하는 국가 / 지자체,[5] 그리고 슬로시티가 이식되는 장소로서의 마을이 가진 힘이다.[6] 2007년 슬로시티 인증으로부터 현재까지 이들의 역학관계는 '글로벌(국제연맹)－국가 / 지자체－마을'이라는 위계관계를 따르기도 하고 거스르기도 하면서 지속적으로 변화하고 있다. 슬로시티에 작

---

3   2014년 8월 상황으로 29개국 189개 도시가 가입되어 있다. 우리나라에는 11개의 인증 지역이 있다. http://www.cittaslow.kr/kor/sub01_03_01.php(검색일: 2016.3.24)

4   이하에서는 국제연맹으로 표기한다.

5   국가와 지자체를 하나의 범주로 묶은 이유는 슬로시티를 관광을 통한 경제활성화라는 목적 하에 일방적으로 기획한다는 점 때문이다.

6   관계적 관점에 따라 규정할 때 '글로벌－국가/지자체－마을'의 위계 구조 속에서는 '마을'이 '로컬'에 해당한다.

동하는 '국제연맹'의 힘은 도입 초기와 인증, 재인증의 시점에 가장 강력하게 작동한다. 이 시점에서는 국가 / 지자체와 마을이 모두 '국제연맹'의 인증이라는 데에 초점을 맞추어, 그에 합당한 실천적 행위들을 구성해간다.

슬로시티 신청, 인증 후 초기의 슬로시티 기획과 구성 단계, 슬로시티 사업의 초기 과정, 특히 2008~2010년까지는 '국가 / 지자체'의 힘이 강하게 작동된다.[7] 슬로시티 인증 신청이 각 군단위로 이루어지게 되면서[8] 담양군과 창평면의 관광과(계)가 중심이 되어 자료를 조사하고 신청서를 작성하였다.[9] 이 과정에서 담양창평슬로시티는 창평면, 특히 삼지내마을의 경관과 특산물을 중심으로 신청서 작성이 이루어졌다. 이런 점에서 슬로시티의 공식명칭이 담양창평슬로시티이지만 슬로시티 사업이 삼지내마을을 중심으로 이루어지고 있다는 점에서 이 글은 삼지내마을을 중심으로 다룬다.[10] 신청 당시 마을주민들은 슬로시

---

7   예를 들어 전남발전연구원에서 슬로시티 관련으로 열린 세미나는 2010년 11월, 슬로시티 관련 보고서의 경우는 2010년 12월에 보고된 것이 마지막이다. http://www.jeri.re.kr/pblcte/JP020700M.do?method=getResult&no(검색일: 2016.3.20)

8   슬로시티로 신청할 수 있는 지역의 규모는 인구 5만 명 이하로 정해져 있기 때문에 국내에서는 면 단위에 해당되지만 신청은 행정체재상 군 단위로 하고 있다. 슬로시티의 지정절차로는 먼저 슬로시티 가입 관련 설명회를 가진 후 희망 지자체가 신청원을 접수시키게 되면, 치타슬로코리아네트워크는 해당 지자체의 신청 서류 점검 및 검증을 거쳐 국내 실사후보지를 선정하게 된다. 그 다음 실사를 통해 1차 슬로시티 후보지를 선정한다. 치타슬로코리아네트워크가 실사 지역 선정 후, 치타슬로국제네트워크본부의 실사단이 현지를 실사 방문하여 최종 서류 점검 및 검증을 하게 된다. 이를 통과하면 슬로시티로 선포되는데, 이 기간은 약 6개월에서 10개월 정도 소요된다. 원지윤·김영순, 「한국 슬로시티들의 정책 추진에 관한 내용 분석」, 『여가학연구』, 7권, 2009, 31쪽.

9   심층면담, 권○○.

10 삼지내 마을 사람들은 슬로시티는 삼지내마을 거라고 생각한다.(심층면담 박○○) 실제 담양창평슬로시티 홈페이지에는 '담양창평슬로시티삼지내마을'로 소개되어 있으며, 슬로시티위원회의 구성원들이 거의 삼지내마을 사람들로 구성되어 있다는 점도 이를 반영한다.

티라는 개념에 대한 이해도 없었을 뿐만 아니라, 사업 자체에 대해서도 거의 인지하지 못하는 상태였다.[11] 이 사업이 마을주민들과의 소통 없이 관주도로 시작되었다는 점에서, 슬로시티 사업은 '외부로부터의 이식'이라는 성격을 띠게 된다. 당시 주민들의 슬로시티에 대한 생각은 "지금도 도시보다 한참 뒤졌는데, 우리보고 더 느리게 살라고 이 참나"[12]라고 생각했다는 말에서 단적으로 드러난다. 그렇지 않아도 도시에 비해 침체되고 발전이 안 된다고 생각하는데 삶의 속도를 더 늦춰야 한다는 것이 이해되지 않았다. 마을주민들에게는 갑자기 위로부터 떨어진 '느리게 살기'라는 것이 낯설고 납득하기 어려운 것이었다.

하지만 지역경제활성화에 책임감을 느끼면서도 다른 산업의 육성을 기대하기 어려웠던 농촌 지역의 지자체들은, 슬로시티 인증이라는 것이 지역경제를 활성화할 수 있는 좋은 계기라고 인식했기 때문에 적극적인 태도를 보였다. 슬로시티 인증을 '관광'을 위한 발판으로 삼고자 하였으며,[13] 슬로시티라는 것을 하나의 브랜드로 인식하게 되었다. 지자체에서 슬로시티의 핵심을 관광에서 찾은 단적인 예는 "국내 슬로시티 4곳 중 2곳이 재인증 심사에서 탈락, 보류 결정으로 사실상 퇴출되자 슬로시티 관광 마케팅에 큰 차질을 주고 있다. 슬로시티 관련 전남

---

http://www.slowcp.com/truecms/web?site_id=10&lang=ko (검색일: 2016.3.23)
11 심층면담, 권○○, 송○○.
12 심층면담, 조○○.
13 슬로시티의 정책기준은 '환경, 인프라구축, 도시경관 및 미관, 현지특산품 생산 및 판매, 지역민들의 인식 및 참여, 관광객수용, 특별요구사항'으로 구성된 7가지 항목에 총 54개의 지표를 설정함으로써 인증요건을 까다롭게 정하고 있다. 홍정의, 「한국형슬로시티의 바람직한 전개방향」, 서울시립대 석사논문, 2009, 23쪽. 이런 점에서 '관광' 역시 슬로시티가 추구하는 정책의 한 분야이다. 하지만 이러한 관광은 '슬로시티운동'에 대한 '지역민들의 인식과 참여'가 기반이 된 '슬로시티운동'의 한 분야로서의 관광을 의미한다는 점에서, 단순한 볼거리로서의 관광과는 차이가 있다.

권의 기초지방자치단체 안팎에서 관광 이미지 타격을 우려하는 눈길이 감지되고 있다."[14]라는 슬로시티 재인증 탈락 보도에서도 드러난다. 이러한 점은 지자체가 슬로시티 사업 과정에서 어떤 방향을 취하였는지를 가늠하게 한다.

지자체는 지역경제활성화를 목적으로, 슬로시티를 전면에 내세운 관광 상품을 개발하기 위한 다양한 전략들을 구사한다. 물론 이 전략들은 표면적으로는 국제슬로시티연맹이 강조하는 지역 고유의 전통과 문화, 환경, 느림이라는 외피를 두르고 전개된다. 슬로시티 인증 이후, 한국슬로시티본부와 지자체 차원에서 슬로시티에 대한 주민 이해를 높이기 위해 주민교육을 실시하였다. 슬로시티에서는 주민공동체의 조직과 활동이 중요한 의미를 지니므로, 지역별로 주민들을 중심으로 슬로시티위원회를 조직하게 하였다. 하지만 그 이면에는 주민들의 참여가 곧 장소에 기반한 고유의 문화나 상품화 거리들을 발굴하여 담양창평슬로시티만의 독특한 상품화가 가능하다는 계산도 작용했던 것으로 보인다. 지자체에서는 각 지역에 주민이 아닌 문화 분야의 전문가를 한 사람씩 배정하여, 주민들로 구성된 슬로시티위원회와 소통하게 하고 1년 동안 슬로시티운동 기획에 참여하게 하였기 때문이다. 뿐만 아니라 경관문제와 관련하여서는 "행정이 주체가 되어 선도적으로 경관 관리를 추진"[15]해야 한다고 논의하고 있는데, 이러한 점들은 슬로시티 사업 초기에 '국가 / 지자체'의 논리가 일정 부분 관철되고 있었음을 보여주는

---

14 『세계일보』, 2013.7.8.
  http://www.segye.com/content/html/2013/07/07/20130707022541.html
15 송태갑, 「슬로시티 지정지역의 경관관리」, 『리전인포』 통권 제127호, 전남발전연구원, 2008, 29쪽.

것이라고 할 수 있다.

창평면에서도 2008년 슬로시티위원회가 구성되었다. 슬로시티로 인증받자 처음에는 주민들의 관심이 높아 너무 많은 사람들이 위원회 가입을 신청하였다. 할 수 없이 기금 60만 원을 내고 무료로 봉사하는 조건으로 위원회의 가입 자격을 정리하였다.[16] 그 결과 초창기 슬로시티위원회의 구성원들은 대부분 삼지내마을 출신들로 구성되었다.[17] 2007년 12월에 슬로시티로 인증이 되었지만, 2008년에는 국가나 지자체로부터 재정적 지원이 없었다.[18] 마을에서는 사업을 진행하기 위해서 기금이 필요한 상태였고, 이에 슬로시티위원회를 중심으로 기금을 마련하였다. 또한 슬로시티위원회에서는 마을 내의 문화에 대한 이해를 바탕으로 마을의 어떤 문화를 슬로시티 사업에서 부각시키고 발굴할지, 어떤 방식으로 사업을 수행할지를 결정하는 데 중요한 역할을 하였다.

슬로시티 사업이 진행되는 과정에서 마을주민들의 힘이 점점 강하게 작동하기 시작한다. 마을의 힘이 강하게 작동하게 되는 데에는 여러 가지 요인이 있다. 우선 점차 슬로시티에 대한 주민들의 이해가 높아지고, 이 사업의 경제적 가치에 대한 희망이 생기면서 주민들의 경제적 욕망을 자극하였기 때문이다. 슬로시티 사업에 참여한다는 것이 곧 경

---

16 기금으로 60만 원을 낼 수 있는 사람들만이 슬로시티위원회에 가입하였다는 점에서 볼 때, 이는 경제적 능력이 일종의 배제의 원인이 되었다고 볼 수도 있다. 하지만 위원회에 참여한 사람들은 이것이 다른 사람들을 배제한 것이 아니라, 자신들이 기금을 내고 무료로 봉사한 것이라고 생각하고 있다.

17 현재 담양창평슬로시티위원회에는 57명의 회원이 가입되어 있는데, 삼지내마을 사람들과 일부 외부인들이 포함되어 있다. 외부인들은 주로 인근지역 거주민들인데 이곳에서 살다가 이사를 갔거나 이곳과 관련 있는 사람들이다. 외부인들은 매월 5,000원의 회비를 내면 회원으로 가입할 수 있다.

18 슬로시티 인증이 2007년 12월 이루어짐으로써 2008년에는 지원금이 배정되지 않았다고 한다. 심층면담 송○○.

제적 이익으로 연결되었기 때문이다. 인증 첫해에는 경제적 지원이 없는 무료봉사였지만,[19] 2009년부터 2015년까지는 지원액이 감소되기는 했어도 국가와 지자체로부터의 경제적 지원이 있었다. 국가 / 지자체로부터의 경제적 지원은 경관조성이나 공공사업 추진 외에도, 슬로시티 사업에 참여하는 주민들에게 수당 등의 형식으로 지급이 되었다. 이러한 경제적 이익은 주민들의 참여도를 높이는 계기가 되었다.

마을주민들의 힘이 강화된 또 다른 배경에는 슬로시티 운동이 강조하는 '지역 고유의 자연과 문화', '지역공동체의 활성화'라는 것이 자리한다. '지역 고유의 자연과 문화'의 강조는 무엇보다 주민들이 오랜 동안 참여하고 경험하는 과정을 통해 형성되는 장소성[20]과 관련되고, 지역공동체의 바탕 역시 마을주민들이기 때문이다. 슬로시티위원회에서는 이러한 취지에 부합하는 사업을 위해, 슬로시티라는 이름에 걸맞는 마을의 문화를 발굴하고 그것을 육성할 수 있는 방법을 고안해 내는 데 참여하였으며 주민들이 함께 참여할 수 있는 사업들을 구상하고자 했다. 마을주민들의 참여는 글로벌과 지자체의 힘이 작동하고 있는 가운데, 그들 스스로 자신들의 문화를 검토하고 선정했다는 점에서 상대적으로 마을의 힘이 작동했다고 할 수 있다. 하지만 전체적으로 볼 때는 지자체가 의도하는 '관광'이라는 자본의 논리를 벗어나지 못했다는 점에서 소극적 행위라고도 해석할 수 있다.

마을의 힘이 강화된 대표적 사례는 마을에서 지자체(담양군과 창평면)

---

19 심층면담 송○○.
20 백선혜, 「소도시의 문화예술축제 도입과 장소성의 인위적 형성 」, 『대한지리학회지』, 제39권 6호, 2004, 891쪽.

공무원을 고발한 사건에서 단적으로 드러난다. 2009년, 삼지내마을에서 문화재로 지정된 돌담이 훼손되는 사건이 발생한다. 돌담장 사이에 있는 작은 대문을 교체하는 과정에서 돌담이 훼손되자 마을주민들이 담양군과 창평면의 공무원들을 군의회에 고발한 것이다. 슬로시티 사업이 지자체를 중심으로 기획된 사업이니 만큼, 사업 초창기인 2009년에는 예산이나 사업기획에 있어 지자체의 힘이 강하게 작동하던 때이다. 하지만 마을에서는 마을 전통의 상징으로 여겼던 돌담을 주민들로 구성된 슬로시티위원회와 상의 없이 훼손시킨 것에 대해 비판한다. "민의를 우습게 보는 행정의 오만불손함의 극치 (…중략…) 창평면의 공무원은 슬로시티에 대한 마인드가 있는 사람이어야 한다. (…중략…) 슬로시티 구역 내에서 벌어지는 모든 개발행위, 행정에서 진행하는 사업, 공사 등 모든 문제는 슬로시티위원회와 상의해야 한다고 누누이 말했지만 일언반구 한마디 상의 없이 일방적으로 행정 집행이 되고 있습니다"[21]와 같은 내용으로 이루어진 고발장으로 미루어보아, 슬로시티사업을 진행하는 과정에서 지자체와 마을 간의 힘의 경합이 이루어지고 있었다는 것을 알 수 있다. 그리고 이 과정에서 마을주민들이 일정부분 슬로시티 사업을 자신들의 일이라는 인식하고 일방적으로 관의 힘에 포섭되기보다는 주체적으로 사업의 진행에 참여하고자 하였음을 알 수 있다.

---

21 담양군의회 홈페이지
    http://council.damyang.go.kr/board/view.damyang(검색일 : 2016.3.25)

4. 달팽이 표상과 전면화 되는 문화

슬로시티운동의 철학을 대표하는 이미지 표상은 '마을을 등에 업은 달팽이'이다. '마을을 등에 업은 달팽이' 로고는 달팽이와 사람이 같이 살며 상생하는 그런 마을이 진정한 공동체이고 풍요로운 행복도시라는 것을 상징한다. 달팽이는 원래 스스로 치유하면서 천천히 생명을 유지하고 목적지를 향해 가는데 작은 공동체 역시 스스로 치유하면서 함께 살아가야 함을 의미하는 것이다.[22] 이처럼 달팽이 표상은 오염되지 않은 청정한 자연환경 속에서 지역 고유의 문화를 느끼며 인간과 자연이 상생하자는 취지와 느리게 사는 삶을 실천함으로써 공동체가 어울려 참다운 행복을 누리고자 하는 운동의 정신을 담고 있다.

슬로시티 인증 이후 창평, 특히 삼지내마을에서는 '마을을 등에 업은 달팽이' 표상에 부합하는 마을 이미지를 만들기 위해 다양한 사업을 수행한다. 2007년에 담양창평슬로시티 인증에는 자연, 역사적 경관, 전통음식이 중심 배경이 되었다.[23] 인증 이후 담양창평슬로시티위원회를 중심으로 이러한 문화를 의식주라는 생활문화 전반으로 확대시키는 작업이 이루어졌다.

이 과정에서 무엇을 마을의 문화로 내세울 것인가를 선택하는 문제

---

22 한국슬로시티본부 홈페이지 http://www.cittaslow.kr/kor/sub01_01_01.php
23 전경숙, 「담양군 창평면의 슬로시티 도입과 지속가능한 지역 경쟁력 창출」, 『한국도시지리학회지』 제13권 3호, 2010, 4쪽 참조.

슬로시티	지역성, 전통문화	전통식품
담양군 창평면	역사적 전통(사림문화, 의병운동, 근대교육) 명문가 집성촌, 전통 한옥, 돌담길	창평 쌀엿, 한과 전통장, 창평국밥

는 중요한 의미를 지닌다. 마을의 이미지를 만들어내기 위해, 무엇을 마을의 문화로 선택하고 전면화하는가에 따라 누락, 배제되는 문화가 생기기 때문이다. 이는 우선 마을의 문화가 인위적으로 재구성된다는 것을 의미할 뿐만 아니라, 다른 측면에서는 그 선택과 배제를 결정하는 기준으로 작동하고 있는 논리가 문제된다. 그리고 문화의 선택과 배제는 그 문화를 누리는 주체들의 삶과 관련되기 때문이다. 슬로시티 인증 이후, 달팽이마을의 이미지를 부각시키기 위한 삼지내마을이 문화 전면화 작업의 경향은 대체로 아래와 같이 분석해 볼 수 있다.

1) '느림'의 가치와 '전통'의 발견

삼지내마을에서는 우선 달팽이가 가진 '느림'의 이미지를 '전통'에서 찾고자 하였다. 그래서 인증 당시 그들의 문화로 내세웠던 것들을 중심으로 의식주 생활문화 전반에서 전통이라고 할 만한 것들을 전면화시키는 작업을 한다. 이는 신청 당시 삼지내마을이 가지고 있던 배경이 역사문화적 전통이라는 점과 슬로시티운동이 지역 고유의 문화와 장소성을 회복하고 이를 느림과 접목시킨다는 점과 관련 있는 것으로 보인다.

삼지내마을의 슬로시티 인증 과정에서 중요하게 내세운 부분이 역사문화적 전통이다. 삼지내마을이 속한 창평은 고려 때 붙여진 지명으로, 창평현의 읍치는 원래 현재의 고서면 고읍리 지역에 있었는데 정조 17년에 삼지천리三支川里일대로 옮겨졌다. 그 후 1914년 일제가 지방행정구역을 개편하면서 창평군을 담양군에 합속시켜, 현재의 창평은 담양군에 속한 창평면으로 개칭되었다.[24] 창평은 오랜 동안 행정 중심지 역할을 해왔으며, 양산보, 송순, 정철 같은 호남 사림학자들의 전통이 이어지는 곳으로 과거에 급제한 사람이 428명이나 될 만큼 학문과 문화의 중심지로서의 역할을 했다. 뿐만 아니라 1919년에 만들어져 100여 년의 역사를 자랑하는 창평시장은 이곳이 경제적 기능의 수행에서도 중요한 역할을 하던 곳이었음을 보여준다. 이렇게 창평은 지역의 행정, 문화, 경제의 중심으로서의 역할을 해왔던 곳이다.

특히 창평의 삼지내마을은 이러한 배경과 함께 마을이 가진 역사적 배경으로 인한 자부심이 대단하다. 삼지내마을은 임진왜란 때 의병장인 고경명의 후손이 거주해온 창평 고씨집안 집성촌으로, 조선 말기의 의병장 고광순을 탄생시킨 곳이기도 하다. 또한 이곳은 을사늑약 이후 국가의 힘이 교육임을 인지한 고정주가 창흥의숙, 뒤에 창평학교[25]가 된 근대교육기관을 설립했던 곳으로 호남근대교육의 요람이자 개화의 요람이었다.[26] 그리고 일제강점기에 일본 고리대금업자로부터 조선인의 피해를 막기 위해 고광표가 창평상회를 설립하여 일본 자본에 맞서 창평사람들을 지켰던 역사가 있다.[27] 마을에 남아 있는 고택과 돌담은 마을의 이러한 역사를 상징하는 중요한 문화경관이다. 마을의 돌담은 2006년 국가지정 등록문화재 265호가 되었고, 고재선 가옥이 1986년,

---

24 『담양주간신문』, 2014.11.24.
   http://www.wdynews.co.kr/news/articleView.html?idxno=456595
25 창흥의숙의 전신은 영어교육을 위해 설립한 영학숙이다.
26 『남도일보』, 2015.4.6.
   http://www.namdonews.com/news/articleView.html?idxno=382494
27 심층면담, 박○○.

고재환 가옥이 2001년 지방민속자료로 지정되었다.[28]

　호남사람들이 강골촌으로 꼽는 '3성 3평'[29]이라는 말은 일제강점기 전남지방의 항일운동 산실이었던 삼지내마을의 역사에 대한 외부인들의 인식을 잘 표현한다. 마을 사람들 또한 마을 역사에 대해 자부심을 가지고 있으며 그 자부심은 옛 돌담과 고택들에 대한 애정으로도 표현되었다. 1970년대 새마을운동이 한창이던 시절 각 관청이 새마을운동 관련 실적을 쌓기 위해 동분서주할 때, 창평면에는 면장들이 부임하기를 꺼려했다고 한다. 담장고치기와 지붕개량 같은 새마을운동사업이 삼지내마을에서는 주민들의 반대로 인해 제대로 수행될 수 없었기 때문이라고 한다.[30]

　마을 역사의 상징이자 자부심인 돌담과 고택은 슬로시티 인증에도 중요한 자원으로 인정되었다. 마을의 주생활을 담아내는 고유한 경관적 특색을 지닌 것이자 마을 사람들의 장소에 대한 애착심을 보여주기도 하고 강화시키기도 하는 상징으로서 의미를 지니기 때문이다. 뿐만 아니라 돌담길과 고택으로 환기되는 '역사, 과거'는 '전통'이라는 단어와 결부되면서 '속도'와 대비되는 '느림'이라는 의미와 결합될 수 있기 때문이다. 오래된 전통으로서의 고택이나 좁고 굽은 돌담길은 속도화된 삶을 대표하는 도시의 아파트나 일직선으로 뻗은 도로와 대비되는 '느림'의 상징으로 의미화 된다. 이처럼 삼지내마을에서는 달팽이가 표상하는 느림의 철학이 '전통'에서 발견되었다. 삼지내마을은 '느림'을

28　창평면사무소 홈페이지, http://changpyong.damyang.go.kr(검색일: 2016.3.26)

29　3성은 보성·장성·곡성을, 3평은 창평·함평·남평을 말한다.

30　심층면담, 송○○.

상징하기 위해 '전통'을 호출하게 되고, '전통'은 곧 '느림'으로서 재의 미화되기 시작한다. 이렇게 마을 사람들의 전통에 대한 자부심은 느림과 연결되면서 새로운 가치를 부여받게 된다. '전통'에 대한 가치의 발견은 2009년 지자체에서 돌담을 허문 일이 발생하자, 마을주민들이 군의회에 공무원들을 고발한 사건을 통해서도 드러난다. 고발장에서는 "특히, 담양군 창평면의 돌담길은 아시아 최초 슬로시티 담양 창평의 상징적인 존재이기도 합니다. 많은 국민들이 인터넷 검색을 통해 그 돌담길을 보기 위해 창평을 찾고 있는데 지난 14일 오전에 완전히 허물어져 버렸습니다. (…중략…) 남대문이 화재로 손실되었을 때 서울시민을 비롯한 국민들은 안타까워 눈물을 흘리고 조화를 바쳤습니다. 창평에서 가장 아름다운 돌담길 중 일부가 행정기관에 의해 훼손되는 상황에서 분노하지 않을 주민이 어디 있겠습니까?"[31]라고 고발한다. 마을 사람들에게 돌담길은 남대문에 견줄 수 있는 마을의 전통이자 슬로시티의 상징이며, 이에 대한 애착심 또한 군의회에 돌담 훼손을 방치한 공무원들을 고발할 정도로 컸다는 것을 알 수 있다.

또한 창평에는 식생활 문화와 관련하여 지역적 특성이 담긴, 전통적으로 전해오던 음식들이 있다. 창평의 쌀엿, 한과, 장류, 창평국밥 등이 그것이다. 각각 유래도 다르고 시작된 시기도 다르지만, 슬로시티 인증을 위해 내세운 지역의 전통음식들이다. 이 가운데 쌀엿은 조선시대 양녕대군이 창평에 낙향하면서 함께 동행했던 궁녀들이 전수한 궁중음식으로, 지역에 부임한 현감들이 궁중 대감들에게 선물할 때 사용했다고

---

31 담양군의회 홈페이지
http://council.damyang.go.kr/board/view.damyang(검색일: 2016.3.25)

전해진다.[32] 삼지내마을에서는 과거 집집마다 쌀엿을 만들었으며, 쌀이 부족해서 쌀로 엿 만드는 일을 금지했던 시절에도 몰래 만들어 먹었다고 한다. 이곳이 쌀농사를 많이 지었던 배경 때문에 가능했던 일이다. 80년대에는 쌀엿을 만드는 집이 30가구를 넘었으며, 쌀엿 만드는 일은 시간도 많이 걸리고 힘들기 때문에 서로 품앗이를 했다고 한다. 지금은 쌀엿 만드는 과정이 너무 힘들어서 10여 가구만이 쌀엿을 만들고 있다.[33] 이곳의 쌀엿은 2000년 유영군씨가 한국전통식품 제21명인으로 지정[34]됨으로써 더욱 유명해졌다. 전통식품명인은 정부가 전통식품을 계승·발전시키기 위해 20년 이상 한 분야의 식품에 정진하고 전통방식을 원형대로 보존하고 이를 실현할 수 있는 사람을 대상으로 선정하고 있는데, 2015년 현재까지 총 72명이 선정되었다.[35] 전국적으로 72명의 명인 중에 창평 출신으로는 한과명인, 쌀엿명인, 간장명인 3명이 있다.

"담양은 남도의 대표적 쌀주산지로 그중 창평은 예로부터 쌀을 주원료로 하는 쌀엿과 조청이 유명한 지역이며 한국을 대표하는 한과 생산지역"이며, "담양의 조청과 창평의 쌀엿 그리고 이를 바탕으로 만들어지는 한과는 한국을 대표하는 전통품목"이라는 유영균 씨의 말[36]처럼

---

32 『전남매일』, 2013.11.29.
   http://www.jndn.com/article.asp?aid=1385650800017040902374
33 심층면담, 김○○.
34 담양창평슬로시티 홈페이지, http://www.slowcp.com/truecms/web?site_id (검색일: 2016.3.23)
35 『무등일보』, 2015.11.10.
   http://m.honam.co.kr/article.php?aid=1447081200480027202
36 담양창평슬로시티 홈페이지, http://www.slowcp.com/truecms/web?site_id (검색일: 2016.3.23)

쌀농사를 많이 지었던 지역적 특색에 기반하여 만들어 먹었던 '한과'와 '장'류 또한 이 지역을 대표하는 음식의 '전통'이 되었다. 이러한 전통 음식은 2008년, 담양에서 한국전통식품 한과명인과 간장(된장)명인이 탄생함으로써 슬로시티의 음식을 대표하게 된다. 슬로시티의 인증은 전통음식이라는 이름 아래 만들어졌던 쌀엿이나 장, 한과 등을, 오랜 시간을 참고 공들여야 하는 '느림'의 철학을 담은 슬로푸드의 대표적인 것들로 인식 전환시켰다. 담양의 '전통' 음식들은 '느림'으로서의 새로 운 의미와 가치를 부여받게 된 것이다. 이렇게 슬로시티 인증과 함께 '느림'의 가치가 부각되면서, 음식문화 부분에서는 전통음식이라고 불 리던 것들이 전면화되면서 '전통'이 '느림'으로 새롭게 발견된다.

모든 일상을 점령한 속도화는 의생활 분야에서도 예외일 수는 없다. 속도의 추구는 전통적으로 해오던 '바느질'을 기계화로 대체하는가 하면, 심지어 속도를 위해 기계화된 바느질마저 소비의 미덕이 대체해 버린다. 슬로시티 인증 후 삼지내마을에서 의생활 부분에서 발견한 전통은 '수의 바느질'이다. 속도화를 통해 기계화된 방식의 바느질이 확산되어도, 여전히 사람의 손을 통한 바느질에 비하면 가치를 인정받지 못하는 것이 현실이다. 마을에서는 이러한 부분을 전통과 연결시키면서 '수의 바느질'을 의생활 문화와 관련된 전통으로 끌어올렸다.[37]

이렇게 슬로시티 인증 후, '전통'이 '느림'과 결합되면서, '전통'은 새로운 가치를 부여받게 되었다. 속도화 시대에 뒤처짐과 전근대적인 것들, 계몽의 대상이었던 것들이 오히려 진정한 가치를 지닌 것, 인간

---

37 '수의 바느질' 체험은 현재 마을명인이 연로하여 운영하지 않고 있다.

적인 것, 미래적인 것, 대안적 가능성 등의 의미를 부여받게 된 것이다. 뿐만 아니라 관광이 매개되면서 상품화될 수 있는 것들, 경제적 자산이 될 수 있는 것들로 인식하게 된 것이다.

2) 복원되는 과거

삼지내마을에서는 슬로시티 사업이 추진되면서, '느림'으로서의 '전통'의 발견이 '과거'의 복원으로 이어진다. 과거의 복원은 다양한 방식으로 이루어지는데 경관과 관련한 복원, 공동체 문화나 전래 행사 등 다양한 것들이 복원된다. 그 가운데에는 어떤 것들은 현재적 삶의 맥락에 기반하지 않은 과거로의 회귀 양상을 보이기도 하고, 어떤 것들은 공동체 정신의 회복을 꾀하기도 한다.

복원이 가장 많이 이루어진 부분이 경관조성 사업이다. 슬로시티 인증 후 대표적인 경관조성 방식 중의 하나는 과거의 역사를 호출해서 전통경관을 조성하는 방식이다. 대표적으로 창평면사무소가 창평현청이란 이름으로 복원된다. 대한제국시기까지 군으로 존재하던 창평군은 일제에 의해 담양군으로 흡수통합되면서 면이 되었다. 창평현청의 복원은 주민들의 건의를 통해 이루어졌는데, 주민들에게 있어 창평면사무소를 '창평현청'으로 복원하는 작업은 일본에 의해 변화된 그들의 역사를 바로 잡는 것이며 자신들의 전통을 확인하는 작업이다. 현청의 모습을 삼지내마을의 경관과 어울리게 한옥으로 복원하는 것은 슬로시티 사업의 취지에 적합하지만 삼지내마을이 존재하는 현재라는 시간 속에서 면사무소가 아닌, '창평현청'의 복원은 탈맥락적인 성격을 지닌다. 하지만 마을 사람들은 슬로시티 사업을 통해 단절된 과거를 호출하여 복원하고, '전통'이라는 이름 아래 이를 전면화시키는 작업을 한다.

전통 경관을 조성하기 위한 또 다른 사업은 삼지내마을의 삼지천을 복원하는 것이다. 삼지내마을은 월봉산에서 발원한 월봉천과 운암천, 유천 세 개의 물줄기가 마을로 모여 흐른다고 해서 붙여진 이름으로 삼지천三支川마을이라고도 불린다. 새마을운동과 근대화 과정에서 농로 확장을 위한 마을천 복개공사로 물줄기가 땅밑으로 자취를 감추었었는데, 슬로시티로 인증되면서 마을주민들을 중심으로 과거의 실개천을 복원하고자 하는 움직임이 일어났다.

이와 유사한 또 다른 경관 조성 사업은 마을 우물 정비와 마을 흙길 조성사업이다. 삼지내마을에 들어서면 가장 눈에 띄는 것이 흙길이다. 슬로시티 인증 당시 삼지내마을의 돌담길은 콘크리트 포장길이었다. 그런데 슬로시티 가입 기본 요건 가운데[38] 하나가 차량통행 제한이다. 삼지내마을은 슬로시티 가입 후 주민들의 참여도가 높아지면서 '차 없는 거리' 조성 사업이 추진되었다. 추진 과정은 주민들의 서명을 받아 이루어졌다. 주민들은 '차 없는 거리' 조성에 80%이상이 동의하였다. 이러한 과정은 슬로시티위원회를 중심으로 한 마을주민들의 의견수렴 절차를 거쳐서 이루어진다. 불만을 보이는 주민들과 동의하지 않는 주

---

[38] 슬로시티 가입요건에는 대체에너지 등 환경 친화적 에너지 개발, 마을광장의 네온사인 없애기, 전통 수공업, 전통 조리법 장려, 문화유산 지키기, 차량통행 제한, 자전거 도로 만들기, 경적 등 소음 줄이기, 주민들의 의견 수렴, 나무 심기, 글로벌 브랜드의 대형 체인점 거부, 패스트푸드, 유전자 변형 음식 거부, 외지인의 부동산 거래금지, 실외 자판기의 최소화 등이 포함된다. 조상필, 「국제슬로시티 가입기본 요건 및 지역발전 시사점」, 『리전인포』, 통권 제116호, 전남발전연구원, 2008, 12~14쪽.

민들도 있었으나 다수의 의견에 따라 계획 원안을 변경하면서 사업이 추진된다.[39] 이외에도 마을의 철제대문을 나무대문으로 교체하고, 물레방아를 만들고 돌담에 넝쿨식물을 심는 등 과거의 모습을 복원하는 사업들이 이루어진다.

슬로시티 인증으로, 삼지내마을을 중심으로 주변의 경관들이 전통의 옷을 입고 과거로부터 소환되어 나온다. '느림'이 '전통'이라는 개념과 결합되면서, 현재의 삶에서는 이미 사라져버린 것들이 전통이라는 이름으로 복원되는 것이다. 이러한 복원은 한편으로는 슬로시티 관광과 관련된 상품으로서의 의미를 지닌다. "물이 흐르는 도랑이 마을에 생명력을 불어넣어 주고 있다……돌담길을 따라 실개천이 복원돼 지역민들의 휴식 공간은 물론 삼지천을 찾는 외지 관광객에게 또 하나의 볼거리를 제공하게 됐다."라는 슬로시티위원회 관계자의 인터뷰는[40] 복원된 과거가 한편으로는 관광을 위한 '볼거리'를 만들어내는 사업으로서의 성격도 가지고 있다는 것을 보여준다. 또한 슬로시티위원회를 중심으로 1976년 이후 32년 만에 동제의 부활이 이루어진다. 이는 슬로시티가 '주민공동체의 활성화'를 중시한다는 데에서 착안하여, 마을 사람들이 같이 어울릴 수 있는 마을의 전통행사나 의례를 다시 부활시키려는 의도가 작용하였다. 하지만 또 다른 배경에는 이러한 전통 행사가 관광 상품화가 가능하다는 인식이 깔려있던 것으로 보인다. 2009년

---

39 주민 사전동의 및 사업의 적정성 등의 사유로 일부 공사 구간에 대해 노선을 변경해 시행키로 결정했다. 『담양주간신문』, 2009.12.17.
http://m.wdynews.co.kr/news/articleView.html?idxno=264445
40 『담양주간신문』, 2012.4.20.
http://m.wdynews.co.kr/news/articleView.html?idxno

부활된 대보름 동제는 창평면사무소 당산나무아래에서 열렸는데, 동제의 주제가 '엄마 아빠가 함께하는 추억의 대보름 민속놀이 체험여행'이었다는 것을 보아도 알 수 있다. 주민, 지자체공무원, 관광객이 참여한 대보름민속놀이는 삼지내마을 일원과 면사무소 앞 광장에서 진행되었으며 동제는 주민의 무병과 풍년을 기원하는 당산제를 비롯해 소원 소지달기와 액막이굿, 지신밟기, 달집태우기, 길놀이 등으로 이루어졌다. 또한 마을사람과 관광객들이 다같이 참여하는 대나무연 날리기와 쥐불놀이, 널뛰기, 투호놀이, 제기차기, 굴렁쇠 굴리기, 가족대항 줄다리기 등의 민속놀이 체험마당이 열렸다. 이와 함께 쌀엿만들기 체험과 엿치기, 소달구지 타고 마을돌기, 떡메치기, 고구마 구워먹기, 죽염된장·장아찌·천연효소를 파는 삼지내마을장터 같은 슬로시티 마을체험 프로그램이 같이 진행되었다.[41]

슬로시티 인증 이후 과거에 사라졌던 동제의 부활이나 민속놀이체험 마당 등은 마을주민들의 공동체성 회복이라는 의미와 함께 이런 행사들을 관광 상품화하려는 이중적 의미가 들어있다. 결국 이미 사려져버려 현재에는 존재하지 않는 이런 민속행사들의 복원은 '느림'을 '전통'과 결부시키고 '전통'이 다시 '과거'로 의미변화 됨으로써, 결과적으로 '느림'이 '과거'로 의미치환되는 현상이 나타난다. 탈맥락적인 성격을 지니는 '과거'의 복원은 슬로시티위원회의 이러한 인식을 잘 드러내준다.

그런데 이와 같이 '민속'을 '전통'과 결부시키고 이것을 상품화하려

---

41 『담양군민신문』, 2009.02.11.
   http://www.newsdy.co.kr/news/articleView.html?idxno

는 태도는, 지역을 '민속', '전통'과 결부시켜 이해하려는 중심의 시선과 다르지 않다. 결국 슬로시티위원회의 시선의 속에는 지역을 '관광'의 대상으로 삼으려는, 중심과 자본의 논리가 그대로 작동하고 있다는 것을 확인할 수 있다. '과거'의 복원 역시 한편으로는 이러한 맥락에서 이해할 수 있는 것이다.

3) '느림'의 전통 만들어가기

슬로시티위원회에서는 이외에도 마을의 전통적인 문화는 아니지만, '느림'과 결합될 수 있는 '야생화효소, 약초밥상, 꿀초공예' 등을 슬로시티 자원으로 개발한다. 계절별로 피는 야생화들로 효소를 담는 '야생화효소'는 발효되는 시간을 기다려야 한다는 점에서 '느림'의 의미와 결합될 수 있는 음식이다. '약초밥상' 또한 제철에 산에서 나는 풀들과 뿌리들을 저장음식으로 만들어 병에 담아 저장하였다가 장아찌를 만들어 밥상을 차리는 것으로, 이 역시 '느림'의 의미와 결합될 수 있다. 하지만 이 두 가지 음식 모두 마을 사람들이 전통적으로 해먹던 음식은 아니다. 꿀초는 벌집을 정제한 천연 밀랍과 순면으로 짠 심지를 사용하여 사람의 손으로 담가 만든 초이다. 꿀초도 전기와 같은 '속도'와는 대비되는 '느림'의 의미를 갖는다. 하지만 이것 역시 마을에서 전통적으로 해오던 공예가 아닌, 이곳에 와서 살게 된 한국인 아내와 독일인 남편이 만드는 것으로 슬로시티위원회가 새로이 발굴한 문화이다.

슬로시티 인증 후에, 생활문화와 관련된 이러한 항목들은 담양창평

슬로시티의 문화로 전면화 된다. 전면화되는 문화는 담양창평슬로시티·
홈페이지를 통해 소개 홍보되고 있다. 마을에서 전해 내려오던 문화는
아니지만 '느림'의 철학을 담고 있다는 점에서, 슬로시티의 이미지를
부각시키기 좋기 때문이었다. 뿐만 아니라 이러한 문화들은 관광을 위
한 체험활동과 연결하기 좋은 것들이다. 슬로시티위원회에서는 이것들
을 체험할 수 있는 문화상품으로 만들어 체험과 연계시킴으로써 관광
객들을 통해 슬로시티 문화로 소비시키고 있다. 삼지내마을을 관광하
는 외부인들에게는 이러한 문화상품들이 마을에 전해내려 오던 전통이
나 복원된 과거들과 섞임으로써, 이러한 것들도 이 마을의 전통문화와
관련있는 것으로 여기게 된다. 이처럼 담양창평슬로시티 인증은 마을
의 문화를 새롭게 재구성한다.

4) 로컬푸드와 놀토달팽이시장

담양창평슬로시티위원회에서는 로컬푸드 확산의 일환으로 놀토달
팽이시장을 개설한다. 시작 당시 매월 노는 토요일마다 시장을 연다는
의미에서 놀토달팽이시장이라는 이름을 붙였다. 놀토달팽이시장은 슬
로시티운동이 슬로푸드운동에 뿌리를 두고 있다는 점에서, 로컬푸드의
확산을 통해 이를 계승하는 차원에서 시작된 것이다. 광주가 버스로 30
분 남짓 걸리는 지리적 특성을 이용하여 노는 토요일에 가족 단위 관광
객들에게 전통문화와 로컬푸드를 체험할 수 있도록 운영하였다. 삼지
내마을을 중심으로 열리는 '놀토달팽이시장'에서는 창평에서 생산된

로컬푸드로서 농특산물, 계절별 채소, 과일 등과 함께 쌀엿, 조청, 한과, 장아찌, 장류 등을 판매하고, 이와 함께 전통놀이 체험으로 떡메치기와 보리타작, 투호놀이, 널뛰기 같은 체험도 운영하였다. 하지만 전통놀이 체험은 지역의 특성을 반영한 것이라기보다는 전국 어느 곳에서나 민속체험이라는 이름으로 행해지는 것이라는 점에서 로컬푸드나 슬로푸드운동과의 관련성보다 오히려 '관광'의 목적이 두드러진다. "매월 둘째 주 노는 토요일마다 이 행사를 열어 '담양창평슬로시티 놀토달팽이시장'이라는 브랜드를 상품화할 계획"이라며 "여유 있는 삶을 원하는 가족들의 휴일 나들이 코스로 자리 잡을 수 있도록 발전시키겠다"[42]는 담양군 관계자의 인터뷰는 관광거리로서의 놀토달팽이시장의 성격을 잘 보여준다. '슬로푸드, 로컬푸드'를 내세워 마을의 음식문화를 달팽이가 상징하는 '느림, 청정, 건강'으로 이미지화하려는 의도는, 끊임없이 '관광'이라는 자본의 논리에 포획되고 있는 것이다. 하지만 지금은 놀토달팽이시장이 운영되지 않고 있다. 놀토달팽이시장을 운영하기 위해서는 주민들의 적극적 참여가 필수적인데, 갈수록 참여자들이 줄어들어 운영이 어렵게 되면서 폐지되었다.[43]

---

[42] 『연합뉴스』, 2009.4.9.
http://media.daum.net/press/newsview?newsid=20090409134304203

[43] 한때 주민들의 놀토달팽이시장 참여를 적극적으로 유도하기 위해 일당을 지불하기도 하였으나 정부의 지원금이 줄어들어 주민들에게 비용을 지불하게 될 수 없게 되자, 참여 인원이 줄어 든 것이 놀토달팽이시장 폐쇄 원인 중의 하나라고 한다. 현재 마을에서 생산한 로컬푸드의 일부는 창평의 농협 마트 로컬푸드 코너에서 생산자 이름을 부착하고 판매되고 있다. 심층면담, 송○○, 박○○, 권○○.

5. 달팽이 표상의 이면 - 배제와 소외

1) 동일화와 문화적 소외

마을을 특정 물리적 공간을 기반으로 형성된 공동체의 하나로 인식할 때, 넓은 의미에서 마을의 문화는 그 공동체 구성원들이 만들어낸 생활양식을 총체적으로 일컫는다고 해도 크게 어긋나지는 않을 것이다. 흔히 마을의 문화라고 하면 공동체 전체가 공유하는 것처럼 보이지만, 엄밀하게 살피면 마을의 문화라고 해도 모든 구성원들이 공유하는 것은 아니다. 실제로 마을의 문화는 구성원들이 공유하는 정도의 차이를 가지는 다양한 것들로 구성된다. 마을 구성원들 대부분이 공유하는 문화가 있는가 하면 특정 집단들이 공유하는 문화들도 있다. 이런 점에서 마을의 문화는 다양하고 다층적인 성격을 지닌다. 그런데 마을의 문화 중 특정한 것들이 전면화 되면서 마을의 이미지를 만들어가게 되면, 마을의 문화는 전면화 되는 것들을 중심으로 동일성의 원리에 따라 재구성의 과정을 겪게 된다. 이와 함께 동일성의 원리에 의해 상대적으로 배제되거나 누락되는 문화가 나타난다.

삼지내마을의 문화는 '지금, 여기'를 살아가는 구성원들의 삶의 맥락 속에서 재구성되는 것으로서의 다양한 문화이다. 과거로부터 전해져오는 문화가 있는가 하면, 단절된 문화도 있고 시대의 흐름에 맞게 변화한 문화도 있고 새로 생긴 문화도 있다. 이런 마을의 문화가 앞에서 살펴본 것처럼 외부로부터 이식된 슬로시티라는 변인에 의해, 급격한 문화적 재구성을 경험하게 된다. '느림'을 중심으로 전통이 소환되고 과거가 복원되면서, '느림'의 가치를 보여줄 수 있는 것들이 마을 문화로 전면화 된다. 이러한 재구성의 원리는 현재 주민들의 생활양식으로서 자리하는 것이라 하더라도 '느림'이나 '전통'과 관련 없는 문화들은 배제하거나 누락시킨다.

대표적인 예가 마을의 경관을 구성하는 주생활과 관련된 문화이다. 슬로시티 인증 후 삼지내 마을에는 한옥만 지을 수 있도록 건축허가에 제한이 생겼다. 그리고 마을 내의 집들을 수리할 때는 집 주인의 취향이나 의사보다는 주변의 전통 경관에 어울리도록 고쳐야 한다는 것이 우선 조건이 된다. 낡은 기와집이 싫어 새롭게 집을 짓고 싶거나 편리하게 집을 고치고 싶어도 자신들의 의지에 맞게 고칠 수 없다는 것이다.[44] 마을에서 철제대문을 대대적으로 나무대문으로 교체한 것도 이러한 예이다. 집은 자신들의 구체적 삶이 이루어지는 장소이지만, 내 삶의 원리에 따라 집을 만들고 고치기보다는 슬로시티에 타당한 집을 유지하는 것이 우선이 된다. 이런 의미에서 슬로시티 인증으로 인한 문화적 재구성은 주생활 문화의 측면에서 주민들을 소외시키기도 한다.

삼지내마을의 흙길 복원 역시 이러한 대표적인 예이다. 현실의 생활에 맞도록 변화되어 온 길이 전통 경관 구성과 차량출입 제한이라는 목적 아래, 과거의 흙길로 복원된다. 흙길의 복원이 마을 주민들 다수의 동의를 거쳐 이루어졌다고는 하지만, 이후 실제 생활을 통해 나타나는 불편함들 때문에 불만이 높을 뿐만 아니라 다른 재료로 길을 바꾸어야 한다는 의견들이 많다. 비가 오면 진 길에 발이 빠질 뿐만 아니라, 차가

---

44 심층면담, 박○○, 권○○.

지나가면 흙탕물이 튄다. 또 바람 부는 날에는 먼지가 많이 날려 빨래를 널거나 장독 뚜껑을 열어둘 수 없다. 여름에도 먼지 때문에 더운데도 문을 열어둘 수가 없다. 차량출입 제한을 위한 목적도 있다고 하지만, 장을 봐오거나 짐이 있을 때는 주차장에 차를 두고 짐들을 들고 오기가 어렵다. 흙길 복원 후 과거에 비해 차량 출입은 적어졌지만 마을 사람들 중 일부는 여전히 차량 통행을 하고 있다. 주민들은 차량통행 제한을 하려면 흙길이 아니어도 제한할 수 있는 방법은 있으며, 흙이 아닌 다른 재료를 이용하여 전통 경관을 해치지 않고도 길을 새롭게 조성할 수 있다고 말한다.[45] 이처럼 '전통'의 복원이라는 미명 하에, '지금, 여기'에서 살아가는 삶의 맥락을 통해 구성된 생활문화를 삭제시키고 '과거'로 회귀한 탈맥락화된 문화는, 주민들을 소외시키고 이에 대한 불만과 중심성, 동일성에 대한 저항의식들을 만들어낸다.

음식문화와 관련한 전면화의 경우에도 이와 크게 다르지 않다. '쌀엿'이나 '약초밥상', '야생화효소' 등이 음식문화로서 전면화 되고 있지만, 실제로 쌀엿을 직접 만드는 집은 점점 줄어들어 10여 가구만이 쌀엿을 만들고 있고, '약초밥상'이나 '야생화효소'는 마을주민들이 음식문화와는 관계가 없다. 슬로시티를 통해 전면화된 음식문화는, 외부인들에게 슬로시티의 중심을 이루고 있는 삼지내마을의 음식문화인 것처럼 이미지화되고 있다. 외부에 마을 문화처럼 비춰지는 음식문화가 사실은 마을 사람의 음식문화와는 거리가 있다는 점에서, 마을 사람들은 재구성되는 마을의 음식문화로부터 소외당하고 있는 것이다.

---

[45] 심층면담. 박○○. 김○○. 송○○.

슬로시티를 통해 전면화되는 마을 문화 속에는 마을 공동체가 향유할 공동체 문화가 거의 없다. 물론 동제의 부활은 일정 부분 공동체 대다수가 공유하는 문화를 부활시키고자 한 노력으로 해석될 수 있다. 특히 동제의 일부로 진행되는 농악을 마을 사람들이 공유할 수 있도록 교육하고 지금까지 유지해오고 있는 것도 그러한 예이다.[46] 하지만 삼지내마을 구성원들이 노령화되어 농악을 전수받을 수 있는 사람들이 많지 않다는 점에서 현재는 이 또한 큰 의미를 찾을 수 없다. 마을 주민 대부분이 공유할 수 있는 마을 문화가 없다는 사실은, 마을 문화로 전면화 되면서 새롭게 재구성되는 문화로부터 마을 주민들이 소외를 경험하는 중요한 이유 중의 하나이다.[47]

이처럼 슬로시티 인증을 통해 특정 문화들이 전면화 되면서 마을의 문화를 동일화시키는 이면에는 '관광'을 위해 문화를 상품화하는 자본의 논리가 작동되고 있다. 시공간적, 계층적, 세대별 다양성을 기반으로 복잡하게 얽혀있는 마을 문화가 '느림'과 '전통'으로 동일화되는 배경에는, 이것이 '관광'의 대상으로 상품화가 가능하다는 이유가 존재한다. 속도사회로의 가속화가 진행될수록 속도화에 염증을 느낀 도시인들이 일상을 탈출하여 '느림'의 관광을 통해 삶을 회복하고자 하는 심리를 이용해, '느림'의 관광을 '전통'과 결합시키고 있는 것이다. 관광객들의 소비 욕구를 충족시키기 위해서는, 현재와 과거가 복잡하게 얽혀있는 있는 그대로의 문화는 매력적인 관광 상품이 될 수 없다. 도시

---

46 심층면담, 송○○.
47 심층면담, 송○○. 실제 이러한 문제에 대한 내부의 고민은, 면담 중 면담자로부터 주민 대부분이 공유할 수 있는 사업으로 어떤 것이 있을지를 질문 받은 것에서도 간접적으로 확인할 수 있었다.

인들에게 식상한 '속도, 빠름'은 누락되어야 하고 오로지 '느림'으로만 의미화 될 수 있는, 그래서 현재와 단절되면 더욱 좋은 그런 문화들이 상품적 가치를 획득하고, 슬로시티조직위원회에서는 이러한 문화들을 전면화 시키는 것이다. 그 결과 현재를 살아가는 마을 사람들의 문화는 상품화 가치에 따라 선별적으로 전면화와 누락, 배제가 결정된다. 선별된 문화 중의 일부는 탈맥락적으로 복원되기도 하면서 마을의 문화는 '살아가는 문화'라기보다는 관광을 위해 '보여지기 위한 문화'가 되면서, 마을 사람들은 자신들의 문화로 재구성되는 것들로부터 소외당하게 된다. 자신들의 문화라고 비춰지지만 실제로 자신들은 그 문화를 누리는 주체가 아닌 것이다.

2) 문화의 상품화와 경제적 소외

삼지내마을을 중심으로 창평이 슬로시티 인증을 받게 된 배경에는 지역경제활성화라는 목적을 가진 지자체의 노력이 중요한 역할을 하였다. 지자체에서는 슬로시티로 인증되면 이것을 관광 브랜드화하여 많은 관광객을 유치함으로써 지역경제가 활성화되고 지역이 발전할 수 있다고 생각했다. 이러한 이유로 슬로시티 인증 후, 국가와 지자체는 재정적 지원을 통해 삼지내마을이 관광지로서 성공할 수 있는 방안을 모색하였다. 이러한 방안 모색의 큰 틀은 국제슬로시티연맹의 인증 조건 안에서 이루어지는 것처럼 보이지만, 가장 중요한 차이의 지점은 슬로시티 사업이 주민들의 행복한 삶, 삶의 질 개선이 우선순위가 아닌 관광 자원화가 우선순위를 점한다는 것이다.[48] 담양창평슬로시티의 이러한 방향성은 마을 문화와 관련하여서도 명백히 드러난다. 마을주민들을 위한 공동체 문화보다는 관광 상품으로서의 유용성이 우선적으로 고민되었다. 이러한 방향성은 슬로시티가 도입된 후 전라남도나 담양군에서 발간된 자료나 보고서, 관련 세미나 등이 '관광'과 '지역발전'을 중심으로 논의되고 있다는 점을 통해서도 드러난다.

그 결과 마을 문화 중에서도 상품화가 용이한 것들을 전면화시키고, 마을의 문화라고 할 수는 없지만 관광 상품으로 개발하면 매력적일 수 있는 것들을 전면화시켜서 홍보함으로써, 슬로시티의 문화로 각인시켜 나간다. 이렇게 전면화 되어 상품화되는 문화들 가운데에는 전통적인 것부터 새롭게 발굴한 것들까지 다양하게 포함된다. 그런데 이러한 상품화가 용이한 대표적인 것들이 전통적인 경관과 국가명인들이 만든 전통식품들이다. 슬로시티위원회에서는 '쌀엿, 한과, 장류'의 국가명인과 그들의 상품들을 홍보하면서, 마을에서도 이러한 상품들과 관련된 체험장을 운영한다. 관광객들이 이러한 문화를 체험할 수 있도록 상품화한 것이다. 체험은 달팽이학당을 통해 이루어지는데, 슬로푸드로서 한과, 쌀엿, 야생화효소, 약초밥상, 수제막걸리, 다례 등의 체험이 운영되고, 슬로아트라는 이름으로 꿀초공예 체험이 운영된다. 또 한옥에서 숙박하는 한옥체험도 있다. 학생이나 가족단위의 단체 관광객들이 비용을 지불하고 참가하는 체험은 슬로시티를 통해 발생하는 수입의 원천이자 슬로시티 기금을 조성하는 수단이기도 하다.

---

[48] 이것은 담양창평슬로시티만의 문제가 아니라 모든 국내 슬로시티가 안고 있는 문제라고 지적한다. 심층면담 박○○, 송○○.

담양창평슬로시티위원회에서는 국가명인제도에서 착안하여, '쌀엿, 장류, 효소, 약초, 염색, 약과, 차' 등 다양한 분야에서 마을명인을 선정하여, 이들이 만든 상품을 놀토달팽이시장에서 판매하게 했다. 놀토달팽이시장이 없어진 지금은 달팽이가게를 통해 판매하고 있다. 그리고 마을의 역사와 전통, 마을 사람들이 사는 모습, 고택에 관한 이야기, 슬로시티에 관한 이야기들을 관광객들에게 들려주는 마을해설사를 양성하고 있으며, 슬로시티의 개념에서부터 체험자를 대하는 법 등의 교육을 통해 체험이 잘 이루어지도록 주민교사를 양성하고 있다.

그런데 이렇게 슬로시티 인증을 통해, 특정 생활문화를 중심으로 마을 명인이 선정되고 이들이 만든 상품이 관광객들에게 판매되면서 이들을 중심으로 경제적 이익이 발생하게 된다. 또한 슬로시티 도입으로 관광객들이 증가하게 되면서 체험장을 운영하는 사람들에게도 경제적 이익이 발생한다.[49] 마을해설사와 주민교사로 선정된 이들 역시 관광객들에게 해설을 하면 인건비가 지급되어 실제적으로 경제적 이익이 발생한다.

이처럼 슬로시티 인증으로 특정 문화들이 전면화되고 관광 상품화되는 과정에서, 이런 문화상품들을 중심으로 이익이 발생하게 된다. 그런데 이렇게 발생하는 이익이 마을주민들에게 골고루 분배되기보다는, 체험장을 운영하는 사람들이나 명인, 마을해설가, 주민교사 같은 특정인들을 중심으로 경제적 이익이 분배되는 양상을 보인다. 그리고 이 과정에서 이익 발생 구조에서 배제된 사람들이 나타나게 된다. 이러한 경

---

[49] 한옥체험은 담양창평슬로시티위원회를 통해 체험객들을 받고, 수익금의 5%를 슬로시티 기금으로 낸다.

제적 배제는 공동체 구성원들의 불만을 생산해내고 공동체에 균열을 일으키는 요인이 된다. 실제로 경제적 배제의 문제는 마을 사람들 사이의 갈등의 원인이 되고, 슬로시티에 대한 부정적 태도를 만들어내기도 한다. 면담자[50]가 다른 사람에게 들었다고 하는 "집의 아들은 슬로시티로 돈이라도 벌었제, 우리는 그런 것도 없고 불편하기만한께"라는 말은 이러한 갈등 상황을 잘 보여준다. 이런 점에서 지금까지의 슬로시티 운영 방법이 아닌, 마을주민들에게 골고루 혜택이 돌아갈 수 있는 새로운 방법이 강구되어야 할 것이다.[51]

결국 경제적 배제를 경험하는 사람들은, 이와 함께 슬로시티 인증 후 발생한 여러가지 불편함과 문제점들만 감수해야 되는 상황에 놓이게 된다. 앞서 언급한 흙길 복원으로 인한 피해는 물론, 생활 터전이 관광지화 되면서 발생할 수 있는 많은 불편함이 이곳에서도 유사하게 발생한다. 관광객들이 주민들이 생활하는 집에 마음대로 불쑥 들어오는 일부터, 신을 신은 채 마루에 올라가고 화장실을 사용하는 일, 밭이나 골목길에 변을 보는 일, 오래된 농기구를 고장내거나 가져가는 일, 돌담이나 마당에 심어놓은 채소나 유실수를 망가뜨리는 일, 심지어는 돌담의 기와장을 가져가거나 문화재인 고택을 훼손하는 일까지 발생한다. 슬로시티 인증 초기에 관광객들에게 항시 개방되었던 고택들이 관광객들에 의해 파손되는 일들이 생기자, 급기야는 대문을 걸어두게 되었다.[52] 이처럼 마을 사람들이 관광객들 때문에 겪는 불편함들 또한 슬로

---

50 심층면담, 김○○.
51 전경숙은 식품 명인과 일반 주민과의 형평성을 고려한 조화로운 합의가 프로그램 성공의 관건이 된다고 지적하고 있다. 전경숙, 「담양군 창평면의 슬로시티 도입과 지속가능한 지역 경쟁력 창출」, 『한국도시지리학회지』 제13권 3호, 2010, 10쪽.

시티에 대한 부정적 생각을 만들어낸다.

슬로시티에 대한 마을주민들의 견해는 긍정이나 부정의 한 방향이 아니라, 긍정과 부정이 뒤섞인 채로 존재하고 있다. 도시에 비해 뒤떨어졌다고 생각하고 하찮은 것들로만 여겼던 자신들의 생활문화가 도시 사람들이 동경하고 비용을 지불하고서라도 관광하고 체험하고 싶어하는 것들이라는 것을 알게 되었다는 점에서 슬로시티에 대해 긍정적으로 생각하기도 한다. 그리고 자신의 마을에 대한 자부심이 높아진 것 또한 긍정적인 부분이라고 할 수 있다. 하지만 슬로시티를 추진하는 과정에서 발생한 여러 문제들은 슬로시티에 대한 불만과 함께 슬로시티의 수정 방향과 관련한 새로운 생각들을 만들어내고 있다. 문화적 소외와 함께 슬로시티가 자신들과는 별로 관계없는 것이라고 생각하면서 무관심해지는 것, 관광지화 되면서 생기는 불편함, 그리고 추진 과정에서 생기는 경제적 분배의 형평성 문제 등은 주민들의 불만을 유발시키고 슬로시티에 대한 부정적 인식을 만들어낸다.

또한 8년 정도 슬로시티 사업이 진행되면서 슬로시티에 대해, "좋은점도 많지요. 그런데 슬로시티란 게 결국 주민들이 잘 사는 거 아닙니까? 관광객이 우선이 아니잖아요. 지금은 그게 바뀌었다고 할 수 있어요. 그래서 어떻게 하는 게 좋을까 생각해 보면요. 여러 가지가 있지만, 우선 주민들하고 공무원들이 슬로시티가 뭔지 좀 더 정확하게 알아야 될 거 같아요. 교육도 필요하고요. 또 관광객이 많이 오면 좋은 점도 있지만 솔직히 다 좋다고는 할 수 없지 않습니까? 관광객 수도 좀 줄여서, 진짜 우리가 사는

---

52 심층면담, 김○○.

모습이 행복한 모습이 되어야, 관광객도 행복을 느끼고 갈 거 아닙니까?"
라는 자성의 소리도 나타난다.[53] 결국 슬로시티에서 가장 중요한 것은
마을 사람들이 행복하게 사는 것이며, 관광은 이러한 행복한 삶을 기반으
로 이루어져야 한다는 것이다. 이처럼 마을 내부에서는 진정한 의미의
슬로시티에 대한 자각도 생겨나고 있음을 알 수 있다.

6. 동일성을 넘어 다시 '삶의 터'로

슬로시티 인증과 함께 이 마을의 문화는 '느림'으로 재의미화된 '전
통'을 중심으로, 단일하게 수렴되는 경향을 보인다. 하지만 그 이면에는
이러한 동일성에 포획되지 않은, 은폐된 서사들이 여전히 살아있다. 내
가 살고 있는 마을의 문화로부터 자신이 소외되고 자신의 삶이 보여지
기 위한 삶이 되는 것에 대한 또 다른 생각, 슬로시티는 관광객들을 위한
것이 아니라 우리 자신의 삶이 행복해지는 것이 우선이라는 자각은 이
러한 동일성을 부정하는 사고이다. 이러한 서사들은 언제든지 동일성에
틈을 만들고 비집고 올라와 동일성을 해체시킬 준비를 하고 있다.

구체적 삶의 장소가 아닌, 중심으로부터 작동하는 힘은 추상성을 동
반한다. 추상성은 구체성을 완전히 포섭하기 어렵다. 단일화를 통해 획
득된 추상성은 불규칙하고 잡다하고 구체적인 것들을 모두 포괄할 수
는 없기 때문이다. 생활이 이루어지는 '삶의 터'를 기반으로 작동하는

---

53 심층면담, 송○○.

힘들은 상대적으로 구체성을 동반한다. 그래서 '삶의 터'에서 작동하는 힘들의 역학 관계에서는, 스케일에 따른 힘의 위계적 구조가 항시적으로 실현되는 것이 아니다. 상위의 추상적 힘들은 구체적 삶에 기반한 것들과 마주하게 될 경우, 완전한 포섭의 불가능으로 인한 균열의 가능성을 항상 내포하게 된다. 그래서 동일성의 원리는 삶의 터를 기반해서 작동하는 힘에 의해 언제든지 해체될 가능성을 가지고 있다.

이 마을은 삶의 터에 기반한 힘이 동일성을 해체시킬 수 있는 가능성이 될 수 있다는 것을 역사적 경험을 통해 반복적으로 보여준다. 대표적으로 일제 강점기 자본을 통한 지배를 계획한 일제의 힘에 포섭되지 않고, 창평사람들을 구제하기 위해 창평상회를 설립하여 저항했던 경험이 그것이다. 이러한 역사적 경험은 사라지지 않고 들뢰즈의 순수과거와 같은 형태로 마을 사람들의 의식 속에 존재하면서 끊임없이 압축, 재구성된다. 이렇게 압축, 재구성된 경험들은 의식 속에 내재하다가 새마을운동이라는 특정 국면에서 또 다른 저항의 방식으로 현실화된다. 70년대 새마을운동 당시 마을마다 이루어졌던 대표적인 사업이 좁은 골목 넓히기, 담장 고치기, 지붕개량 등이었다. 강력한 힘을 가지고 전국가적으로 실시되던 새마을운동이었기에 대부분의 마을들이 동일한 사업을 수행하였다. 하지만 이 마을은 지붕개량이나 담장 고치기 같은 사업들이 수용되지 않았다. 국가라는 힘이 동일성의 원리를 강력히 작동시켰지만, 자신들의 마을의 역사와 구체적 경험이 담긴 것들을 유지하기 위해 동일성에 포섭되기보다는 이에 저항했던 것이다. 그 결과 이 마을의 담장은 그대로 유지되었고 2006년 국가 문화재로 등록된다. 이와 같은 삼지내마을 사람들의 동일성의 원리에 대한 저항의 중심에는 자신들의 삶의 터에 대한 애착이 자리한다.

동일성의 원리에 대한 저항은 2009년 문화재로 지정된 마을의 돌담 훼손 사건에서도 드러난다. 돌담장 사이에 있는 대문을 교체하는 과정에서 돌담길이 훼손되자 마을주민들이 담양군과 창평면의 공무원들을 군의회에 고발한 사건이다. 마을 전통의 상징으로 여겼던 돌담을 주민들로 구성된 슬로시티위원회와 상의 없이 훼손에 대한 비판과 함께 슬로시티 구역 안에 건물, 설치물 등을 제거하거나 설치할 경우 위원회와 상의할 것을 요청하였으나 상의 없이 일방적으로 처리하는 것에 대해 비판한다.

이처럼 삼지내마을주민들은 외부 혹은 중심으로부터의 힘이 자신들의 '삶의 터'를 일방적으로 만들어나가는 것에 대해 저항하는 모습을 반복적으로 보여준다. 이것은 삼지내마을이 중심이 작동시키는 동일성의 원리에 대해 끊임없이 저항해온 역사적 경험들, 이야기들이 마을주민들의 의식 속에서 사라지지 않고 존재하다가, 도래하는 현재에서 발현되는 것이다. '차이'로 확인되는 이러한 서사는 중심지향적인 거대서사를 통해서는 드러나지 않는 것들로, 로컬발 서사를 통해 비로소 가시화될 수 있다.

그럼에도 불구하고 삼지내마을 사람들이 슬로시티를 관광과 관련시키면서 만들어온 마을의 현재 모습은 동일성에 포획된 것처럼 보인다. 그러나 그 이면에는 앞에서 살펴본 동일성에 대한 불만과 반성, 자각이 자리하고 있다. 이렇게 동일성에 가려져 드러나지 않지만 불만과 반성, 방향 전환의 필요성에 대한 자각은, 동일성에 수렴되지 않는 '차이'와 '다양성'으로 언제든지 동일성에 균열을 가할 수 있는 가능성을 내포하고 있다. 그리고 삼지내마을의 역사가 보여주는 동일성에 저항해온 반복적인 모습들은, 삼지내마을 주민들이 자본의 논리에 포획되지 않는 마을 문화를 재구성하는 주체로 새롭게 전환될 가능성을 열어준다고 할 수 있다.

참고문헌

『남도일보』, http://www.namdonews.com/news/articleView.html?idxno=382494
『담양군민신문』, http://www.newsdy.co.kr/news/articleView.html?idxno=205026
『담양주간신문』, http://m.wdynews.co.kr/news/articleView.html?idxno=264445
『무등일보』, http://m.honam.co.kr/article.php?aid=1447081200480027202
『세계일보』, http://www.segye.com/content/html/2013/07/07/20130707022541.html
『연합뉴스』, http://media.daum.net/press/newsview?newsid=20090409134304203
『전남매일』, http://www.jndn.com/article.asp?aid=138565080017040902374
담양군의회 홈페이지http://council.damyang.go.kr(검색일: 2016.3.25)
담양창평슬로시티 홈페이지 http://www.slowcp.com/(검색일: 2016.3.23)
전남발전연구원 홈페이지 http://www.jeri.re.kr/(검색일: 2016.3.20)
창평면사무소 홈페이지, http://changpyong.damyang.go.kr(검색일: 2016.3.26)
한국슬로시티본부 홈페이지 http://www.cittaslow.kr/kor(검색일: 2016.3.24)
박해광·김기곤, 『지역문화와 문화정치』, 전남대출판부, 2012.
백선혜, 「소도시의 문화예술축제 도입과 장소성의 인위적 형성」, 『대한지리학회지』제39권 6호, 2004.
송태갑, 「슬로시티 지정지역의 경관관리」, 『리전인포』통권 제127호, 전남발전연구원, 2008.
전경숙, 「담양군 창평면의 슬로시티 도입과 지속가능한 지역 경쟁력 창출」, 『한국도시지리학회지』
　　　제13권 3호, 2010.
조상필, 「국제슬로시티 가입기본 요건 및 지역발전 시사점」, 『리전인포』통권 제116호, 전남발전
　　　연구원, 2008.
원지윤·김영순, 「한국 슬로시티들의 정책 추진에 관한 내용 분석」, 『여가학연구』7권, 2009.
홍정의, 「한국형슬로시티의 바람직한 전개방향」, 서울시립대 석사논문, 2009.

심층면담자

이름	나이	거주지	비고	면담일
권OO	61세	담양군 대덕면	슬로시티 인증신청 업무	2016.3.19
김OO	81세	담양군 삼지내마을		2016.3.20
박OO	48세	담양군 고서면	슬로시티위원회	2016.1.19, 3.19
송OO	60세	담양군 삼지내마을	슬로시티위원회	2016.3.20
조OO	57세	담양군 삼지내마을		2016.3.20

마을의 역사적 경험과 재현*

대구시 우록리 사례로

양흥숙

1. 변하는 마을 속의 기억과 역사자원

마을은 끊임없이 변하고 있다. 근대화, 도시화의 추세에 따라 농촌마을의 인구는, 특히 마을 내 청장년층 인구는 급격히 감소하였다. 인구 감소는 농업에 기반을 둔 농촌 경제에 노동력 부족 등 많은 영향을 미치지만 무엇보다 마을문화가 전승되는 세대의 단절, 마을 공동체의 약화 또는 해체 현상을 초래하고 있다. 이러한 위기를 직시하여 현재까지 남아있는 마을문화의 인문학적 가치를 발견하고 공동체 문화, 민중생활사, 문화다양성, 문화생산 주권, 문화자원 등의 측면에서 마을이 가진 문화가치에 주목하는 연구가[1] 수행되기도 하였다.

* 이 글은 『대구사학』 122(대구사학회, 2016.2)에 게재된 「조선후기 降倭의 존재 양상과 정착―대구시 우록리 김충선의 후손 사례를 중심으로」와, 『문화역사지리』 28-3(문화역사지리학회, 2016.10)에 게재된 「역사자원을 활용한 마을 기억의 재현 양상―대구시 우록리 사례로」를 총서에 맞게 수정 보완한 것이다.

농촌마을의 구성원 변화는 마을을 변화시키는 내부적 요인으로 볼 수 있고, 언론 및 방송 매체의 발달, 교통의 발달, 경제시스템의 변화, 지방자치제 실시 등은 마을을 변화시키는 외부 요인이라고 할 수 있다. 그 외 마을을 변화시키는 외부 요인은 다양하게 존재한다. 언론과 방송 매체의 발달로 표준어 사용이 증가하고, 또한 학교 교육에서 표준어를 습득함에 따라 각 지역이 가지고 있는 지역 언어가 점차 소멸해 가는 것이 대표적인 사례이다. 교통의 발달에 따라 농촌과 도시 간의 거리가 가까워져, 도시 주변부에 위치한 농촌에는 이주민과 방문객이 증가한다. 이주민은 마을 사람이 떠난 곳을 채우기도 하지만 외부 문화를 가지고 들어오기도 한다. 마을에 남아 있는 선주민 또한 외부 문화를 수용함으로써 마을의 전통적 경관이 변하고, 문화도 변하게 된다. 또한 지방자치제 실시 이후 지자체마다 그 지역의 특별한 문화, 다른 지역과 다른 문화를 찾기 위한 노력이 더해지고 있다. 무엇보다 경제활성화 전략 위에서 지역 문화를 내세운 지역축제가 양산되기도 하였다. 그러나 문화를 간직하고, 전승하는 지역 현장과 지역 주민들은 배제한 채 지자체의 기획만으로 진행된 축제가 등장하였고, 이들 축제는 차별성이나 특별함을 가지지 못한 채 지속하기 어려운 상황에 직면하였다. 이런 점에서 지역 문화를 찾기 위해 삶터인 마을과 마을 문화에 더욱 관심이 커질 수밖에 없다. 또한 급속한 근대화와 산업화, 환경파괴에 따라 농촌이나 도시가 사람의 삶터로서의 기능을 점차 잃어가고 있기 때문에 삶터를 보존하고 문화를 재구성해 나가려는 노력을 함께 도모하고 있다.

1 대표적인 연구 성과로는 임재해, 『마을문화의 인문학적 가치』, 민속원, 2012가 참조된다.

마을은 사람들의 일상적이 삶이 이루어지는 기초적인 공간이다. 동제洞祭나 전근대시기의 놀이문화는 마을 단위로 전승되었고, 또한 정서적 유대감이 강한 집성촌, 세거지 등이 거의 마을 단위로 형성되었다. 더욱이 동약洞約과 같은 규칙, 품앗이나 두레 등의 관계 등도 마을을 기반으로 형성된다. 그러므로 마을은 일상적 삶이 이루어지는 공간은 물론이며 문화와 정서, 전통과 역사를 공유하는 공간이다. 전통과 역사는 특정한 시공간 속에서의 삶에 대한 기억이며, 기억은 지속적으로 기록되고 있다. 즉 마을은 마을 주민의 기억이 보관되어 있는 공간이기도 한다. 역사적 기록을 통해 역사인식은 형성될 수 있으며 현재 사회를 살아가는 마을 주민들의 존재에도 영향을 미치게 된다.

마을에 살았던 인물 그리고 인물과 관련된 유물, 유적과 같은 역사자원은 과거에서 비롯된 것이다. 이 과거가 전승되어 온 마을이라는 공간과 이 공간에서 살아가는 마을 주민 그리고 이들이 재현해 내는 기억은 현재의 것이다. 또한 기억은 새로운 지향점으로 변용되면서 미래를 형성하기도 한다. 마을에 남겨진 역사자원을 공유하고 기억을 전승하면서 마을은 재구성되어 나간다.

그러므로 마을이 변하는 시점에 마을에 전승되어 오는 기억은 다른 지역과의 차이를 유발하면서 재현되고 있다. 그 일례로 이 글에서 고찰하고자 것이 대구시 달성군 가창면 우록리이다. 우록리는 17세기 전반부터 조성된 사성김해김씨賜姓金海金氏의 세거지로서, 임진왜란 때 귀화한 일본인 사야가沙也可金忠善의 후손들이 모여살고 있는 마을이다. 400년의 역사 속에서 김충선에 관한 구전과 기록들이 전해 내려오고 있고 서원, 기념관, 기념비 등 여러 기념물들이 재현되어 있다. 이러한 것을 중심으로 마을경관이 구성되고 있고 '우록리'의 상징물이 되었다. 마을의 이러한 특성으로 인하여 마을이 속한 지자체, 나아가 광역시에서도 방문객을 적극 유치하는 문화콘텐츠로 활용하고 있다. 더욱이 마을은 동성同姓의 세거지여서 후손들 간의 인맥이 두텁고 정서적 동질감도 강해, 마을경관이 김충선을 상징하면서 구성되는 것에 이견이 거의 없다.

우록리를 사례로 역사자원 또는 그 기억들이 다양한 방식으로 재현되는 양상을 살펴보고 역사자원 활용에 대한 시사점을 모색하고자 한다. 또한 기억을 구성하는 마을 사람들의 인식과 경관이나 구조물로 변화시키는 가치관, 이를 위한 내부구성원의 관계, 외부와의 연대 등이 로컬리티로 구성되는 것을 살펴보고자 한다.

2. 항왜降倭 김충선의 마을, 우록리

1) 우록리의 입지와 특성

우록리는 대구광역시의 남단지역으로서, 팔조령과 삼성산을 사이에 두고 청도군과 인접해 있는 곳이다. 팔조령을 통과하는 지방도 30호선에서 2.5㎞ 정도 좁은 도로를 따라 들어가면 비로소 우록리 중심부에 도착할 수 있다. 우록리는 산으로 둘러싸여 있고, 산과 산 사이의 좁은 평지에 들어선 마을이다. 마을은 대구시 달성군과 청도군의 경계 지점에 있는데, 지금은 도로가 포장되고 또 확장되어 주변에 주택, 상가, 숙박업소 등이 들어서 있다. 우록리는 70년대에 들어서야 도로 포장이

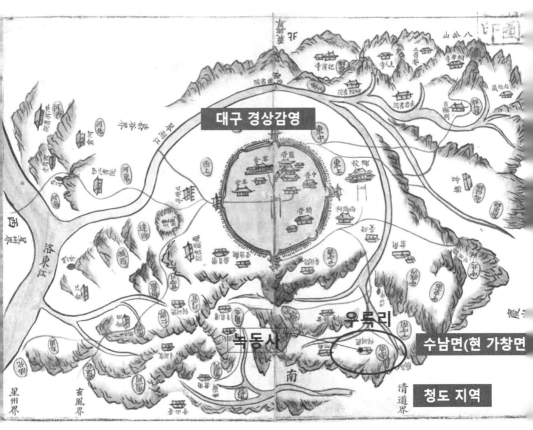

〈그림 1〉『경상도읍지』(1832년 경) 속의 「대구부지도」

이루어졌을 정도로 오지로 여겨진 마을이다.

19세기 중엽에 편찬된 읍지 속의 고지도古地圖를 보면 대구의 중심부를 차지하는 경상감영의 존재, 읍성邑城과의 거리, 청도군과의 거리, 산맥의 위치 등을 통해 우록리가 대구의 가장 외곽에 배치되었다는 것을 알 수 있다. 우록리 남쪽으로 높은 산봉우리가 그려져 있고, 그 옆에 팔조령이라고 쓰여져 있다. 그 산너머는 청도계淸道界, 즉 청도지역이다.

그림 속에 녹동사鹿洞祠가 표시되어 있는데 이곳이 김충선을 배향하는 곳이므로 우록리의 위치를 짐작할 수 있다. 우록리 안쪽 산중턱에, 현존하는 남지장사가 녹동사와 나란히 그려져 있다. 이를 통해 녹동사와 남지장사가 읍지에 수록될 정도로 당시 대구 지역에서 중요한 장소로 인식되고 있음을 알 수 있다.

현대 사회에 들어와서 교통의 발달, 대구 외곽지역 개발 등으로 최근 인구 유입이 많아 우록 1리만 160여 가구에 이른다. 주변 마을에 비해 3배가 넘는 수치라고 한다.[2] 인구 증가와 함께 최근에는 전원주택들이 점차 증가하고 있으며 사찰과 교회, 음식점, 커피전문점, 숙박시설 등이 마을 입구에 위치하고 있다.

오지라는 환경 속에서 오늘날 우록리에 주목하게 된 계기는 김충선의 후손으로 이루어진 사성김해김씨賜姓金海金氏 세거지란 점이다. 도시화가 진전됨에 따라 이농인구가 증가하고, 그 자리에 이주민이 들어와서 거주하는 등 마을 구성원은 계속 변하고 있다. 이에 따라 사성김해김씨가 마을에서 차지하는 비율도 달라지고 있지만 우록리 전체 인구의 25% 정도를 차지하고 있다.[3] 세거지는 각 지역마다 산재해 있지만 우록리가 더욱 알려지게 된 것은 세거지의 출발점이 되는 시조始祖 김충선에 기인한다. 김충선이 임진왜란이 끝난 후 선조宣祖로부터 받은 성씨가 김해김씨이다. 국왕으로부터 성을 하사받았다는 상징성도 있고, 마을 구성원 가운데 김충선 및 그 후손들이 가장 높은 지위를 가지

---

2 마을의 규모 등은 우록1리 이○○ 이장님 인터뷰(2016.3.18)에 따랐다. 인구는 절대적인 수치에 의한 것이 아니지만, 인터뷰를 한 이가 이장이므로 마을의 변화상, 주변 마을과의 비교 등에서는 질적인 의미를 둘 수 있다.
3 인구 구성도 이장님 인터뷰에 따랐다. 사성김해김씨는 사성(賜姓)된 김해김씨란 의미이다. 일본인 사야가에게 조선국왕 선조가 직접 조선의 성인 김씨(金氏)를 하사한 것에서 기인한다. 기존의 김해김씨와 구분을 하는 의미에서 사성(賜姓)을 붙여서 사용한다.

고 있었던 것도 마을의 대표 성씨가 된 이유이다. 그리고 세거지 가운데서도 우록리를 주목하는 것은 이 마을이 일본인의 후손 마을이라는 점이다. 김충선의 일본이름은 사야가沙也可이다.

혼인 관계 등으로 이성異姓이 마을에 다수 거주하지만 대부분 김충선 후손들과 인척 관계에 있기 때문에 우록리는 마을 결속력이 강한 곳이다. 우록리가 사성김해김씨 집성촌으로 형성되고 지금까지 유지될 수 있었던 것은, 김충선이 정착한 시기부터 결집할 수밖에 없었던 상황도 있었고 마을을 유지해 나가고자 하는 후손들의 노력이 컸다.

마을 형성 이후 400여 년이 지나는 동안 보통의 세거지에서 나타나는 복잡한 혼인관계가 우록리 마을에서도 이루어졌다. 혼인관계를 통해 우록리에 들어온 이성異姓 집안들은, 이후에 혼인관계를 맺는 등 중층적이고 복잡한 혼맥을 형성하지만 김충선과는 직간접적으로 연결되어 있는 집안이 많아서 '김충선'과 관련한 정서는 비슷한 편이다.

무엇보다 김충선은 가훈과 동약洞約을 만들어 마을 내부는 물론 주변의 지역사회와 불화가 생기지 않도록 하였다. 동약은 그의 손자대에서 다시 만들어지면서 전승의 의미를 강화하였다. 이러한 전승과 실천도 마을의 결속력을 높여나갔던 원인 중의 하나였다.[4]

현재 마을에는 대동계, 향약 등 마을 주민들을 규합하는 조직은 없는 상태이다. 전근대시기 세거지에 존재했던 계급, 특권, 토지소유, 양반층 사회경제조직 등도 남아 있지 않다. 현재 주민들의 모임으로는 농사일이나 경제적 문제를 의논하는 마을회, 매월 1회 개최되는 마을임원

---

4   『慕夏堂文集 附實記』, 『三柑齋實記』 참조.

회의가 있다. 그리고 한동안 단절된 정월대보름 달집축제를 6~7년 전부터 해오고 있는데 매년 참여인원이 증가하는 추세이며 마을 주민, 고향 방문객, 외부인도 참여하는 행사가 되고 있다. 매년 12월 25일에는 친목도모를 위한 김씨 문중의 화수회가 열리고 종친회는 별도로 개최되고 있다.[5]

마을에는 김충선과 관련된 대표적인 유적으로 김충선 묘와 김충선의 사당이 있는 녹동서원이 있다. 녹동서원 옆에 2012년 세워진 달성한일우호관이 있고, 우호관 종합안내표지판에도 김충선 장군 묘소, 녹동사, 녹동서원, 향양문(서원 대문)이 그려져 있고 김씨 문중에서 세운 충절관과 고첨당이 함께 표시되어 있다. 그리고 마을에서 2.5㎞ 떨어진 지방도 30호선 도로변에는 천년고찰이라 불리는 남지장사南地藏寺[6]와 미지정문화재인 녹동서원, 우록리가 같이 기재되어 있는 관광안내표지판이 세워져 있다.

우록리라는 마을 이름도 김충선과 밀접한 관련을 맺고 있어, 마을과 김충선이 함께 상시적으로 상기된다. 마을이름은 처음에는 우륵리라고 불리다가 우록리로 바뀌었다. 우륵리는 우미산牛尾山 아래에 위치한 소의 굴레 모양을 하고 있는 마을이라는 의미에서 생긴 이름이었다. 그런데 이 마을에 김충선이 거주하면서 큰마을, 큰마실이라고도 불렸다고 하며 김충선이 '사슴을 벗 삼아 살아가리라'하면서 마을에 정착했다고 하여 우록리로 바뀌었다고 한다. 우록리 주변에는 우록리 입구라는 의

---

5 현 우록리 마을에서의 축제 상황과 모임, 또한 본문 속에서 수치화 될 수 없는 정서적인 것들은 이장님 인터뷰를 정리한 것이다. 또한 인터뷰 자리에는 김해김씨 후손도 같이 자리하고 있어 인터뷰 내용에 첨언도 하였다.
6 대구광역시 지정 유형문화재 제34호.

미의 '녹문鹿門'과 김충선과 관련한 이야기가 전해 내려오는 '범동 또는 호동虎洞'이라는 자연마을이 자리하고 있으며 녹문삼거리라는 지명도 있다.[7] 우록리라는 마을 명명과 마을 형성 과정에서의 김충선 이야기는 우록리 뿐 아니라 그 주변 마을까지 퍼져있음을 알 수 있다.

2) 항왜의 조선 거주

항왜가 조선 내에서 모여 살기 시작한 것은 크게 두 시기로 구분된다. 첫째로는 조선전기 왜관倭館 설치되는 15세기 초반이다. 동남해안에 삼포 왜관이 설치되어 이곳에서 조일 외교와 무역이 진행되면서 일본인이 거주하였고, '왜리倭里'란 마을을 이루었다. 조일 무역에 종사하는 상인이나 왜관 주변에 거주한 조선인들에게는 일본인이 낯선 것은 아니었다. 그러나 조정에서는 고려 말의 왜구倭寇의 기억 등으로 일본인은 '독사를 방 안에 기르는 것' 또는 '뱃속에 악창, 등창과 같은 종기가 맺혀 언젠가는 썩어 터질 것'이라는 인식이 상존하고 있었다. 그런데 왜관이 설치되고 100여년이 지난 후 16세기에는 '왜변의 시대'라고 부를 정도로 크고 작은 왜변이 잇달았고, 임진왜란이라는 큰 전쟁이 발발하였다.

전쟁이 발발한 직후부터 참전한 일본인 중에는 조선에 투항하는 일본인, 즉 항왜들이 생겨났다. 일본군이 항왜가 된 이유는 다양했다. 김

---

7   대구광역시, 『대구지명유래총람―자연부락을 중심으로』, 2009, 612, 622~624쪽.

충선의 경우는 투항 목적이 '예의의 나라 백성이 되고자'라는 이유가 대표적이었다. 그러나 그런 이유를 가진 항왜는 거의 없었다. '전쟁에 참전하는 일은 고달픈데 배는 고파서', '수자리가 힘들어서', '사역이 과중하고 왜장倭將이 포악해서' 등의 일본군 내의 문제로 항왜의 길을 선택하였다. 또한 강화講和 교섭이 장기화되면서 항왜가 더욱 증가하였고, 조선에서의 회유책과 우대책 등도 이유가 되었다.[8] 그런데 전쟁에 지쳐 투항하였지만 일본군들은 편안한 삶을 찾지 못하고, 다시 전장에 투입되었다. 그들은 창검을 갖춘 병력이었기 때문에 조선군이 되어 다시 전쟁을 참전해야 했다. 그들 가운데에는 조선이 시급하게 필요로 하는 조총, 염초焰硝의 제조 기술을 가지고 있는 자들도 있었다. 이들은 조총과 화포를 제조하는 조선의 많은 군진軍鎭을 순회하면서 기술을 전한 것으로 보인다. 김충선의 『모하당문집慕夏堂文集』에는 전쟁 초기 김충선에게 편지를 보내어 화약 제조가 가능한, 그의 휘하의 항왜 기술자 김계수 등을 파견해 달라는 조선측의 요청 내용이 수록되어 있다. 서간을 왕래했던 것은 관찰사, 부사, 목사, 방어사 등 다양하다.[9]

이처럼 김충선의 예처럼 특정 기술을 보유한 부대는 흩어지지 않고 함께 생활하면서 주변 군진의 요구에 응했던 것으로 보인다. 특히 항왜들은 집단적으로 투항한 예가 많고, 전장에서는 조선의 장군별로 그의 휘하에서 통솔되었기 때문에 집단적으로 관리되었다. 항왜가 모여 사

---

8 항왜 발생의 원인은 김문자, 「임란시 항왜문제」, 『임진왜란과 한일관계』, 경인문화사, 2005, 330~339쪽; 제장명, 「임진왜란 시기 항왜의 유치와 활용」, 『역사와세계』 32, 효원사학회, 2007, 97~101쪽; 한문종, 「임진란 시기 항왜의 투항 배경과 역할」, 『인문과학연구』 3, 강원대 인문과학연구소, 2013, 321~323쪽.
9 金忠善, 『慕夏堂文集』(서울대 규장각본, 규 6529) 卷之一.

는 것은 군대뿐 아니라 일상생활에서 찾을 수 있다. 조선에서는 투항 이후에 전쟁에 나가지 않은 항왜들은 경상도 내지 마을에 7~8명, 15~16명 정도로 나누어 두었다.[10] 또한 항왜가 모여 있는 곳에는 이후에 또 다른 항왜들이 모여들 수 있는 상황에 있었다. 항왜들이 모여 사는 까닭에 항왜촌降倭村이라고 불리는 마을도 있었다. 1601년(선조 34) 4월 경상도 암행어사 조수익의 보고에는 '밀양의 항왜들은 스스로 하나의 마을을 이루고 마을 사람을 불러 모아서 울타리를 삼게 하여, 서로 비호하면서 살고 있다. 관의 차사差使가 그 민가를 지나게 되면 번번이 무리를 지어 관의 차사를 구타하여, 발을 못들이게 한다. 무지하고 도산한 이들이 서로 몰려든다'라고 하였다. 그해 8월에는 밀양 항왜촌의 구체적인 규모가 보고되었다. 60여명의 항왜가 모여 살면서 양민을 침학한다는 것으로 이들을 북쪽의 마을로 옮겨 오랑캐를 막는데 이용하자는 내용이었다.[11]

이 건에 대해 선조는 근거 없이 이들을 옮겨서는 안 된다고 반대를 하였다. 이미 거주하는 이들을 강제 이주시킬 만한 명분이 없다는 의미일 것이다. 주목되는 것은 항왜들이 한 마을에 모여살고, 이들을 외부로부터 보호해줄 조선인을 불러 모은다는 것이다. 또한 조선으로부터의 감시나 통제를 막아내기 위해 집단행동을 벌인다는 점이다. 항왜는 조선사회에서 차별받거나 자칫 고립될 수 있는 존재였기 때문에 낯선 조선사회에 거주하기 위해 조선인과 관계를 맺어나가면서 마을에 사는 것을 도모한다는 의미이다. 항왜는 조선 사회 내에서 이방인이었고 또

---

10 『선조실록』, 선조 27년 6월 16일.
11 『선조실록』, 선조 34년 4월 1일, 8월 18일.

한 항왜에 대한 조선의 인식 등으로 정착해서 살기가 쉽지 않았다. 그러므로 흩어져서 사는 것보다는 한 마을에 모여 사는 경우가 많았다.

특히 전쟁이 끝나도 이들은 불안한 존재로 남아 있어 이들의 집거, 결속이 강화된 것으로 보인다. 『난중잡록乱中雜錄』 선조 27년(1594) 6월 14일 기록에는 당시 항왜의 존재 양상을 알 수 있는 내용이 있다. 병마사兵馬使 김응서金應瑞에게 백여 명의 항왜가 귀속하였는데 그 중 우두머리가 김향의金向義였고, 김향의를 설명하는 부분에는 '전쟁 중에 항왜로서 우리나라에 공이 없는 자는 서북 지방에 놓아 살렸다가 뒤에 다 베어 죽였다'고 기술되어 있다. 또한 『연려실기술燃藜室記述』에는 이와 비슷한 기록이 수록되어 있는데, 『일월록日月錄』에서 인용한 것으로 '김상의金尚義(『연려실기술』에는 김상의로 되어 있음)의 무리 중에 공이 없는 사람은 서북 방면에 나누어 살게 하였더니 뒤에 역적 이괄을 따르다가 모두 죽음을 당하였다'[12]라고 하였다. 이 두 기록을 살펴보면 항왜들 중에 큰 공이 없는 자들은 북쪽 변경에 배치해 두었다는 점과 이괄의 난 때 그 부대에 소속되어 있던 항왜들이 전부 죽임을 당했다는 것이다. 전쟁을 견디기 어려워 조선에 온 항왜들이지만 이들은 조선에서 편히 거주하지 못하였다. 투항의 과정에서도 항왜들이 죽임을 당하였고, 투항 이후에도 의심의 대상이었다. 큰 공을 세우지 못한 항왜들은 이괄의 부대에 배치된 항왜들처럼 전쟁이 끝난 이후에도 대부분 병兵으로 존재하다가 조선 국내의 정치상황에 휘말려 희생되는 경우도 많았다.

이괄의 난, 정묘호란, 병자호란, 1644년 역모사건 등 인조대에 큰 사

---

12 『亂中雜錄』 3, 甲午年 6月 14日; 『燃藜室記述』 別集 제18권 「邊圉典故」 西邊.

건들이 발발하였다. 이괄의 난 때 그의 휘하의 항왜들이 함께 죽임을 당한 것은 주지의 사실이다. 병자호란이 끝난 지 얼마 지나지 않아 1644년(인조 22) 인조는 역모사건을 겪게 되었다. 반정 공신 심기원沈器遠이 회은군懷恩君 이덕인李德仁을 추대하려고 한 모반사건이었다. 이 사건에 항왜 후손이 연루되었다. 심기원의 심복으로 지목된 자 중에 나영록羅永祿과 김대수金大守가 있었다. 나영록은 나기羅起의 자식으로 1599년생이며, 1637년 무과 급제자였다.[13] 나영록은 항왜의 자식이라는 『인조실록』 기사에서 그의 아버지 나기가 항왜임을 알 수 있다. 나영록이 심기원의 무리로서 역모죄를 받게 되자, 조정에서는 다른 역모사건처럼 죄인이 거주하던 군현郡縣의 격을 낮추고자 하였다. 그런데 결론은 나영록은 항왜의 자식이므로 조선의 예로 다스리는 것이 불가하다는 것이었고, 결국 읍격邑格을 내리지 않았다. 그는 조선에서 관직 생활을 하고 있는 관료였지만 처벌에 있어서는 조선인과 차별을 받았다.

김대수 또한 항왜의 자식이었다. 조정에서 김대수를 추포하기 위해 추포인력을 보내는 지역이 대구, 밀양, 청도 지역이었다.[14] 이 지역에 항왜가 많이 모여 살았기 때문에 그의 은신처가 될 것이라는 생각이었다. 17세기 전반에는 후술할 김충선이 대구 우록리에 정착했을 시기이며 또한 그의 휘하 부대까지 모여 살았던 것을 보아도 대구 이남 지역에 산재해 있던 항왜 마을의 존재를 짐작할 수 있다.

이상과 같이 항왜는 임진왜란이라는 큰 전란 중에 모국母國을 등지는 어려운 길을 택하였지만, 전란 중에도 전란이 끝난 후에도 부단히 조선

---

13 한국학중앙연구원 한국역대인물종합정보시스템(http://people.aks.ac.kr.).
14 『승정원일기』 5책, 인조 22년 5월 26일.

에 대한 '충忠'을 드러내보여야 했다. 전쟁이 끝난 후에도 이괄의 난, 역모사건 등에 휘말리면서, 살아남은 항왜들은 동족인 항왜들이 죽음에 이르는 것을 목도하게 되었다. 불안한 삶에서 벗어나 조선사회에 정착하여 살아가는 방안을 도모 해야만 했다.

3) 김충선와 우록리

김충선의 예처럼 당시 최신식 무기였던 조총 기술을 가지고 있는 장수의 경우는 그 휘하에 동질의 기술을 갖춘 부대를 거느리고 있었다. 그러므로 김충선 귀화 당시 함께 투항한 일본인들이 그와 같은 부대에 편성되어 있었음이 알려져 있다. 항왜라는 신분의 특수성, 일본인에 대한 인식 등으로 대구 지역에 정착하는 초기에는 지역사회와의 교류가 넓지 않았을 것으로 보인다. 이러한 이유로 김충선은 항왜 집안과 혼맥을 맺기도 하였다.[15] 이러한 상황에서 김충선을 중심으로 우록리는 항왜촌으로 형성되어 갔다.

김충선의 자녀대에서는 부친인 김충선을 이어 우록리에 계속 거주하는 자, 각 지역으로 흩어져 거주하는 자로 나누어진다. 자녀대의 거주 양상은 현존하는 「대구부 호적대장」을 통해 알 수 있다. 「대구부 호

---

[15] 우록리 마을 구성원은 17세기 후반부터 19세기 후반까지 남아 있는 호적대장을 통해 알 수 있다. 우록리는 1681년 작성된 「대구부 호적대장」에는 우륵리(牛勒里)라고 되어 있다. 이 호적대장을 분석해 보면 김충선의 첫째 아들과 둘째 아들은 모두 항왜의 딸 또는 손녀와 혼인을 한 것을 알 수 있다. 또한 그의 딸은 우록리 외부에 거주하는 진주장씨(1681년 호적) 문중으로 시집을 갔으나, 김충선의 외손은 1681년 당시 우록리에 거주하고 있었다.

적대장」에는 항왜 중에서 가장 높은 신분에 올랐던, 그리고 가장 유명해진 김충선의 후손들에 대한 기록이 등재되어 있다.

『사성김해김씨세보賜姓金海金氏世譜』권 1[16]을 보면 김충선은 아들을 5명 두었는데, 김경원金敬元, 김경신金敬信, 김우상金右祥, 김계인金繼仁, 김경인金敬仁이다. 1681년 우록리(호적에는 우륵리) 호적에 등재된 이는 장남 김경원과 차남 김경신이다. 『세보』에는 3남 김우상의 이름 위에 경산, 4남 김계인의 이름 위에 청도, 5남 김경인의 이름 위에 김해라고 적어놓아 성장한 후 우록리를 떠나 각 지역으로 흩어져 일가를 이룬 것으로 생각된다. 세보에는 없지만, 김충선에게는 1명의 딸이 있었다. 1681년 우록리 호적에는 장애윤張愛允이란 사람이 한 가호家戶를 형성하고 있다. 장애윤의 외조부가 김충선으로 되어 있어, 김충선의 외손이 외가 마을에 거주하고 있었음을 알 수 있다.

장남 김경원은 『세보』에는 청도김씨, 인동장씨와 혼인한 것으로 되어 있다. 1681년 우록리 호적 중 김경원 조항을 보면 김경원은 청도김씨와 혼인하였고, 부인은 양반 여성을 의미하는 김씨金氏로 나타나 있다. 부인인 김씨의 아버지는 김계충이라고 되어 있는데, 김계충 또한 항왜였다.

김경신은 『세보』에는 청도김씨와 혼인하였고, 부인은 김조이金召史로 나타나 있다. 김조이의 아버지는 김구성金九聲, 할아버지는 김성인金誠仁이었다. 김성인 또한 항왜이고 김구성은 항왜의 후손에 해당한다. 김계충, 김구성, 김성인이 항왜 또는 항왜 후손이라는 것과 김충선과의 관계는

---

16 賜姓金海金氏宗親會・鹿洞書院, 『賜姓金海金氏世譜』卷之一, 2002.

『모하당문집』의 기록에서 알 수 있다. 『모하당문집』에 수록된 「부 김성인 행록附金誠仁行錄」[17]에는 '이동시향화지인以同時向化之人 고부록우차故附錄于此' 이라고 해서 김성인이 김충선과 함께 귀화한 항왜이므로 김충선의 문집에 함께 수록하였다라고 기록해 두었다. 많은 항왜 중에서 김성인의 행록만 수록한 것을 보면 김충선과 김성인의 관계가 각별하였음을 알 수 있다. 이런 관계 속에서 항왜들 사이에서는 혼인을 맺는 경우가 생겼다.[18] 혼인은 낯선 조선 사회에서, 동질감을 가진 이들이 결속을 다지고 유대를 강화하는 기반이 될 수 있었다.

임진왜란 이후 김충선이 우록리에 정착하면서, 사성김해김씨를 중심으로 하는 집성촌이 형성되었다. 전쟁 이후에도 항왜 후손들은 한 부대部隊로 편성되어 군역軍役을 지고 있었다. 이러한 이유로 우록리에는 사성김해김씨 외의 항왜 후손들도 함께 거주하였을 것으로 보인다. 김충선과 그의 자녀 대에서는 혼인 관계가 폭넓지 않다가 점차 대구 등 인근 지역의 문중과 다양하게 혼맥을 형성해 나간 것으로 보인다. 김충선 집안의 혼맥은 『사성김해김씨세보』를 통해 볼 수 있는데, 김충선의 5세까지는 밀양박씨 등 인근 지역과 혼맥을 맺는 경향이 있고, 6세 이후에는 대구 지역의 유력한 문중과 혼맥을 형성해 나간 것을 알 수 있다.[19] 또한 김충선의 후손들은 지역사회에서의 기반을 강화하고 대구

---

17 규장각에 있는 『모하당문집』(규 6529)에는 「附金誠仁行錄」이 붙여져 있다. 이 문집과 1996년 사성김해김씨종회에서 출판한 『慕夏堂文集 附實記』(국역본)의 내용에는 약간의 차이가 있다.

18 『사성김해김씨세보』를 보면 17~18세기에 걸쳐 김충선 후손 남성이 혼인한 횟수는 120여회에 걸쳐 50개 성씨를 가진 여성과 혼인하였고, 후손 여성 42명이 시집간 집안은 20여 성씨에 이르렀다. 이때는 거주지역이 좁았고, 아직 지역사회와의 혼맥관계가 폭넓게 형성하기 어려웠다고 보았다(진병용 외, 『한·일 평화의 가교 김충선[沙也可]과 우록리에 관한 연구』, 대구경북연구원, 2012, 40~41쪽).

양반사회로의 진입을 위해 전략적으로 혼맥을 형성해 나가기도 하였다.[20] 이러한 점이 현재까지 우록리가 사성김해김씨 세거지로 유지될 수 있었던 기반으로 작용했던 것이 아닌가 한다.

조선 사회에서 사회적·지역적 기반이 전무한 항왜로서는, 혼인을 계기로 결속과 유대를 도모하면서 조선 사회의 정착에 필요한 기반들을 마련해 나갔을 것이다. 또한 마을에 동약(洞約) 실시 등 공동체를 강화하기 위한 노력을 해 나가면서 조선 문화의 습득과 거주지 안정을 도모하였을 것으로 추측된다. 김충선은 그의 문집에서 우록리를 정착의 공간으로 정한 이유에 대해 은거하기 위한 공간이라고 하였다.[21] 전쟁 중 투항을 선택한 열세의 항왜는 투항 자체도 힘든 일이지만 낯선 조선에서 정착해 살아가는 것이 힘든 과정이었다. 항왜와 항왜, 항왜와 조선인 사이에 연대를 만들고 결속하면서 마을을 만들고, 항왜 후손들은 이를 지속해 나가는 노력을 함으로써 현재까지 존속할 수 있었다고 생각된다. 이러한 점에서 후손들의 존재 양상을 살펴봄으로써 로컬리티의 단면을 찾을 수 있을 것으로 보인다.

---

19 위의 책, 40~41쪽.
20 김충선 후손들은 대구 지역의 명문 가문과는 사실상 혼맥을 형성하는 것이 어려웠기 때문에 이들 가문의 서파(庶派)를 대상으로 혼맥을 형성하면서 재지적(在地的) 기반을 강화해 나갔다(김학수, 「한 日本人의 朝鮮定着과 社會文化的 적응 양상—降倭將 沙也可(金忠善, 1571~1642) 집안을 중심으로」, 『대동한문학』 46, 대동한문학회, 2016). 이외에도 『모하당문집 부실기』(1996, 195~197쪽)를 보면 청도군수가 쓴 김충선의 묘갈(墓碣)이 수록되어 있다. 1666년 부임해온 청도군수가 김해김씨 문중의 묘비문을 써준 것은 청도에 거주하는 밀양박씨나, 기타 문중과의 인맥에 기인한 것으로 생각된다.
21 『慕夏堂文集 附實記』卷之一, 「雜著 鹿村誌」. 김충선이 은거를 하게 되는 이유는 17세기의 조선의 정치 회오리에서 벗어나고자 안전을 도모하는 것도 있지만, 일본에서도 김충선을 죽이러 올 수 있다는 두려움이 있었다고 한다. 사성김해김씨 집안에 내려오는 이야기 중에는 일본에서 자신을 죽이러 오지 않을까 하여, 우록리 뒷산에 올라가 망을 보기도 했다는 이야기가 있다(사성김해김씨 14세인 김○○씨(2015.5.11. 인터뷰).

3. 우록리 동약洞約과 마을의 결속

임진왜란 이후 우록리는 김충선이라는 항왜 1세대가 거주한 이래, 혼인 관계로 그 결속과 유대를 강화해 나갔던 마을이다. 그러나 「대구부 호적대장」 중 가장 빠른 1681년 수남면 우록리 호적 어디에도 항왜라는 글자는 찾을 수 없다. 이것은 「울산부 호적대장」에서도 비슷한 양상이었다. 1608년 호적에는 항왜 이름 앞에 반드시 항왜임을 밝혔는데, 17세기 후반으로 가면서 항왜라는 글자가 사라져갔다. 남아있는 「대구부 호적대장」에서 항왜를 찾아보면 다른 마을에서 나타나는데, 대부분 직역職役을 항왜보인降倭保人으로 쓴 예이다. 이것도 이후 시기의 호적에서는 직역 명이 바뀌면서 항왜라는 명칭은 나타나지 않는다.

항왜는 조선 사회 내에서 거주하면서도 항왜 또는 항왜 후손이라고 보는 시선에서는 자유롭지 못했을 것으로 보인다. 항왜 김충선은 이러한 점을 잘 알고 있었던 듯하다. 김충선이 남긴 「가훈」[22]의 첫 구절이 "내가 조선東土에 기탁한 것은"로 시작한다. 또한 "내가 원하는 것을 펼치고 나의 뜻을 이어받는다면 다른 사람들이 말하기를 '그 부조父祖는 섬 오랑캐였으나 그 자손들은 이와 같이 훌륭하다'라고 할 것이니 어찌 나에게 빛이 되지 않겠는가"라고 하고, "한 문중이 충효를 행하면 한 지방地方이 흠모하게 된다"라고 하였다. 김충선은 일본 출신의 항왜였지만, 그 후손들은 조선에 거주하면서 주변 사회, 주변 지역과의 관계를 잘 해나가도록 바라는 것이었다.

---

22 『慕夏堂文集 附實記』, 「家訓」, 1996, 81~84쪽; 「內外子孫及同里人約條」, 84~87쪽.

항왜 후손이 지역에서 정착하기를 바라는 마음은 그의 '내외자손과 같은 마을 사람들 약조內外子孫及同里人約條'에서 더욱 두드러진다. 그의 후손뿐 아니라 우록리 마을 사람들에게 알리는 일종의 동약同約이었다. 이 약조의 첫머리에도 "내가 외국殊方에 의탁하여 만리 밖에서 외롭게 붙어 산다"라고 기술함으로써, 항왜임을 먼저 드러내고 있다. 외국인의 후손들이 살아나가야 할 방안과 후손들과 함께 살아갈 마을 사람들에게 당부할 말을 규약으로 만든 것이다. 총 15개 조항으로 되어 있는데, 대부분 자손과 마을 사람들이 공동 부조 등 마을 생활에서 어떻게 해야 한다는 당위적인 내용들이다. 예를 들면 실농失農 때의 부조, 화재가 났을 때의 공동 복구 노력, 농업권장―농기구와 마소 빌려주기, 관혼상제 부조, 가난 퇴치 등이다. 주목되는 대목은 "나의 자손은 타성他姓인 마을 사람들과 인의隣誼는 지천至親과 같이 하고 정情은 골육처럼 한다"라고 해서 마을 내에서의 유대를 강조한다는 점이다. 또한 이 약조는 "매년 춘추春秋 강회講會 때 읽고 상하 사람들에게 들려주고, 여자와 어린아이는 풀어서 듣게 한다, 춘강회春講會는 꽃필 시기에 하고 추강회秋講會는 단풍 절기에 하는데, 강회 때에는 각기 호과肴果를 가지고 종일토록 주연을 즐길 일이다"라고 하면서 15개 조항을 마친다. 단순 교육장으로서의 강회가 아니라 항왜 후손과 마을 사람들, 여자와 아이들까지 함께 모여서 즐길 수 있는 강회가 존재한 것은 흥미로운 대목이다. 항왜 후손들이 고립되지 않고 유대를 맺어 나갈 수 있는, 항왜의 거주지로서의 우록리에 대한 고민들이었다.

약조의 마지막에서 (김충선은) 자신이 바다 밖에서 온 외국인이라는 것을 다시 강조하고 있다. 우록리는 앞서 호적 고찰에서 본 바와 같이 김충선 가계가 이어지고 있는 곳이고, 외손들도 들어와 생활하면서 김충선 후손들이 많이 거주하는 마을이었다. 그러나 다른 성씨를 가진 이웃 사람들도 있기 때문에 서로 화합하여 지내야 어짐이 두터운(仁厚)의 풍속이 있을 것이며, 그렇지 않으면 집집마다 다른 마음과 다른 의견들이 생길 것이라 우려하였다. 김충선은 "대강의 약조를 정해서 한 마을의 금석지전(金石之典)이 되도록 만든다"라고 하고, 이렇게 하면 다른 마을 사람들이 누구라도 우록리 사람들을 멸시하지 못할 것이라고 하였다. 김충선은 후손과 우록리 사람들과의 관계, 우록리와 다른 마을과의 관계를 유지하기 위한 방안으로 약조를 만든 것이다. 그 이유는 자신이 항왜이고 후손들이 그것 때문에 받아야 하는 오해와, 후손과 주변 지역 사람들과의 불합(不合)을 우려하는 것이었다.

이러한 약조를 만드는 데에는 김충선의 유학적인 소양도[23] 중요할 것으로 생각된다.[24] 그런데 한 가지 흥미로운 점은 '항왜 1세대가 우록리에서 동약을 만들어서 알릴 수 있었을까'라는 점이다. 이것은 김충선이 우록리에서 가지는 위계와도 관계가 있다고 생각한다. 우록리에는 김충선 직계 후손들만이 있는 것은 아니고 다른 항왜의 후손들까지 거주하고 있었다. 그런데 김충선이 우록리에서 가장 높은 지위를 유지하였다. 또한 항왜 중에 조선국왕으로부터 성과 이름을 하사받은 사성명

---

23 김충선은 이웃한 白鹿洞書院에 출입하였고, 이곳에서 儒學 修學을 하였다고 한다(후지와라 다카오, 『沙也可(金忠善)の遺跡・史蹟と儒学観』, 영남대 박사논문, 2014, 47쪽).

24 김충선의 유학적 지식에 대해 의문점을 가지는 학자들이 많다. 특히 문집이라는 특성으로 『모하당문집』에 수록된 내용들이 후손들에 의해 가필된 부분을 완전히 배제할 수 없는 점도 있다. 다만 손자인 김진영이 김충선을 이어 동약을 실시한 점에서 김충선 대에 우록리에서는 마을 사람들의 단결과 화합을 목적으로 하는 특정의 약조들이 있었을 것으로 생각된다.

賜姓名을 가지고 있었다는 점이다. 김성인의 행록에도 나와 있듯이 김충선을 수장首將이라고 표현한 것도 김충선이 항왜 사이에서 차지하는 지위를 짐작하게 한다. 더욱이 호적대장에 나타나 있는 우록리의 직역자를 분석한 결과, 김충선 집안만큼 지위를 유지하던 집안이 없었던 것도 관련이 있다고 생각한다. 이러한 사회적 지위를 부여받은 상황에서 김충선이 그 후손들과 마을 사람에게 동약洞約을 알릴 수 있었다고 생각한다.

동약으로서 우록리를 구성해 나가고자 한 것은 그 손자인 김진영에게서도 발견된다.[25] 그의 문집인 『삼감재실기三柑齋實記』 중 「행장行狀」[26]에는 "그 말미에 지금 녹동, 백록동과 사정등射亭嶝에는 삼감처사三柑處士의 촌약村約과 남전향약藍田鄕約 등이 가히 공경할 만하다"라고 하였다. 즉 우록리와 인근 백록리와 주변 지역에 김진영(삼감처사)이 만든 동약이 실시되었고, 또한 그가 여씨향약을 본받아 향약을 실시하였음을 알 수 있다. 그의 「묘갈명」[27]에서도 비슷한 내용이 나온다. 김진영이 매월 길일吉日에 김충선으로부터 내려온 가훈을 받들고 자녀, 조카들을 모아서 가훈을 설명해 주고 효제孝悌, 충신忠信을 가르쳤다든지, 동약을 만들어 그것을 마을에 널리 퍼지도록 하였는데 그것이 주자의 백록규白鹿規와 같았다든지, 육덕팔형六德八刑의 의미를 장려하여 마을 사람들이 보고 느끼도록 하는 효과가 있었다든지, 녹동 한 마을이 산골짜기 마을이므로 사리에 어두웠지만 학문의 기질文質이 빛나는 것은 김진영에게서

---

25 김충선의 「內外子孫及同里人約條」, 김진영의 「洞約規」, 「白鹿洞行鄕飮禮序」, 「洞約序」는 오세창 외, 『嶺南鄕約資料集成』(영남대 출판부, 1986)에 일괄 재수록되어 있다.
26 『삼감재실기』(규 15665) 권2, 附錄 「行狀」, 1788년 李龍老가 쓴 것이다.
27 『삼감재실기』 권2, 附錄 「墓碣銘」, 1854년 李柄運이 쓴 것이다.

비롯된 것이다 등의 내용이다.

조선중기 이후 지역사회에서 시행된 향약이 대부분 여씨의 남전향약藍田鄕約과 주자의 백록동규약白鹿洞規約을 본받아 시작한 것과 그 맥을 같이 한다. 또한 김진영은 김충선의 손자로서 동약을 정리하고 김충선이 남긴 가훈과 정신을 계승하고자 하였다. 『삼감재실기』에 실린 「동약서洞約序」의 대략적인 내용은 "나의 할아버지가 주자와 여씨의 향약을 알고 16개 조항을 만들었고", "봄 가을로 강회를 열어 가르친 것이 오늘에 이르렀는데, 지금 우리 동네 사람들이 준행을 하고 있다", "자신이 그 유규遺規를 정리해서 12조항을 만들어 약규約規라고 한다"였다. 김진영은 다시 11조항을 만들어 약목約目이라고 하였다. 「동약규」는 오륜五倫, 육덕六德, 팔형八刑을 비롯하여 덕업상권, 과실상규, 예속상교까지 담고 있다.

김진영은 김충선과 마찬가지로 자신이 거주하는 우록리를 동성同姓과 타성他姓과의 갈등이 없는 마을로 만들고자 하였다. 유학을 수학한 것이 배경이 되었지만 그 역시 후손들이 뿌리를 잘 내리도록 하는 방안에서 비롯된 듯하다. 김진영이 삼감三柑이란 자호自號를 사용한 이유도 이와 관련이 있었다. 「삼감재기三柑齋記」에서 "호號에 감자柑字를 넣은 것은 선조先祖인 모하공慕夏公 김충선이 남남南南 즉 감귤이 나는 곳에서 오셨기 때문이다. 그것을 잊으려 해도 잊을 수 있겠는가? 그러니 ('감'을 호에 넣은 것이) 재질이 아름다워서도 아니고, 또한 향과 맛이 진귀함도 아니다"라고 하였다. 또 "다른 사람이 말하기를 "그렇다면 일감一柑이면 충분하지 왜 삼三을 넣었는가 물으니, 그 이유에 대해서 아들이 3명 있는데 용모가 같지 않고 성격과 기질이 다르므로 장차 세 그루의 번영함과 초췌함으로써 아이들의 성쇠를 살필 것이다"라고 하였다"**28**라고 한 것으로 보아 후손들의 안위를 걱정하는 의미였다. 김충선부터 김진영까지 3대가 우록리에 정착하였지만 여전히 항왜의 앞길은 예상하기 어려웠다는 것을 알 수 있다. 김진영 또한 김충선이 생각한 우록리에 대한 구상을 이어받아 동약과 향약을 보급하고 마을 공동체의 결속을 강화해 나갔다. 우록리는 김충선이 은거의 장소로 선택한 곳이었지만, 점차 주변 사람들과 결속하면서 '함께 정착해 나가는 삶터'가 되었다.

> 다른 타성들은 (우록)2동에는 단양우씨, 최씨는 살고, (우록)1동에는 김해김씨들이 터전을 일찍 잡았고 김충선할아버지가 우리나라 난리 때 임진왜란 때 여기 오시가지고 많은 충성을 하셨고 우리가 듣기에는 그 당시의 임진왜란 때 임금님에게 이왕에 귀향을 해가지고 한 것 터전을 내고향 남쪽과 가까운 곳에 터전을 잡겠다 해서 우리 동네에 터전을 잡은 걸로 그렇게 들었고, 그리고 또 짧은 대수에 많은 후손들을 배출했습니다. 엄청난 후손을 배출했고. (…중략…) 각자의 생각은 다르지만 우리 마을을 대표하고 마을을 알렸던 분이고 해서 주민들은 김충선할아버지를 꼭 김씨들의 선조라고 생각하지 않고 우리 마을의 장군님이고 할아버지라고 생각합니다. 우리 마을 전체로 봐서는 마을의 할아버지다.

위 내용은 우록리 이장님 인터뷰 내용이다. 주목되는 것은 최근 새로

---

28 『삼갑재실기』 권1, 「三柑齋記」. 김충선(모하당), 김진영(삼갑처사)의 마을을 교화하기 위한 노력을 했다고 1814년 대사헌 金羲淳이 쓴 「書慕夏堂行錄後」에도 나타나 있다(『慕夏堂文集 附實記』, 179~180쪽).

유입된 주민들을 제외하고 마을 사람들에 따라 그 정도는 다르지만 김충선에 대해 대체적으로 '우리 마을의 할아버지'라고 생각한다는 점이다. 이장은 김충선의 증손녀와 결혼하면서 마을에 정착한 인천이씨의 후손이다. 인천이씨는 300년 전에 우록리에 가계를 형성한 문중에 해당한다. 그에게 마을 할아버지가 되는 김충선에 대해서는 김씨 문중 후손과 비슷한 내용이 전승되고 있다.

이 외에도 '일본에서 자객을 보내어 할아버지(김충선)를 살해하려고 했다, 그래서 신발을 벗지 않고 잠을 잤다, 김충선은 청도 박장군(밀양박씨)과 친분이 두터웠다, 마을과 청도간의 교류가 많았다, 두 사람의 산소가 우록리 뒤편 산에 있고 서로 인접해 있다, 박씨들의 묘소는 거꾸로 쓴다' 등의 이야기들이 동성, 타성 할 것 없이 마을 후손들에게 비슷하게 전승되고 있다.[29] 이것은 윗대에서부터 특별한 교육 없이 전해 내려오는 이야기였다.

김충선과 관련된 이야기는 김해김씨, 그 외 성씨와 관련 없이 마을에서 전승되어 있었다. 오랜 시간 속에서 인척관계로 맺어지는 경우가 많아 마을 구성원 사이에서는 마을의 상징적 인물로 김충선만을 나타내도 큰 갈등요소는 없다. 그야말로 '이 산중에 있는 마을을 알린 분이고 대표하는 분'으로서 표상이 되었다.

---

29 우록리 작목반에서 진행한 이장님과의 인터뷰 내용과, 그 자리에 참석한 후손 김○○님, 몇 명의 동네 어른신과 인터뷰를 진행할 때 공통적으로 나온 이야기들을 모은 것이다 (2016.3.18).

4. 문중, 역사자원 그리고 전승

마을에 전승되어 오는 역사자원은 마을의 문화, 정체성과 밀접한 관련을 가지고 있으므로 역사문화자원과 상통한다. 역사문화자원은 '일정한 시간'과 공간 안에서 인간이 만들어낸 문화유산과 이야기로 구성되어 있다. '일정한 시간'이란 것이 마을의 역사에 해당할 수 있으며, 우록리란 특정 공간에서 만들어지는 가장 상징적인 문화유산은 '김충선'과 관련된 구술, 그를 배향하는 녹동서원 등의 유적과 『모하당문집』 등의 기록이다.

김충선에 대한 기억, 역사자원을 공유하는 것은 18세기 후반 그에 대한 현창작업에서 시작되었다. 관료로 진출하거나 학식이 뛰어나 지역사회에서 두각을 나타내는 후손들이 배출되면서, 자신들의 선조에 대한 현창작업을 활발하게 진행하였다.[30] 먼저 김한조를 중심으로 한 후손들에 의해 1798년(정조 22) 『모하당연보慕夏堂年譜』(이하 『연보』) 정리가 완료되었다. 이때 만든 연보에는 그 후록에 『모하당문집』이 함께 수록되었다. 책명이 연보라고 되고 있지만, 연보 뒤에 문집이 붙어 있는 체제였기 때문에, 또 다른 형태의 『모하당문집』에 해당한다. 책명을 연보라고 한 것은 김충선의 이력과 공적을 강조하고자 한 것으로 보인다.

1798년 간행된 『연보』에 수록된 「연보」 마지막에는 김충선에게 포상褒賞을 해달라는 1776년(영조 52) 「삼남유생소三南儒生疏」가 조정에 올

---

30 문집 발간에 앞서 1759년에 후손 김하련이 중심이 되어 『賜姓金海金氏族譜』(己卯譜)가 발간되었다. 세대를 거치면서 유명 인물이 배출되어 가문의식이 형성되었기 때문이다(김학수, 앞의 글, 181쪽).

려진 이후에도 제대로 이루어지지 못했다고 적고 있다. 『연보』 편찬자인 김한조는 1788년 우연히 김충선의 기록을 구하고, 이후 김충선의 사적과 공로 등이 지역사회에서 의논되는 향의도론鄕議道論이 되도록 하였고, 이어서 감영에도 알려 조정에 전달되도록 하였다. 이후 1794년 사우祠宇를 건립[31]하고 봉안식을 하고, 4년 후 1798년 『연보』를 간행하게 되었다고 밝히고 있다. 김충선의 공적을 세상에 전하는 것을 여기에서 그만두어서는 안 되며 자신의 견문이 부족하므로 누락된 것이 적지 않을 것이므로, 이후 학자들이 공의 유적을 듣게 된다면 누락된 것을 보완하여 김충선의 공적을 더욱 알려달라고 당부하였다.

『연보』를 간행하면서 가장 강조한 것은 김충선의 공적과 사상을 제대로 알리는 일이었다. 문중 내에서 관련 기록을 정리하고, 지역 유생들과의 연대를 통한 공적 알리기, 경상감사를 경유한 조정에 알리기 등의 과정을 이루어내면서 1794년 녹동사鹿洞祠가 건립될 수 있었다. 이것은 기본적인 기록을 정리한 후 마을 내 구성원의 동질성을 확인하는 의미의 사당이었다. 특히 정조 연간인 1792년은 임진왜란 200년이 되는 해였기 때문에 임진왜란과 관련된 인물을 재차 현창하는 사업이 시행되었다. 김충선의 후손 또한 이와 때를 같이 하여 김충선 관련 기록을 정리하는 작업을 진행하였다.[32]

그런데 1842년 후손 김한보에 의해 『모하당문집』(이하 『문집』)이 재차 간행되었다. 『문집』에 실린 「유집遺集」의 후서後書를 보면 앞서 1798년에

---

31 건립시기가 기록물마다 약간의 차이가 있다.
32 『모하당연보』(규 4255), 『모하당문집』의 발간경위, 배경은 진병용 외(앞의 책, 2012), 후지와라 다카오(앞의 책, 2014) 참조.

간행된 『연보』가 편집 오류가 있고 널리 알려지지 못했다는 이유였다. 이를 바로 잡기 위해 다시 문중의 일족들과 일을 계획하고, 경상도 내 여러 학자諸人家들에게 청하여 목차를 바로잡고 각 목차마다 수정을 가하였다. 가장 말미에는 선조의 공과 업적에 대해 세상에 모르는 사람이 없기 때문에, 우리의 후손들이 몰라서는 안되므로 문집의 내용을 익히고 마음에 새기고 선조의 뜻을 우러러 받들도록 한다고 하였다.[33]

『연보』가 간행된 지 불과 50년 만에 다시 『문집』을 재차 간행할 때 김충선을 더 많이 알리려는 의도는 당연했다. 이와 아울러 김해김씨 후손이 크게 증가하였으므로 이를 규합하는 의도로 문중의 일족을 동원시키고, 김충선에 대한 기억을 공유하고자 하는 노력이었다. 한편 제대로 된 문집을 편찬한다는 의도로, 경상도 내 유학자들에게 자문을 구한 것은 김씨 문중과 외부 양반층과의 연대를 강조하려는 의도로 보인다. 『문집』의 서문을 쓴 강세륜, 강필효는 각각 경북 상주와 경북 봉화 출신이며, 대과 출신의 학자이면서 관료들이었다.[34]

또한 문집과는 별도로 『모하당실기慕夏堂實記』(이하 『실기』)를 1893년 간행하였다. 『문집』을 재간한 지 50년이 지난 때였다. 1893년 2월 박승동이 쓴 발문에는 "문집이 오래 전에 간행되었기 때문에 모두 김충선을 존경하고 흠모한다"라고 하고, 조정에서 여러 번 특전을 내리고 병조판서의 증직을 제수하고 봄가을 향사를 치를 수 있는 예전禮典을 베

---

33 『모하당문집』(古複 3436-51). 문집의 발문 앞에는 문집 간행을 주도한 김한보의 「恭書先祖慕夏堂遺集後」가 실려 있다.

34 모하당문집에 수록된 서문 등 김해김씨 문중으로부터 의뢰를 받아 글을 쓴 이들에 대해, 1798년 초간본은 노론계가 중심이 되었고, 1842년 중간본은 정치적으로 남인과 소론, 지역적으로는 근기(近畿)지역과 영남의 인물들이었다는 연구성과가 있다(김학수, 앞의 글, 186~188쪽).

풀었다고 하였다. 병조판서로 증직된 것은 1892년으로 이 해는 임진왜란 5주갑 즉 300년이 되는 해였다.[35] 『문집』 발행 이후부터 병조판서 증직을 제수받기까지, 임진왜란 5주갑 때 조정에서 대대적으로 시행하는 기념사업에서 김충선을 더욱더 현창시키기 위해 작성된 문건이 많았다. 지역 유림들이 연명하여 감영과 조정에 올린 상언장, 국왕의 비답, 오고간 문서들, 1893년 새로 세운 비碑와 비문, 비를 세울 때 문중과 지역 유림이 남긴 시 등이었다. 이러한 문서의 중요성을 인식하고, 이것을 묶어서 『문집』 편찬 후의 「유집」에 해당하는 기록물(이후『실기』)을 발간하고자 하였다. 더욱이『실기』 간행을 맡은 김기주 또한 문중 내 부형父兄의 뜻을 받들어 김충선 기록을 전승한다고 하였다.『실기』의 발문을 쓴 후손 김용하는 향례를 치를 수 있기 때문에 묘소 앞에 비를 세운다고 적고 있다. 그러므로 사성김해김씨 후손들은 1892년을 기념하면서 김충선 묘소의 주변을 개건하였음을 알 수 있다. 더욱이 1871년 서원철폐령에 따라 녹동사가 훼철된 상태였기 때문에 묘소를 정비하는 것은 큰 의미가 있었다. 1892년 국가주도의 임진왜란 기념사업에 의해 향사를 치를 수 있도록 한 조치는 김충선의 제향 공간이 다시 마을 내에 회복됨을 의미하였다. 1871년 녹동사가 훼철된 후, 그 곳에는 녹동재鹿洞齋가 건립되어 수학과 수행修行 공간으로 활용되었다.[36]

이상과 같이 18세기 후반부터 김해김씨 문중의 주도로, 김충선 기록

---

35 『고종실록』등 1892년(고종 29)의 기록을 보면 선조의 존호올리기부터 공신, 열사 등의 현창 사업 등이 활발하게 전개되었음을 알 수 있다. 당시 받은 교지는 우록리에 있는 한일 우호관에 전시되어 있다.

36 『모하당문집 부실기』, 199쪽. 녹동사(녹동서원)는 미사액사당(서원)이었다. 녹동사는 1892년 제사기능을 회복하였고, 1914년 녹동서원으로 재건되었다.

을 정리하고 그 공적을 알리기 위한 사업이 활발하게 전개되고 있었다. 그 과정에서 문중을 규합해 내고 김충선의 사상을 공유하면서 전승하도록 하였다. 또한 임진왜란이 상기되는 해에는 문중은 물론 지역 유림을 참여시켜서 김충선에 대한 기억을 공고하게 확산시켜 나갔다. 전근대시기에는 김충선 현창, 김충선 공적 알리기, 기록 정리와 기억의 공유 등 제사 공간, 강학 공간의 정비를 주도적으로 해 나갔다는 것을 확인할 수 있다.

5. 기억의 재현과 마을의 변화

1) 김충선, 근대의 일본인을 만나다

1908년 간행된 『모하당문집』 표지 뒤편에는 우록리를 돌아본 일본인의 평이 적혀 있다.

　　팔조령 산간에 우록동이라고 하는 곳이 있다. 옛 문록文祿의 역役 때 가토키요마사加藤清正의 부하로, 반기를 들어 명군明軍에게 항복하고 일본군을 반격하여 공을 세웠다. 조선 조정에서 상을 받고 관록을 받은 사람이다. 나이가 든 후 이 지역에 은거하였는데, 그 자손이 지금 여전히 존재한다고 한다. 따라서 대구에 있는 동호同好 인사 30여명이 1908년(명치 41) 10월 11일 그 자손을 방문하여 일본 민족이 어떠한 과정에서 한화韓化가 되었는지를 보고 들었다. 그때 그 동민洞民이 비장하고 있던 본 문집의 원고를 발견하고 그것을 인쇄

해 내고 모하당유족견문대慕夏堂遺族見聞隊의 기념이라고 하였다.[37]

이 글은 죽내권태랑竹內卷太郎, **촌송우지**村松祐之, 서산웅조西山熊助 세 사람
이 같이 쓴 것으로서 당시 대구에서 동호회로 활동한 인물들이다. 죽내권태
랑은 대구에서 경상북도관찰도서기관慶尚北道觀察道書記官을 지내고 있던 인
물이었다. 촌송우지는 대구에서의 정확한 활동을 알 수 없지만 1925년
편찬된『군산개항사群山開港史』의 공동 저자라는 이력을 가지고 있다. 서산웅
조는 1908년 당시 공립대구보통학교의 교감으로 있었다.[38]

『모하당문집』은 초간본부터 여러 판본이 남아 있는데 일본인들에
의해 발간된 것은 1908년이 처음이다. 1908년에 발간된『모하당문집』

내지의 기록을 보면 일본인의 후
손이 조선에 거주한다는 점, 일본
인이 왜 조선으로 귀화하게 된 것
인지에 대한 강한 물음이 담겨져
있다.

1912년에는 안등정차랑安藤正次
郎 대구경찰서장이 지방순시 길에
직접 대구 우록동에 가서 모하당 김
충선씨의 유허를 방문하여 그 후손
과 함께 묘소에 참배하고 돌아갔다
는 것이 신문에 게재되었다.[39] 대구

〈그림 2〉1908년 간행된 모하당문집의 내지

---

37 『모하당문집』(규 6529) 표지 뒤편에 붙여져 있는 기록(1908년 11월 20일).
38 竹內卷太郎와 西山熊助의 이력은 국사편찬위원회 한국사데이터베이스 참조.

에 거주한 일본인을 시작으로 우록리를 방문하는 일본인이 증가하였고, 이들은 김충선을 실존 인물로 이해하게 되었다. 이를 계기로 대구에서 활동하던 일본인뿐 아니라 한국 내 일본인에게도 알려졌다.

이처럼 20세기 들어 문중, 마을과는 관련 없이 우록리를 벗어나 김충선 문집이 간행되기도 했다. 일제강점기가 되면서 반역자, 매국노 등 부정적 시선으로 또는 실존하지 않는 인물로 김충선을 고찰하였다. 1915년 김충선의 실존에 대해 강한 부정을 드러낸『모하당집 부록 모하당사론^{附錄慕夏堂史論}』이 간행되었기 때문이다. 이 책은 조선총독부 경무총장이 서문을 쓰고 고등법원판사, 교토대 교수, 조선연구회 주간 등 7명의 의견과 사론을 붙인 것으로 서울 거주 일본인이 간행한 것이었다. 1920년대 김충선을 강하게 부정하던 일본인 학자들의 설에 대해 중촌영효^{中村榮孝} 교수는 1933년 우록리를 직접 방문하고 조선의 관찬자료를 중심으로 김충선의 실존을 명확히 밝혀 일본인에 의한 김충선 복원이 이루어졌다.[40]

일본인 사이에도 위와 같이 의견이 분분한 것은 일제강점기 한국인이 쓴 기사에서 그대로 나타난다.[41]

그의 著한 家訓과 鄕約은 歷代 諸賢에 少毫도 讓할 바 無하고 그의 上疏文(凡 5次)은 辭意가 淳懇하야 何人이던지 그의 忠義를 感服치 안이치 못하겟다.

39 『매일신보』, 1912.3.27.
40 일제강점기 때 일본인 학자들의 김충선에 대한 긍정과 부정적 견해에 대해서는 여러 논문들을 통해 소개된 바 있다(李寶燮, 「歸化武將沙也可(金忠善)に關する評價 の變遷」, 『廣島修大論集』, 廣島修道大學 總合研究所, 48(1), 2007; 沈熙燦, 「降倭「金忠善/沙也可」の表象と 近代歷史學」, 『日本研究』16, 고려대 일본학연구센터, 2011 등 다수).
41 『개벽』 36호, 1923.6.1.

彼가 從軍渡韓할 時에 持來한 辛卯口籍과 壬辰 當時에 有名한 李德馨, 李廷馣, 金命元, 金誠一, 郭再祐, 李舜臣, 鄭澈, 金德齡 等 諸賢間에 往復한 文字는 今日에도 其子孫이 秘藏하얏다. 그의 子孫은 今에 100餘戶에 達하나 大概 無識하야 그 祖先의 事를 詳知치 못하며 今日까지도 그 祖先이 日本人인 것을 羞恥로 思하야 外人을 對할 時에 友鹿洞에 사는 것을 隱秘한다 한다. 우리 朝鮮人은 金忠善을 漢의 金日磾와 如히 思하야 그를 稱讚하나 日本人으로 見하면 金忠善은 罪人이라 할 것이다. 特히 我朝鮮人을 同化하랴고 努力하는 今日에 300年前 朝鮮에 同化한 金氏를 對하면 感慨가 無量하다.(青吾)

이 기사의 제목은 「300년 전에 귀화한 일본의 혼 모화당 김충선공의 기행三百年前에 歸化한 大和魂 慕華堂 金忠善公의 奇行」 즉 300년 전에 조선에 귀화한 일본의 혼, 모화당 김충선 공의 기이한 행적이란 의미이다. 그의 후손들은 우록리에 100여 호나 살고 있지만 김충선에 대해서는 잘 모르고 있고 문집 또한 흔하게 볼 수 있는 상황이 아니었다는 것을 알 수 있다. 또한 일본인 입장에서 보면 죄인이지만, 한국인들은 일제가 획책하는 동화정책의 반대에 있는 김충선에 대해서는 칭송하고 있다고 적고 있다. 일제강점기의 민족주의를 드러내기 위한 사례로서 김충선이 언급되었다. 김충선에 대한 다양한 의견이 나오면서 1930년 잡지『별건곤』에는 대구의 명승고적 9곳 ─ 달성공원, 도수원刀水園, 금호강, 안일암安逸庵, 장군수將軍水, 동화사, 파계사, 모화당慕夏堂, 영선지靈仙池 ─ 중한 곳으로 소개될 정도였다.[42] 이상과 같이 김충선에 대해서 일제강점

---

42 『별건곤』 33호, 1930.10.1.

기부터 학문과 연구의 대상이 되었다가, 실존이 확인되었을 때에는 우록리가 대구의 명소로 알려지기 시작하였다.

2) 우록리의 재발견과 『모하당문집』의 국역사업

세거지는 근대화를 거치면서 빠르게 해체되어가는 추세이다. 마을 내 위계, 특권이 약화되고 교통이 발달하면서 구성원의 변화가 일어났다. 이에 따라서 사회조직이 변화하고 이어져 오던 계나 공동체, 상부상조 관습이 약화되었다.[43] 김충선에게 배신자, 죄인이라고 부르던 일제강점기를 겪으면서 1970년대 이전까지 김충선에 대한 현창사업은 침체된 상태였다.

더욱이 우록리의 경우는 김충선이 '우록의 의미는 과연 내 평생 산속에 은거하고자 하는 뜻에 부합한다'고 하여 거주지로 정한 만큼 대구 중심부인 읍치邑治에서 많이 떨어진 곳이었다. 도심에서 벗어나고 대로에서 멀리 떨어진 마을의 입지는 현대 사회에 들어와 마을이 낙후되는 원인이 되기도 하였다.

1970년대 우록리가 일간지에 소개된 것을 보면, 당시 우록리의 상황을 추측할 수 있다. 기사의 제목도 「이색異色마을을 가다」이고, 소제목 또한 '물씬 풍기는 일본색日本色', '왜의 선봉장 사야가沙也可', '우록김씨들', '변신하는 후예들'이었다. 기사 곳곳에 새집이 없는, 낡은 초가집

---

43 조선총독부, 『朝鮮の部落』, 1933, 455~457쪽.

이라는 표현을 써서 당시 낙후된 우록리를 표현하였다. 기자는 후손 김용희(당시 78세)와 젊은 사람들로 표현되는 마을 사람들의 발언을 실었다. 후손 김옹은 현존하는 우록김씨의 중심인물이며 그는 벽장 안에서 소중히 간직해 온『모하당유집』을 꺼내 보였으며, 노안에는 자랑스러운 빛이 역력했다고 소개하고 있다. 또한 김옹은 이제 마을에서 모하당을 즐겨 소개할 수 있는 유일한 후손이라고 소개하였다. 이 신문기사로 보아 1973년 당시에는 김충선에 대한 이야기가 문중과 마을에서 겨우 전해질 뿐 신문기자도 잘 모르는 것이었음을 알 수 있다. 반면 신문기사에는 우록리의 젊은 주민에 대한 인식도 실었다. 당시 마을의 젊은이들은 마을이 낙후되어 가는 것에 관심을 쏟고 있다고 하였다. 한때 대구시에 편입되기도 했던 우록동은 너무 외진 산마을이라 현대화의 물결이 쉽게 닿지 않았다. 당초 모하당이 대구의 수성천변에 터를 잡았다가 외진 우록동으로 옮겼다는 이야기를 하면서 "그때 조상이 수성천변에 터를 잡았더라면"이라고 아쉬워하는 젊은 후손들의 말을 듣고 보니 부러 두문동을 찾았던 왜의 왜장 사야가의 심경이 되새겨지면서「오늘과 어제」의 깊은 도항같은 것이 느껴졌다"고 하였다.[44]

기사는 1970년대 초기의 우록리 현황과 마을에 거주하던 젊은 사람들의 의식을 반영하고 있는데, 그만큼 마을 주민들이 마을 발전이나 마을활성화에 대한 기대가 높았다는 것을 반영한다. 더욱이 1970년대에는 중앙 정부에서 고위 관료가 된 후손이 나옴으로써 마을로 들어가는 길이 포장이 된 일이 있어, 추후에도 마을 경관이 새롭게 조성되는 등

---

[44] 『동아일보』, 1973.1.22.

의 기대가 있었다.

반면 이 기사는 1972년 일본의 소설가 사마료태랑司馬遼太郎의 『街道
をゆく』(1972, 朝日新聞社) 내용을 많이 인용하고 있다. 이 책은 사마료
태랑의 한국 여행의 기록으로, 30개의 목차로 구성되어 있다. 이 목차
중 7개의 목차가 우록동, 김충선, 사야가에 해당되는 것으로 전체 책의
1 / 4을 차지하고 있다. 1965년 한일협정 이후 한국과 일본과의 관계
가 변화하면서 일본인의 우록리 방문이 증가하였다. 그러므로 우록리
가 일본인에게 재확인되었고, 한국인 또한 일본인의 이러한 방문에 관
심을 가지게 되면서 '이색마을'이란 제목으로 전국 일간지에 수록된 것
으로 보인다.

이러한 배경으로 김충선을 기억하는 방식은 건물이나 건조물, 한문
기록의 한글기록화 등 시각자원을 늘이는 방안, 마을 알리기를 통한 마
을경제 회복(관광산업)에 대한 기대 등이 마을 안에서 나타났다. 1914
년 재건된 녹동서원 주변에는 1965년 모하당김공유적비慕夏堂金公遺蹟碑
가 세워졌다. 1970년에는 '우록동 입구에는 모하당의 유적비와 위패를
모신 녹동사와 재가 있다. 3년 전 증축했지만 앞문과 중문의 양식이 독
특하다'라는 기사에서 녹동사와 재실이 증축된 것을 알 수 있다. 또한
국고지원을 받아 서원이 1972년 확장 · 이건移建되었다.[45]

1974년 사성김해김씨 후손들은 문중의 논의를 모아 『문집』의 번역
을 완성하였다. 번역문의 발문에는 "조상의 정신을 이어받기 위해서는
문집의 내용을 전하는 것이 중요하다"고 하고 주석을 붙여서 한글 번역

---

45 『동아일보』, 1973.1.22, 『매일신문』 1996.12.26.

문을 낸다고 하였다. 또한 "이 책을 거울삼아 조선의 사적과 정신을 이어받도록 한다"라고 하여, 김충선에 관한 기념, 현창 외에도, 김충선을 통해 조선 문화를 이해하자는 취지를 더하고 있다. 또한 누구나가 1권씩 소장할 수 있도록 하여 김충선과 그의 정신을 쉽게 접할 수 있는 기록물로 만들었다. 녹동서원 내에는 임진왜란 400년 기념으로 후손에 의해 1992년 신도비神道碑가 세워졌다.[46]

1996년 한글번역문 증보판의 발문에는 김충선의 "평등사상과 국제평화 애호사상을 흠미한다면 진실로 한없는 마음의 양식이 되리라"고 하였다. 조선 문화로 언급되었던 김충선에 대해 일본인이었음을 다시 상기시키면서 양국 사이의 자리한 인물로 위치시켰다. 현대 사회와 국가의 지향점이라고 할 수 있는 평등, 평화로 연결시켜, 김충선에 대한 기억을 국가／국제단위로 확장시키고 진화되도록 하는 의미로 여겨진다.

3) 역사자원의 증가와 마을경관의 재구성

마을과 문중 중심으로 김충선을 재현하던 것은 일제강점기에 그랬던 것처럼 마을과 한국을 벗어나게 되었다.[47] 1965년 한일협정을 전후

---

46 신도비에 새겨진 비석 명문의 정식 명칭은 節義歸化靖難功臣贈正憲大夫兵曹判書兼知義禁府訓練院事行龍驤衛大護軍賜姓金海金氏諱忠善慕夏先生神道碑銘이다. 귀화인, 전쟁에서 공을 세운 공신인 것과 받은 품계와 관직을 적고 김충선이란 이름과 모하당이라는 호를 새겼다.

47 마을의 역사자원이 특정 문중을 중심으로 이어지고, 이 과정에서 공유되는 기억들 또한 문중 외의 사람들에게는 약화되거나 단절될 수 있다. 극단적인 도시화 속에서 같은 문중이라도 세대 간의 차이를 발생시킬 수 있다. 우록리는 동성마을의 특징을 가지고 있는 마을이므로, 마을의 공유 기억이 잘 보존되고 있다. 그러나 마을의 삶이 사성김해김씨로만 구성되는 것도 아니고, 마을 내 이성(異姓) 문중도 각각의 역사적 과정을 가지며 주관적이고

로 한일간을 연계할 방안들이 모색되는 가운데 우록리는 일본에서 재차 관심의 대상이 되었다. 앞서 언급한 바와 같이 1970년대 초 유명 소설가의 기행록 속에서 우록리와 김충선이 크게 강조되고 우록리가 일본마을의 경관을 간직한 마을로 소개되면서 새롭게 일본인의 주목을 받게 된 것이다.

1990년 5월 노태우 대통령이 일본을 방문하였을 때 18세기 쓰시마의 외교관이었던 아메노모리 호슈雨森芳洲를 거론하면서 한일관계를 역사적으로 조명하고자 하는 움직임이 일어났다. 2002년 한일공동 월드컵 개최가 타결되면서 역사 속에서 평화 또는 우호의 키워드를 찾으려는 노력이 많았는데 이때에도 대구에서는 김충선이 부각되었다. 마찬가지로 2005년 한일협정 40년, 광복 60년, 2005년 한일우정의 해 등을 기념할 때에도 김충선이 그때마다 강조되었다.[48]

이러한 양국의 화해 무드 속에서 김충선에 대한 재현은 문중과 마을, 대구시, 일본 사이에서 각각의 필요성에 따라 상호연계하면서 이루어졌다. 1990년대 들어 김충선 재조명이 이루어지면서 모하당(추모)기념사업회가 출범할 예정이라는 언론 기사가 있었다.[49] 사성김해김씨 종친회장이 이끄는 기념사업회는 일본인 15명과 한국 문화계 인사 등 40여 명이 참가하여 1997년 3월 정식 출범할 예정으로 김충선의 업적을 기리는 책과 논문 발간, 전기 연구를 목적으로 하였다. 기념사업을 위

개별적인 경험을 가질 수 있다. 그러나 특정 기억이 강조·확산되고, 여기에 지자체나 국가가 적극적으로 개입하게 되면 개별적인 경험과 기억은 가라앉고 때로는 망각될 수 있다. 어떤 역사자원을 마을의 표상, 가치로서 끌어 올릴까는 고민이 진행될 때 마을 내부의 소수가 가지는 역사와 기억이 공존하고 있음을 성찰하는 노력 또한 요구된다.

48 『매일신문』, 1999.3.20.
49 『매일신문』, 1996.12.26.

해 일본의 교수, 문화 인사, 관료 등이 주축이 되어 모금하고 우록리 문중으로 기금 일부를 전달하기도 하였다.

1992년 이후 일본인 역사탐방객이 늘어나면서 대구시가 적극 동참하였다. 시비를 들여 홍보자료를 제작하고 녹동서원이 역사교육장으로 활용되기 위하여 회관 건립을 마을 내에 추진하였다. 이를 위해 김충선 관련 각종 자료를 전시하는 사료전시실을 조성하였는데, 현재 녹동서원 옆에 자리한 충절관忠節館이다. 1998년 6월 대구시장을 비롯한 유림 대표, 일본인 모하당기념사업 회원이 참석하여 개관식을 가졌다. 사성 김해김씨 문중은 사료전시실 개관에 맞춰 종친 20여 명이 사료수집과 일본 역사문화관광단 유치를 목적으로 모하당기념사업회 후원도시인 나고야 시 등을 방문하여 홍보활동을 벌였다.[50] 충절관 개관일에는 대구시가 주도하고 문중, 연구자, 시민이 참여하는 모하당사상연구회도 발족되었다. 지금은 김충선연구회로 이름이 변경되었고 연구자와 일부 시민만이 참여하고 있다.

사료전시실인 충절관이 개관한 지 10년이 지나지 않은 2009년부터 국비와 시비를 들여 녹동서원 옆에 새로운 건축물을 조성하기 시작하였다. 새 건축물은 2012년 5월 달성한일우호관이란 이름으로 개관하였다. 우호관 계획 당시에는 '(KOREA & JAPAN) 녹동서원 한일우호관' 이었다가 '달성한일우호관'으로 이름이 변경되었다. 우호관 부지는 김해김씨 문중에서 제공하였지만 변경된 이름에서 알 수 있듯이 그 이름이 마을의 규모를 벗어나 군 단위로 확장되어 있다. 달성한일우호관으

---

[50] 『매일신문』, 1998.5.12.

로 명칭이 변경된 이후에는 운영도 달성군에서 맡고 있으며 대구시 문화유산해설사가 안내를 담당하고 있다. 달성한일우호관 앞에 서 있는 종합안내도에는 우록리에 있는 문중관리실, 녹동서원, 묘소, 한일우호관까지 김충선 관련 역사자원을 모두 한 장소로 수렴시켜 안내하고 있다. 우록리의 경관을 김충선 관련 역사자원으로 조성하는 것을 볼 수 있다.

우호관 앞의 '화합의 미소'란 조형물(2013)은 한국의 복주머니와 일본의 '마네키네코' 고양이를 합쳐놓은 것이다. 한국의 복과 일본의 행운을 합쳐서 한일우호의 극대화를 상징하고 있다. 2016년 5월 현재 우호관 건물에는 '日本觀光客の達城郡訪問を誠に歡迎致します'와 '일본 관광객의 대구광역시 달성군 방문을 진심으로 환영합니다'가 적혀있고 양국의 국기가 그려진 달성군 명의의 현수막이 걸려 있다. 또한 일본에서 교류학교의 학생들이 올 때는 달성한일우호관·녹동서원 명의의 현수막이 걸린다. 우호관 내에 달성군수와 문중 종친회장의 안내 방송이 모니터 화면을 통해 나란히 나오는 것과 유사하다.

우록리에 거주하고 있는 김해김씨 종친회장이 우호관 내에서 우록리와 김충선을 안내함으로써 우록리의 장소성을 강조하고 있다. 문화유산해설사는 우호관과 마을주민과의 관계에 대한 질문에, 마을 주민이 평소에 이곳에 오는 일은 거의 없다고 말하였다. 그러나 우록1리 이장은 "우호관에 행사가 있으면 마이크를 통해 마을 주민들의 참여를 유도한다"라고 하여 마을 주민과 우호관의 관계가 유지되고 있음을 알 수 있다. 관광객으로부터 훼손을 막기 위해, 우호관 바로 옆 녹동서원은 평소에 잠겨 있고 춘추 제향 때에는 김해김씨 후손들만 참여하는 제향

공간으로 사용되고 있다.[51]

그런데 달성한일우호관을 건립한 이유는 충절관을 건립할 때와 동일하였다. 충절관을 건립할 때에는 천여 명의 일본인 방문객을 위한 것이었다면, 우호관을 건립할 때에는 매년 10,000여 명 이상이 다녀가므로 더 증가할 것을 예상하였다. 우호관 개관식에는 군수, 군의회의장, 일본 와까야마시 시장이 참석하여 우록리와 와까야마와의 관계가 강화되고 있음이 확인된다.

박물관은 실재하는 것을 통해 집단기억을 경험하게 하는 특징을 가지고 있다. 집단기억이 특정 장소인 '그곳' 또는 '이곳'에 있음을 알게 해 주며 대중들은 해당 공간 혹은 장소에서 집단기억의 주체가 되는 경험을 하게 된다.[52] 달성한일우호관 역시 김충선에 관한 기억이 우록리에 전승되고 있고, 우호관을 방문한 방문객은 우록리의 마을 기억을 경험하게 되었다. 그러므로 우록리에는 김충선을 표상하는 역사자원이 점차 증가하게 될 것으로 여겨진다.

이상과 같이 마을 경관을 변경시키는 데 큰 역할을 하는 이들은 문중, 마을 주민뿐 아니라 일본인 방문객들이다. 녹동서원 내에는 1997년 3월 25일에 「繼續こそ[金] 沙也可の遺志平和への[忠] 年年歳歳日韓地平 それは[善]なり」日本近江住人 山中靖城[53]라고 쓴 알림돌, 2001년 4월

---

51 과거 녹동서원에서 거행되는 향사에는 다른 문중도 참여했다고 한다. 과거에는 함께 하던 행사들이 이제는 특정 문중을 중심으로 전승되고 있다.

52 태지호, 「문화콘텐츠에 재현된 집단기억의 문화기호학적 의미 연구」, 『기호학연구』 43, 2015, 한국기호학회, 97쪽.

53 "지속되는 것이야말로(금(金)), 사야가가 남긴 뜻, 평화를 향한(충(忠)), 대대손손 일본과 한국의 지평, 그것은 (선(善))이다"라는 뜻. 近江八幡市郷土史会 회장. 『近江商人私考』(山中靖城 著編, 1996), 『「渡来文化と近江」私考』(山中靖城 著, 1996), 『朝鮮通信使私考』(山中靖城 著編, 1996) 저술.

20일 「정의를 실천한 위인 "沙也可 김충선장군"을 높이 찬양하고 한·일 양국의 우호친선을 기원하면서 와까야마현 한·일문화관광 교류단이 참배」라고 쓴 알림돌이 놓여있다. 이를 쓴 한일문화관광교류단은 와까야마현 한일문화교류단韓日文化交流團, 현지사縣知事 목촌양수木村良樹, 중의원 의원 이계준박二階俊博, 작가 신판차랑神坂次郎로 적혀있다.[54] 일본 와까야마 출신 관료, 의원, 작가의 녹동서원 방문이 한일우호를 통한 관광증진을 목적으로 함이 가시화되고 있다. 김충선의 출신지는 일본 내에서도 의견이 분분하지만 와까야마 출신자들의 이런 노력으로 출신지 논쟁에서 우세를 거두는 중이다.

2010년에는 일본 와까야마시 도쇼구東照宮에 「沙也可顯彰碑」가 세워졌다. 김충선의 일본이름인 사야가로 새겨졌다. 도쿠카와 이에야스德川家康의 사당인 동조궁에 세운 점도 흥미롭지만 이 비석에 새겨진 이름들도 주목된다.[55] 2015년 2월 일본 여당인 자민당의 총무회장二階俊博은 정계, 관광업계의 인사들과 한국을 방문하여 '한일교류 행사'에 참여하였다. 이 자리에서 김충선 장군 현창비를 김충선의 고향이자, 자신의 고향이기도 지역구인 와까야마에 세웠고, 이것이 한일 우호의 모델이라고 말하였다. 이 행사에는 문중 후손이 참석하였다.[56]

우록리에 전승된 기억은 공유와 확산의 과정에서 관광과 경제 논리에 힘입어, 일본에서 단절되어 모호했던 인물을 재탄생시켰다.[57] 충절

---

54 二階俊博(와까야마 출신), 작가 神坂次郎(中西久夫, 와까야마 출신,『海の伽耶琴 雑賀鉄砲衆がゆく』(德間書店 1993, のち講談社文庫) 저술.

55 비에는 금호아시아나그룹 회장, 사성김해김씨종회 모하당 문중, 和歌山の觀光を考える百人委員會 명의가 새겨져 있다. 자본, 현창(기념), 관광이라는 목적이 한 비석에 결합되어 있다.

56 『국제신문』, 2015.10.8.

관과 우호관이 조성되어도 일본인은 녹동서원, 충절관, 달성한일우호 관을 방문할 뿐 우록리를 방문하는 것은 아니다. 마을 주민뿐 아니라 지역경제 활성화를 기획하는 지자체에서는 일본관광객이 마을에 머물 기를 바라고 있다.

달성군은 '문화·관광, 레저·녹색도시 구현'이라는 장기발전계획 아래 '한일 관계의 새 지평', '한국 속의 일본 기행'을 테마로 한 「한일 우호마을」을 조성한다는 계획을 가지고 있다.[58] 2015년 10월 달성군 에서는 문중관계자를 초청한 가운데 달성역사인물동산 제막식을 개최 하였다. 곽준, 곽재우, 김충선 등 임진왜란 관련 인물이 포함되었다.[59] 대구시 또한 대구권의 장기발전 방향을 설정하는 '제4차 국토종합계획 대구.경북지역 공청회'에서 우록의 김충선 장군 후손 세거지에 '한·일 우호촌'을 만드는 계획을 확정지었다.[60]

현재 자본주의, 세계화라는 시대적 흐름에 조우하여 우록리와 김충 선은 다양하게 재현되고 있다. 2016년 3월 마을 이장은 충절관과 우호 관이 없었다면 마을이 알려지지 않았을 것이라고 말한다. 마을이 알려 진다는 것은 마을 주민과 마을에 있는 식당 업주에게 경제적 도움이 된 다는 의미일 것이다. 그러나 현재는 일본인 방문객이 증가하고 있어도

---

57 일본에서 진행되고 있는 김충선 기념사업, 현창사업에 대해 자본주의에 의해 상품화된 역 사표상(歷史表象)이라고 간주하는 연구성과가 있다(沈熙燦, 앞의 글, 2011).
58 달성군 홈페이지 참조.
59 달성한일우호관에서 달성군수가 김충선을 소개하는 것처럼 2016년 9월 1일 현재 달성군 가창면사무소 홈페이지 메인 화면에는 '역사와 문화가 살아숨쉬는 달성군 가창면'의 한 부 분으로 녹동서원이 등장하고 있다. 2009년 9월에는 대구시립예술단 주최로 김충선을 주 인공으로 하는 '청천(晴天)'이란 작품이 공연되었다. 현재 우록리 마을-가창면-달성군- 대구시, 일본 등 다양한 스케일 속에서 김충선이 재현되고 있다.
60 『매일신문』, 1999.10.26.

마을 주민이 그들을 만나는 기회는 거의 없다.

마을만들기가 성공하기 위해서는 마을과 연계되어 있는 다양한 관계에 대한 관심이 적극적으로 요구된다. 학자나 건축가가 아무리 좋은 계획을 내놓아도 마을에 사는 주민들에게 현실적으로 다가가지 않으면, 경제 활성화라는 기획에 치우쳐 마을 주민들이 소외된다면 마을은 방문객에게 비춰지고 경관으로 소비되는 곳이 되어 버린다. 방문객을 머물게 하기 위한 우호촌 만들기는 자칫 외부로부터 강요된 계획이 될 수도 있다.

마을이 400년 이상 유지될 수 있었던 것은 혼맥 이상의 동질적인 유대감, 동약과 같이 마을공동체를 유지하기 위한 규례 등에 기반한 마을의 결속력이었다. 또한 기억이 단절되지 않도록 한 다양한 기록들, 집단적인 마을 기억의 전승 그리고 재현 또한 '우록리'의 로컬리티에 기반한 것이다. '우록리'가 이색 마을, 일본인 후손 마을에서 평화와 공존의 공간으로 자리매김을 위해서는 마을 주민의 참여가 무엇보다 중요시된다. 이것은 마을의 역동성을 발현시키며, 마을 기억에 기반한 마을만들기를 가능하게 할 것으로 보인다. 마을만들기를 위한 마을 주민의 참여와 관심, 마을과 지자체 그리고 방문객이 연결될 수 있는 시간이 요구된다. 또한 각 주체들간의 관계가 형성될 수 있는 공간으로 우록리가 조성되어야 할 것이다.

참고문헌

『선조실록』, 『고종실록』

金振英, 『三柑齋實記』(규 15665, 서울대 규장각 소장)

金忠善, 『慕夏堂文集』(규 4255, 6529, 古複 3436-51, 서울대 규장각 소장)

賜姓金海金氏宗會, 『慕夏堂文集 附實記』, 1996.

賜姓金海金氏宗親會 · 鹿洞書院, 『賜姓金海金氏世譜』, 2002.

『亂中雜錄』, 『燃藜室記述』

『동아일보』, 『매일신문』, 『국제신문』

『개벽』, 『별건곤』

김문자, 「임란시 항왜 문제」, 한일관계사연구논집 편찬위원회 편, 『임진왜란과 한일관계』, 경인문
　　화사, 2005.

김학수, 「한 日本人의 朝鮮定着과 社會文化的 적응 양상—降倭將 沙也可(金忠善, 1571~1642) 집
　　안을 중심으로」, 『대동한문학』 46, 2016.

대구광역시, 『대구지명유래총람—자연부락을 중심으로』, 2009.

沈熙燦, 「降倭「金忠善/沙也可」の表象と近代歷史學」, 『日本研究』 16, 고려대 일본학연구센터,
　　2011.

오세창 외, 『嶺南鄕約資料集成』, 영남대 출판부, 1986.

李寶燮, 「歸化武將沙也可(金忠善)に關する評價 の變遷」, 『廣島修大論集』 48(1), 廣島修道大學 総
　　合研究所, 2007.

임재해, 『마을문화의 인문학적 가치』, 민속원, 2012.

제장명, 「임진왜란 시기 항왜의 유치와 활용」, 『역사와세계』 32, 효원사학회, 2007.

진병용 · 최용진 · 이정희 · 박려옥 · 이제상, 『한 · 일 평화의 가교 김충선(沙也可)과 우록리에 관
　　한 연구』, 대구경북연구원, 2012.

최장근, 「近世日本의 朝鮮侵略과 領土拡張—降倭沙也可의 実体에 관한 考察」, 『朝鮮史研究』 10, 조
　　선사연구회, 2001.

태지호, 「문화콘텐츠에 재현된 집단기억의 문화기호학적 의미 연구」, 『기호학연구』 43, 한국기호
　　학회, 2015.

한문종, 「임진란 시기 항왜의 투항 배경과 역할」, 『인문과학연구』 36, 강원대 인문과학연구소, 2013.

후지와라 다카오, 『沙也可(金忠善)の遺跡・史績と儒学観』, 영남대 박사논문, 2014.

국사편찬위원회 한국사데이터베이스(http://db.history.go.kr)

한국학중앙연구원 한국역대인물종합정보시스템(http://people.aks.ac.kr)

대구광역시 달성군 홈페이지(http://www.dalseong.daegu.kr)

대구광역시 달성군 가창면 홈페이지(http://www.dalseong.daegu.kr)

서울대 규장각한국학연구원 지리지 종합정보

(http://kyujanggak.snu.ac.kr/geo/main/main.jsp)

도시화에 의한 마을공간의 분절과 구성원의 연대*
대천마을과 대천천네트워크를 중심으로

공윤경

1. 마을, 도시화 그리고 불균형

도시는 자연적으로 만들어지는 것이 아니라 역사적 조건과 상황으로 조성된 인공적인 산물이다. 과거 도시가 전통, 문화 그리고 구성원들의 가치, 규범을 우선시하고 이를 공간에 재현했다면, 오늘날 지구상의 수많은 도시들은 산업화, 근대화, 도시화 등의 영향 속에서 각기 다른 정치적, 사회적, 경제적, 문화적 패러다임과 논리에 따라 도시의 공간구조를 조절한다.[1] 그래서 도시공간은 다양한 메커니즘에 의해 끊임

---

* 이 글은 『한국지역지리학회지』 제19권 1호(2013)에 게재된 「농촌에서 도시로의 공간구조 변화와 특성−부산 북구 화명동을 중심으로」와 『한국지역지리학회지』 제22권 제3호(2016)에 게재된 「도시화에 의한 공간의 분절과 구성원의 연대−대천마을과 대천천네트워크를 중심으로」를 총서의 편집에 맞게 수정 보완한 것이다.
1 최병두, 『도시 공간의 미로 속에서』, 한울, 2009, 30~31쪽.

없이 변화를 거듭한다.

오늘날 도시에는 대량 생산과 이윤 추구를 우선하는 자본의 힘이 지배하고 있으며 자본은 도시의 소비활동은 물론 일상적 생활공간까지도 상품화하면서 끊임없이 공간을 변화시킨다. 특히 신자유주의, 세계화 등의 영향으로 인구, 자원, 정보, 자본 등이 특정지역으로 집중되면서 도시공간의 불균형, 양극화는 더욱 심화된다. 이와 같은 공간구조의 변화 양상은 획일화, 분절화, 위계화 등으로 나타나는데 이는 다양한 요인에 의한 공간구조의 직접적인 변화 양상이다.

하지만 다른 한편에서는 과정, 관계의 관점에서 공간을 해석하려는 시도들도 있다. 수많은 관계가 형성되고 끊임없이 변화를 거듭하는 곳인 도시(공간)를 이해하기 위해서는 도시를 구조가 아니라 '관계', '과정'으로, 즉 위상학적으로 다루어야 한다는 관점이다.[2] 다양한 사람들이 모인 도시는 대립, 투쟁이 일어나는 공간이기도 하지만 새로운 관계가 구축되고 그 관계들이 반영될 가능성도 존재하는 공간이기 때문이다. 또한 개인과 집단들의 상호작용, 경험, 이야기 등을 통해 도시는 생산, 재생산되면서 다양하게 변화하는 현실을 드러내기 때문이다. 도시는 변경 불가능한 유일의 정체성을 가진 것이 아니라 정체성을 만들어가는 '과정'에 있는 것이다.[3]

공간에 관한 대부분의 연구들은 인구·산업 분포나 토지이용에 따

---

2 신지영, 「도시화와 주체의 문제」, 『철학논총』 73, 새한철학회, 2013, 137~138쪽; 이와 사부로 코소, 서울리다리티 역, 『죽음의 도시, 생명의 거리』, 갈무리, 2013, 217쪽(高祖 巖三郎, 死にゆく 都市, 回歸する 巷 ニューヨクとその彼方, 以文社, 2010).

3 마르쿠스 슈뢰르, 정인모·배정희 역, 『공간, 장소, 경계』, 에코리브르, 2010, 284쪽(Markus Schroer, *Räume, Orte, Grenzen—Auf dem Weg zu einer Soziologie des Raums*, Suhrkamp Taschenbuch Wissenschaft, 2005).

른 분화, 소득이나 계층에 의한 주거지 분화 등에 대해 분석하거나 재개발, 재건축, 도시재생 등의 과정과 결과에 대해 탐색하였다.[4] 그리고 농촌에서 도시로 전환된 지역을 대상으로 토지이용, 경관, 지역개발정책 변화 등을 조사하기도 하였다. 하지만 인구, 산업 등에 관한 분석 자료가 대부분 도시 단위로 수집가능하기 때문에 전국적인 규모 또는 개별 도시, 군 단위를 사례로 거시적으로 수행되었다. 상대적으로 자료 수집이 용이하지 않은 소규모 지역의 공간이나 구성원의 변화에 대한 연구는 거의 없는 실정이다. 이에 이 글에서는 국가나 지자체의 정책, 사회 체제가 공간구조와 구성원에 미치는 영향을 보다 구체적, 미시적으로 분석하기 위하여 도시 단위보다 소규모 마을 단위에 주목하고자 한다.

1960년대부터 시작된 경제개발계획, 1970년대 중화학공업과 1980년대 첨단산업 육성 등 경제발전을 위해 공업 위주의 산업화 정책을 추진한 우리나라는 단기간에 급격한 산업 성장과 압축적 근대화를 이루었다. 이러한 전략은 도시로의 인구 이동과 문화·교육·사회경제적 자원의 집중뿐만 아니라 물리적 영역의 확대를 야기하였다. 인구 집중으로 주택수요는 늘어났지만 택지부족, 지가폭등 등의 요인으로 중심 도시에서 원활한 주택공급이 이루어지지 않았기 때문이다. 이에 따라 도시화가 빠르게 진행되었고 도시공간은 주변의 농촌지역으로까지 급속도로 확장되었다.

부산 변두리 농촌이었던 대천마을 역시 예외는 아니었다. 1970년대

---

4 최병두, 「한국의 신지역지리학-(2) 지리학 분야별 지역 연구 동향과 과제」, 『한국지역지리학회지』 22(1), 한국지역지리학회, 2016, 11쪽.

중반 변전소, 정수장 등 산업화의 영향으로 도시기반시설이 들어섰다. 1980년대 이후 도시화에 의한 공간의 팽창으로 택지개발사업이 추진되면서 논과 밭이 사라지고 대규모 아파트단지와 상업시설들이 생겨났다. 마을에 불어 닥친 이런 변화는 주민들의 삶에도 영향을 미쳐 농사를 짓던 주민들은 생계를 위한 터를 잃고 떠나기도 했으며 또 새로 건설된 아파트에는 많은 외부 사람들이 유입되었다. 하나였던 공간은 대천마을과 택지개발로 들어선 중소형 아파트단지, 즉 미개발(쇠퇴)지역과 개발지역으로 나누어졌다. 사회인구학적 측면에서 보면, 토착민의 공간과 이주민의 공간, 노년층 중심의 공간과 청장년층 중심의 공간으로 분리된 것이다.

최근 이런 공간의 분절 가운데 새로운 움직임이 나타났다. 마을의 자연자원인 대천천大川川을 매개로 연대한 '대천천네트워크'가 바로 그것이다. 1990년대 이후 새롭게 건설된 아파트단지 주민들의 단체 '지역발전협의회'와 화명초등학교 졸업생의 모임 '화명포럼'이 주축이 된 대천천네트워크는 대천천과 마을의 생태환경을 보호하고 마을공동체를 활성화하기 위해 다양한 활동을 펼치고 있다.

이 글은 부산시 북구 화명2동 대천마을을 사례로 산업화, 도시화 등에 따라 공간구조가 재구성되는 과정을 살피고 이로 인해 야기된 분절화, 위계화가 공간구조만이 아니라 주민들의 구성에 미치는 영향을 고찰한다. 그리고 지역 단체들을 연대한 대천천네트워크를 통해 분절된 공간을 넘어서는 구성원들 간의 관계 맺기와 그 내면에 작동하는 가치를 찾아보고자 한다.

2. 공간의 재구성과 접근방법에 대한 고찰

1) 공간의 불균형과 분절

역사적으로 수많은 도시들은 구조적, 기능적으로 역동적인 변화의 과정을 경험하며 확장과 축소 또는 성장과 쇠퇴를 반복하고 있다. 이런 도시의 변화 과정은 산업화, 도시화 등을 통해 파악할 수 있다. 특히 도시화는 산업화와 병행하여 진행되는데, 동일한 메커니즘을 가지고 지속적으로 발전하기보다 단계적 변화를 겪으며 개별 도시가 처해 있는 역사적, 정치적, 사회경제적 요인에 따라 다양한 변화 양상을 나타낸다. 도시화에 대한 대표적인 개념틀로는 게이어·콘툴리Geyer & Kontuly(1996)의 차별도시화 이론과 클라센·팰린크Klaassen & Paelinck(1979)의 도시발전단계 모델이 있다.[5] 차별도시화 이론은 대도시, 중간도시, 소도시 등 도시의 인구 규모에 따라 도시별로 도시화 주기가 달라진다고 가정한다. 도시발전모델은 도시화 과정을 성장기와 쇠퇴기로 나누는데, 성장기는 도시화urbanization와 교외화suburbanization, 쇠퇴기는 역도시화counterurbanization와 재도시화reubanization로 구분된다. 이는 도시로의 인구 집중 → 교외에서의 새로운 지역사회 형성 → 도심의 공동화 → 도심지역의 재생이라는 흐름으로 파악될 수 있다.

도시화로 인해 공간은 다양한 변화를 겪으며 여러 가지 양상을 보인다.[6] 먼저, 공간의 균질화를 들 수 있다. 자본주의 도시에서 개별 공간

---

5   최재헌, 「한국 도시 성장의 변동성 분석」, 『한국도시지리학회지』 13(2), 한국도시지리학회, 2010, 90쪽.

은 그것의 크기, 입지, 현재 또는 잠재적 용도 등에 따라 서로 다른 가치를 가진다. 그래서 유일한 기준인 화폐에 의해 상품화되어 공간의 교환, 소유가 가능하게 되며 이는 필연적으로 공간의 균질화를 동반하게 된다. 성장과 개발의 측면에서 보면, 공간의 균질화는 국토의 균형적인 발전으로 여겨진다. 하지만 공간의 균질화에 따라 역사적, 구체적 장소는 점차 소멸하고 추상화된 양적 공간만이 남는다. 이는 자본의 논리가 작동하는 도시발전과 재개발 과정에서 더욱 두드러진다. 특히 도시화, 교외화의 진행과 함께 도시공간이 물리적으로 팽창됨에 따라 농촌은 더 이상 농촌이 아니라 도시로 변하게 되며 그 지역의 정체성과 장소성은 사라진 채 전국 어디서나 볼 수 있는 자본주의적 도시 경관을 연출한다.

우리나라의 경우 공간의 균질화는 획일화로 이어진다. 급격하게 늘어나는 인구와 그로 인한 택지부족, 주택난을 해결하기 위해 대량 공급된 아파트는 질적인 면을 고려하여 거주자의 다양한 요구를 수용하기보다는 양적인 면만을 중시하며 생산성, 경제성, 효율성의 논리로 이루어져 그 형태와 구성이 획일적이기 때문이다.[7] 이는 재개발에서 더욱 구체적으로 재현된다. 불량주거지를 철거하거나 낡고 오래된 저층아파트를 철거하거나 그 공간은 다 똑같이 아파트단지와 상업시설로 변해버린다.

---

6 정기용, 『사람·건축·도시』, 현실문화, 2008, 140~141쪽.
7 줄레조는 우리나라의 아파트단지를 "권위주의 산업화의 구조와 특성 그리고 여기서 비롯된 계층적 차별구조와 획일화된 문화양식을 가장 잘 보여주는 사례이자 산물"이라고 강조한다 (발레리 줄레조, 길혜연 역, 『아파트 공화국―프랑스 지리학자가 본 한국의 아파트』, 후마니타스, 2007, 114쪽(Valérie Gelézeau, *Séoul, ville géante, cités radieuses*, CNRS Editions, 2003)).

도시공간이 이처럼 획일적으로 상품화되기도 하지만 다른 한편에서는 파편화, 세분화, 개별화된다.[8] 도시 구성원들의 공공적 편익의 차원보다는 사적 공간의 최대이윤 추구를 위해 그리고 다양한 계층과 계급의 욕구를 자극하고 충족시키기 위해서이다. 이는 구성원들의 개성이나 감정의 차이성에 근거한 것이 아니라 사회적 계층의 격차나 가치의 차별성에 기초하기 때문이다. 즉, 계급, 계층적 위치에 따라 주어지는 소비능력 또는 시장접근 능력의 차이를 전제로 한다. 이는 공간의 위계화로 이어진다.

공간의 위계화는 권력, 자본, 정보 등의 집중 정도에 따라 위계질서가 부여되고 주거, 여가, 교육, 문화, 소비 등의 측면에서 공간의 차별화가 이루어지는 것이다. 즉, 각 공간은 임의적으로 분포하는 것이 아니라 전반적인 사회계급구조의 위계를 반영하면서 구조화되고 동시에 그러한 사회관계의 불평등을 재생산하고 심화시키게 된다.

공간의 위계화가 극단적으로 흐르게 되면 도시공간은 중심과 주변으로 나뉘는 양극화 현상이 발생한다. 중상류층의 초고층아파트지역과 저소득층의 주거지역, 화려하고 복잡한 상업시설과 쇠퇴하고 한산한 재래시장 등 공간의 불평등, 결핍, 빈곤으로 말미암아 도시공간은 중심과 주변으로 나뉘며 양분되는 것이다. 특히 자본의 집중은 공간적 양극화를 더욱 빠르게 만들며 이로 인한 주거나 교육 수준의 격차는 사회적 양극화를 초래하여 또 다른 문제들을 야기한다.[9] 공간의 위계화는 재

---

8   최병두, 앞의 책, 32쪽.
9   송시형, 「주거지 현황을 통해 본 주거공간의 양극화 현상」, 『극동사회복지저널』 5, 극동대 사회복지연구소, 2009, 60쪽.

개발에서도 드러난다. 재개발 이후 새롭게 만들어진 공간, 즉 중심공간에 들어가지 못하는 세입자나 사회적 약자들은 또 다른 저소득층 거주지를 만들면서 공간의 주변화를 양산하기 때문이다.

2) 공간에 대한 과정, 관계로의 접근

균질화, 분절화, 양극화 등으로 공간구조의 변화 양상을 다루기도 하지만 다른 한편에서는 관계, 과정으로 접근하여 공간을 해석하기도 한다. 위상학topology에서는 '관계'에 주목한다.[10] 장소 관계의 질적 법칙을 다루는 이론인 위상학은 장소간 상호관계의 양상적modale 측면이 핵심이다.

이 글의 분석대상인 마을과 연계시켜 볼 때, 마을은 다양성이 존재하는 영역이자 하나의 생태계이다. 제이콥스는 마을 생태계를 물리-경제-윤리적 '과정'으로 구성된 것으로 정의하면서 마을 생태계의 유지를 위해 많은 다양성을 필요로 한다고 주장한다.[11] 시간이 흐르면서 다양

---

10 위상학은 1847년 리스팅(J. B. Listing)이 처음 수학에 도입한 이론이다. 리스팅은 기하학의 양상적 측면을 중요시했는데 이는 공간형태의 질에 대한 시각과 관련된 것이었다. 리스팅은 "위상학은 공간형태의 양상적 관계에 대한 이론 혹은 서로의 위치, 점, 선, 평면 그리고 그것들의 부분이나 공간에서의 모음이 이루는 순서에 대한 상호 연관법칙의 이론으로 이해해야 한다."고 설명하면서 장소 관계를 순수하게 질적으로 고찰하고자 하였다(마리-루이제 호이저, 이기흥 역, 「수학과 자연철학에서 위상학의 태동」, 슈테판 귄첼 편, 『토폴로지-문화학과 매체학에서 공간 연구』, 2010, 252~253쪽(Marie-Luise Heuser, "Die Anfänge der Topologie in Mathematik und Naturphilosophie", Stephan Günzel(Hrsg.), *Topologie. −Zur Raumbeschreibung in den Kultur-und Medienwissenschaften*, Transcript Verlag, Bielefeld, 2007)).

11 제인 제이콥스, 유강은 역, 『미국 대도시의 죽음과 삶』, 그린비, 2010, 12~13쪽(Jane Jacobs, *Death and life of great American cities*, Random House, 1993)

성은 유기적으로 발달하고 마을 생태계의 구성요소들은 복잡한 방식으로 상호의존하며 내외부적으로 유기적인 '관계'를 맺는다. 그래서 마을은 닫힌 시스템이 아니라 열린 시스템이며 안정적인 상태로 보일지라도 끊임없이 변화에 대응, 대처하는 '과정'에 있는 것이다.[12] 때문에 건축물, 도로 등 마을을 구성하는 물리적 건조환경built environment은 단지 '과정'의 참여자 역할을 수행할 뿐이며 이는 좋은 참여자가 될 수도, 나쁜 참여자가 될 수도 있다.

한편 자본, 권력, 국가는 끊임없이 홈이 팬 공간을 만들어 재영토화하면서 공간의 관계, 흐름, 과정을 통제하려고 한다.[13] 각종 가치와 거대 서사를 내세워 공간을 구획하고 분절시키는 것이다. 즉, 자본과 국가는 스스로를 동일시하면서 자기와 다른 것을 배제하고 경계를 재편하여 공간을 위계적으로 배치시킨다. 하지만 이것에 역행하는 운동, 즉 자본, 국가, 권력을 벗어나는 흐름은 탈영토화하거나 매끈한 공간을 만들어낼 수 있다.

매끈한 공간은 열린 공간으로서, 차원성이나 계량성보다는 방향성을 가지며 사건에 의해 점유된다.[14] 때문에 신자유주의 자본경제가 지배하는 모순적이고 복잡한 공간에서 국가의 매개나 통제 없이 이루어지는 주민들의 자율적인 움직임, 즉 '운동'은 마을을 형성하고 변화시

---

12 Massey는 정적인 공간개념을 해체하고 역동적인 공간의 양상을 3가지로 논하는데 상관관계의 산물로서의 공간, 다종다양성이 존재할 수 있는 가능성의 영역으로서의 공간, 닫힌 시스템(closed system)이 아니라 항상 과정(in process)에 있는 것으로서의 공간이 그것이다(Doreen Massey, *For Space*, Sage, 2005, pp.10~11).

13 신지영, 앞의 글, 139쪽, 144쪽.

14 들뢰즈·가타리, 김재인 역, 『천 개의 고원─자본주의와 분열증』 2, 새물결, 2003, 907쪽, 914쪽(Gilles Deleuze & Félix Guattari, *Mille plateaux─capitalisme et schizophrenie 2*, Les Éditions de Minuit, Paris, 1980)

키는 또 다른 방식으로 작동할 수 있다.[15] 마을이란 건축물의 집합이기도 하지만 사람들의 집적에 의해 만들어진다. 사람들의 집적 속에서 새로운 '관계'들이 출현하고 그 관계 속에서 일어나는 새로운 '운동'의 집합이 마을을 만들고 또한 마을을 새롭게 인식하도록 이끌 수 있기 때문이다.

따라서 구성원의 자율적인 움직임은 통제하고 개입하려는 자본, 국가의 '홈파기'에 대항하는 '매끈하게 하기' 운동인 것이며 여기서 운동은 되기becoming가 아니라 만들기making이다.[16] 자본과 국가의 스스로 동일화하는 병리적인 현상을 넘어서는 '운동'이 일어날 때 매끈한 공간은 끊임없이 홈이 팬 공간 속을 가로지르며 매끈한 공간으로 반전시킬 수 있다. 달리 말하자면, '운동'은 마을을 종횡하고 형태짓는 외적·내적 힘에 강요된 결과물이 아니라 구성원들이 적극적으로 대응한 결과물인 것이다.[17] 이러한 관계 맺기와 운동을 통해 마을 구성원들은 자신들의 공간을 지각, 전유하고 또 형상화하게 된다. 나아가 자신들의 거주공간을 넘어 공간적 분할을 거스르며 또 다른 관계를 끊임없이 만들어내게 된다.[18] 즉, 자본이나 권력을 지향하는 것이 아니라 새로운 가치를 지향하며 매끈한 공간을 확장시켜 나가는 것이다.

자본주의의 과정은 "모든 가치를 파괴하는 과정(탈영토화)인 것처럼 보이나 결국 파괴되는 모든 가치를 다시 자본이라는 유일한 가치로 환원시키는

---

15 코소, 앞의 책, 112~114쪽.
16 신지영, 앞의 글, 142쪽.
17 슈뢰르, 앞의 책, 284쪽.
18 이에 대해 코소는 간(間)운동적 정치의 시대가 부상하기 시작한 것으로 본다(코소, 앞의 책, 280~281쪽). 신용을 잃은 국가의 영향력은 점점 약해지고 오히려 향후에는 세계 각지에서 일어나고 있는 민중 '운동'들 사이의 '관계'가 더 중요해질 것으로 여기기 때문이다.

과정(재영토화)"이다.[19] 따라서 자본의 재영토화를 벗어나기 위해서는 자본이 아닌 다른 가치를 창조하거나 다른 가치로 전환하는 과정이 필요하다. 이는 비자본적 가치에 대한 새로운 가치 부여이다. 코소는 자본의 과정 자체를 벗어나는 원리들에 대해 가치를 부여했는데 그 원리는 아나키스트적 원리, 즉 자율autonomy, 자주연합voluntary association, 자기조직화selforganization, 상호부조mutual aid, 직접민주주의direct democracy이다.[20] 이 원리들은 이상주의적이라는 비판을 받고 있지만 코소는 다양한 형태의 광적인 타자 배척에 맞서기 위해 이런 실천은 불가피하다고 주장한다.

신지역지리학이나 사회공간이론에서 제시된 다차원적 스케일, 상호관계성, 네트워크 등의 개념들이 최근 지리학 연구에서도 활용되고 있다.[21] 특히 개별 지역이 아닌 지역 간 관계의 차원에서 공간을 분석하기 위해 '네트워크' 개념을 도입함으로써 폐쇄, 분절된 지역들이 네트워크를 통해 관계를 맺고 변화하는 특성을 고찰하였다. 여기서 지역은 주어진 물리적 실체 또는 사물을 담는 용기라는 개념을 넘어서 "사회적 사물과 그들 간 관계를 반영한 사회구성물"이며 또한 개인적, 집단적 실천과 인식으로 재현되는 물질적이자 담론적 구성물로 이해된다.

따라서 마을은 물리적 공간의 의미를 넘어서 다양한 구성원 또는 조직 간의 관계, 운동으로 형성되고 인지되는 것이다. 또한 정적인 고정불변의 것이 아니라 동적으로 변화하는 과정 중에 있는 것이라 할 수

---

19 신지영, 앞의 글, 144~145쪽, 151~151쪽.
20 코소, 앞의 책, 221쪽.
21 전종한, 「근대이행기 경기만의 포구 네트워크와 지역화과정」, 『문화역사지리』 23(1), 한국문화역사지리학회, 2011, 92쪽; 최병두, 「한국의 신지역지리학―(1) 발달 배경, 연구 동향과 전망」, 『한국지역지리학회지』 20(4), 한국지역지리학회, 2014, 368쪽; 최병두, 앞의 글, 2016, 35쪽.

있다. 이에 이 글은 관계, 과정 그리고 구성원의 자율적 운동의 측면에서 공간에 접근하여 이런 요인들이 공간인식에 미치는 영향을 살펴보고자 한다. 다시 말해, 대천천네트워크에 의한 관계망의 형성, 지역 문제를 해결하기 위한 주민들의 자율적 운동을 통하여 분절된 두 공간이 하나의 삶터로 인식되는 과정에 대해 구체적, 미시적으로 고찰한다.

3. 도시화에 의한 마을공간과 계층의 분절

1) 대천마을 현황

화명동에는 대천마을, 와석(화잠)마을, 수정마을, 용당마을 4개의 자연마을이 있었다. 그 중 대천천 주변에 형성된 대천마을은 양달, 음달, 용동으로 이루어졌다. 대천마을은 윤씨, 정씨, 최씨, 용당마을은 윤씨, 와석마을은 임씨, 유씨, 양씨 그리고 수정마을은 허씨, 김씨가 주로 거주하는 동성同姓마을이었다. 화명리는 1914년 경상남도 양산군에서 동래군으로 행정구역이 바뀜에 따라 동래군 구포면 관할이 되었다. 1963년 부산직할시에 편입되면서 부산직할시 부산진구 화명동으로 변경되었고 1978년 부산진구에서 북구가 분구되어 북구 관할로 바뀌었다. 인구 증가로 2003년 7월 화명동은 화명1동과 2동으로, 그해 12월 화명1동은 다시 화명1동과 화명3동으로 분동되었다. 현재 대천마을은 화명2동에 속해 있다.

화명1동은 1980년 이후 꾸준하게 아파트가 생겨났고 화명4지구 택

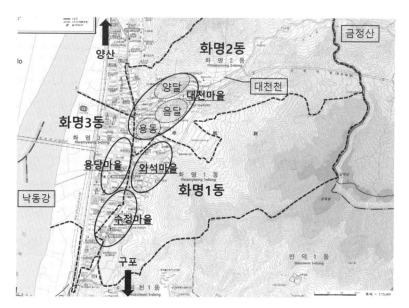

〈그림 1〉 화명동과 4개의 자연마을

지개발, 재건축과 재개발도 이루어지고 있어 과거부터 현재까지 공간과 인구 변화가 가장 활발한 곳이다. 화명2동은 1980년대 후반부터 아파트가 들어서기 시작했는데, 화명3지구 택지개발로 공급된 아파트를 포함하여 10여 개의 아파트단지(5,000여 세대)와 대천자연마을(2,000여 세대)이 공존하고 있다. 화명2택지개발지구에 속하는 화명3동은 2000년 초 대규모아파트 밀집지역, 즉 신도시로 조성된 곳이다. 화명1동과 3동은 아파트 거주 세대가 전체 세대수의 95%를 넘으며 화명2동은 세대수의 70% 이상이 아파트에 거주한다.

2) 도시화에 의한 공간의 재구성과 분절

1930년대 250여 세대가 거주하였던 화명리는 1970년대까지만 해도 대부분의 주민들이 농업에 종사하는 전형적인 농촌마을이었다. 1970년 화명동에는 2,000여 명, 370세대가 살고 있었는데 이 중 대천마을에는 약 140세대가 거주하였다. 하지만 1970년대 중반 이후 대천마을은 큰 변화를 겪기 시작하였다. 화명동 인근의 구포, 덕천, 만덕지역은 주거지로 발전하기 시작하였지만[22] 화명동은 주거지보다는 도시기반시설이 먼저 들어섰다. 마을 뒷산에 고아원(1972), 양로원(1975)이 자리를 잡았고 마을 음달 산답에 정수장(1975), 변전소(1978)가 건설되었다.

1960년대 이후 부산은 국가 주도의 경제개발과정에서 급속한 산업화의 길로 들어서게 되었다. 특히 1970년대는 농업을 중심으로 한 저차산업에서 제조업, 건설업 등과 같은 고차산업 중심으로 산업구조가 고도화되는 시기였다. 1978년 흥아공업(유)이 이전해 왔으며 1984년 부국제강(주)을 흡수합병하면서 만호제강(주)이 본사를 화명동으로 옮겨왔다. 산업시설의 입지는 자본과 노동력의 이동을 필연적으로 수반하게 되었으며 아울러 1970년대 중반 폭발적으로 늘어난 부산 도심의 인구로 인해 화명동에 주거시설, 상업시설 등이 들어서기 시작하였던 것이다.

---

22 1976년 만덕동에 영도구, 중구 등의 고지대 철거민들을 위한 이주촌이 조성되었다. 그리고 1978년 5월 부산 전포동에서 거주하던 상이용사들이 덕천동에 원호주택을 건립하여 집단의 용촌을 형성하였으며 그해 6월 덕천동에는 30여만 평 규모의 시영아파트 단지가 완공되었다 (부산북구향토지, http://www.bsbukgu.go.kr/ebook/bsrural_2014/EBook.htm).

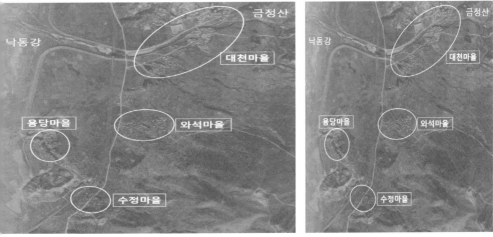

〈그림 2〉 1954년 대천마을(좌)과 화명리(우)
자료 : 국토지리정보원 국토정보플랫폼(http://map.ngii.go.kr/mn/mainPage.do)

부산시는 토지구획정리사업, 일단의 주택지조성사업, 토지의 형질변
경 등 각종 개발사업을 통해 도시공간을 새롭게 만들거나 변화시키고자
하였다. 그러나 폭발적인 인구 증가로 인하여 주택 공급은 여전히 그에
미치지 못하였다. 택지난, 주택 부족으로 인해 지가 상승과 부동산 투기
가 심해지자 부산시는 '택지개발사업'으로 주택 건설에 필요한 택지를
공급하기 시작하였다.[23] 그 일환으로 1980년대~2000년대 초반까지
북구에는 12개의 택지개발지구, 그 중 화명동에는 4개의 택지개발지구
가 지정되었고 한국토지개발공사, 대한주택공사, 부산도시개발공사가
시행하는 공영개발방식의 택지개발사업이 추진되었다.[24] 당시 부산의

23　1980년 말 제정된 '택지개발촉진법'은 주택난 해소를 위해 주택과 택지공급에 새로 선매
　　제를 도입하여 택지개발을 정부주도형으로 추진하는 것을 목적으로 한다. 이후 대규모 신
　　도시개발을 주도해 왔지만 정부는 2014년 '9·1 부동산대책'을 통해 이 법을 폐지하기로
　　하고 2017년까지 대형 공공택지공급을 중단한 상태이다.

외곽지역이었던 북구는 다른 구와 비교하여 상대적으로 개발이 되지 않은 상황이었다. 때문에 택지 공급이 용이한 변두리 농촌마을까지 빠른 속도로 도시화가 진행되었던 것이다. 논과 밭, 구릉지나 산비탈, 공장이 전적지 그리고 자연마을들이 사라졌다. 산업화의 진행과 발 맞춰 점차적으로 도시화가 이루어진 선진국의 경우와 달리, 우리나라는 산업화 정도를 훨씬 넘는 빠른 속도로 도시화가 진행되어 도시 외곽 농촌지역이던 화명동으로까지 도시공간이 급속도로 확대된 것이다.

1980년대 북구에 택지개발사업이 시행됨에 따라 대천마을도 주거지역으로 변하게 되었다. 먼저 1980년 후반 대천마을 용동(화명1택지개발지구)에서 주거지로의 개발이 시작되었다. 1987년 해당 면적의 절반 이상을 단독주택용지로 개발하고 나머지 부지에 소형 평형의 저층아파트(480세대, 11개 동)가 건설되었다. 이어 1990년대 화명신도시조성사업[25]이 본격적으로 추진되면서 대천마을 양달 주변(화명3택지개발지구)에 대규모 아파트단지가 들어서게 되었다. 이곳은 부산도시개발공사가 사업시행자가 되어 대상 토지를 매입한 후 조성한 주택용지였다. 80㎡ 이하의 시영아파트와 100m² 이상의 중형아파트가 건설되었는데 화명1, 3동에 들어선 아파트와 비교하여 상대적으로 소형 평형의 임대 또

---

24 부산시 북구, 『2015 구정백서』, 383~384쪽.

25 1990년대는 부산 도심의 인구 집중, 그로 인한 택지부족, 주택난 등을 완화하기 위하여 도시 외곽지역에 신도시건설이 추진되던 시기였다. 부산 최초의 계획신도시인 해운대신시가지 조성사업이 1992년 시작되었고 북구 화명동에도 신시가지조성사업이 계획되었다. 농경지로 이용되던 낙동강변의 백포원 13만여 평이 1985~1987년 쓰레기매립장으로 변했는데 이곳이 1980년대 후반 화명2택지개발예정지구로 지정된 것이다. 또한 지하철 개통 계획이 발표됨에 따라 개발예정지 주변 토지가격은 급등하였다(『동아일보』, 1987.11.3). 주택난 해소와 주거안정을 위해 추진된 택지개발사업은 또 다시 지가 상승을 부추기는 역할을 하였음을 알 수 있다.

는 분양아파트가 많은 편이었다.

초기 택지개발사업은 대천마을 용동지역처럼 단독주택과 아파트가 공존하는 형태로 추진되었다. 그러나 이후에는 공기단축, 시공용이, 원가절감, 공간효율 증대 등을 내세우며 양달 주변지역처럼 아파트단지로만 대량 공급되는 형태로 변하게 되었다. 미개발지로 여겨졌던 농촌마을은 도시의 주거공간으로 변해 아파트단지로 채워졌다. 대량으로 공급된 아파트는 공간의 균질화, 획일화의 가장 큰 원인이라고 할 수 있다.

와석, 수정, 용당마을은 아파트건설로 거의 사라졌다. 또한 논과 밭, 산이 사라지고 과거 마을 내부에 입지했던 제조업들이 도시 외곽이나 타지역으로 이전하였다. 신도시조성에 따라 1990년대 후반 들어서면서 화명동은 본격적인 아파트촌으로 변해갔다. 하지만 대천마을의 경우 대부분의 아파트단지가 마을 주변의 농지와 산비탈에 만들어져 아파트단지와 자연마을인 대천마을이 공존하는 형태가 되었다(〈그림 3〉 참조).

도시공간의 팽창으로 농촌이었던 대천마을은 농업에서 비농업으로 바뀌는 산업구조의 변화와 함께 농업용지에서 아파트로 채워진 주거지역으로의 공간의 변화를 겪었다. 이러한 농촌에서 도시로의 공간변화는 아파트단지와 자연마을, 개발지역과 미개발지역으로의 공간적 분리를 야기하였다. 동질성을 가진 하나의 공간이 이질적인 두 개의 공간으로 분절된 것이다. 신자유주의 거대자본의 작동 원리에 따라 그리고 성장과 개발을 최고의 가치로 추구하는 국가라는 매개를 통해 자본에만 유리한 방향으로 재영토화 되었다. 이는 자본과 국가가 홈을 파서 관계, 흐름들을 통제하며 공간을 구획하고 경계지은 결과라고 할 수 있다.

〈그림 3〉 화명2동: 대천마을과 아파트단지지역

　시간이 흐르면서 대천마을은 점차 쇠퇴하고 있다. 화명1, 2, 3동 전체에 두 곳의 재개발사업구역이 있는데 모두 대천마을에 위치하고 있다. 대천시장 일대(음달)와 화명초교 주변지역(양달)이 그곳이다. 노년층은 증가하고 새로 유입되는 청장년층은 거의 없다. 1980~1990년대 건설된 주택들은 점차 노화되고 대천시장은 상권을 잃어간다.

　대천시장은 과거 화명동의 대표적인 재래시장이었다. 그러나 주변에 대형마트, 슈퍼마켓, 편의점 등이 등장함에 따라 대부분의 상점들은 문을 닫았고 중노년 구매층의 소비문화적 수요를 담고 있는 소규모 자영업 상점만이 일부 남아 있을 뿐이다. 신도시조성사업으로 들어선 화명3동의 상업시설들은 신자유주의 자본경제의 급속한 시공간적 압축을 반영하고 있는데 반해 대천시장은 상대적으로 자본, 시간적 층위, 소비연령과 소비문화 등에서 주변화된 모습을 보인다.[26] 일반적으로 특정 지역이 이웃 지역과는 다른 특성으로 분화될 때 물리적 경관, 지역경제, 인구구성 등에 반영되는 경향이 있다. 즉, 주택의 노후화, 상권의 침체, 인구 감소 등과 같은 현상은 신도시로 개발되지 않고 주변화된 구중심지역에서 나타나는 대표적인 특성이라고 할 수 있다.

3) 도시화에 의한 구성원의 분절

도시화를 거치면서 공간의 재구성, 분절과 함께 주민들의 구성에도 많은 변화가 생겼다. 농업에 종사하던 토박이 주민들은 생계터전을 잃어 마을을 떠나기도 했으며 새로이 건설된 아파트에는 많은 이주민들이 유입되었다. 오래 전부터 존재해왔던 대천마을에는 약 2,000세대가 거주하고 있는데 반해, 새로 신축된 아파트단지지역에는 대천마을보다 2.5배 많은 5,000세대 정도가 거주하게 되었다.[27] 토착민보다 월등하게 높은 비율의 이주민들이 유입되어 새로운 지역을 형성한 것이다.

대천마을과 아파트단지지역은 인구 규모뿐만 아니라 구성면에서도

---

[26] 차윤정·공윤경, 「간판매체에 반영된 주변화 양상과 지역인의 의식-부산 정관 덕산마을을 중심으로」, 『문화역사지리』 24(2), 한국문화역사지리학회, 2012, 142~147쪽.

[27] 1987년 건설된 우신아파트에 480세대가 거주한다. 그리고 1990년대 벽산강변타운, 도시화명그린2차(A, B), 그린미르, 그린숲속, 화명코오롱, 화명경남아파트가 준공되어 약 4,500세대가 입주하였다.

큰 차이를 보인다. 앞에서 언급한 바와 같이 아파트단지지역은 소형 평형의 아파트로 조성되어 비슷한 사회경제적 수준의 주민들이 거주한다. 임의의 속성을 가진 불특정 다수의 수요자들을 위해 보편적, 획일적인 형태로 아파트가 대량 공급되었기 때문에 핵가족의 중산층으로 구성된 동질적 정주공간이 조성되었던 것이다.[28] 그래서 다양한 세대가 거주하는 대천마을에 비해 아파트단지지역은 상대적으로 비슷한 연령의 경제수준을 가진 계층이 모여 나름의 집단 간 동질성이 존재한다고 볼 수 있다.

대천마을은 아파트단지지역보다 다양한 계층의 주민들이 거주하고 있지만 그 중에서 특히 저소득층, 고령층의 비중이 상대적으로 높은 편이다. 그 예로 〈표 1〉의 기초생활보장 수급자 현황을 보면 화명1동은 211명(전체 동 인구의 약 0.49%), 화명3동은 140명(전체 동 인구의 약 0.42%)인데 반해 화명2동은 540명(전체 동 인구의 약 2.80%)이다. 다른 동에 비해 화명2동의 수급자 비율이 높은 것으로 나타나는데 이 중 대부분이 대천마을에 집중되어 있는 것으로 보인다. 대천마을 두 곳의 재개발구역에 많은 임차인들이 거주하고 있기 때문이다.[29] 65세 이상 인구비율에서도 화명2동은 2,002명으로서 전체 동 인구의 10.38%로 나타나 다른 동보다 높음을 알 수 있다. 대규모 아파트단지의 사회인구적 특성상 핵가족이 많기 때문에 상대적으로 대천마을에 중노년층이 많이 거

---

28 새비지 · 와드, 김왕배 · 박세훈 역, 『자본주의 도시와 근대성』, 한울, 1996, 102쪽(Mike Savage&Alan Warde, *Urban Sociology, Capitalism and Modernity*, Macmillan Press Limited of London, 1993).
29 이귀원, 「대천마을 이야기」, 부산 우리마을 네트워크 창립식 및 활동가와 전문가가 말하는 마을만들기 포럼, 2010, 26쪽.

〈표 1〉 기초생활보장 수급자 및 65세 이상 인구 현황 (단위: 명)

구분	화명1동	화명2동	화명3동
인구*	43,030	19,291	33,189
기초생활보장 수급자*	211(119세대)	540(320세대)	140(83세대)
비율	0.49%	2.80%	0.42%
65세 이상**	2,748	2,002	2,712
비율	6.39%	10.38%	8.17%

*: 부산시 북구, 『2015 구정백서』, 20쪽, 222쪽.
** : 부산시 북구, 『2015 통계연보』, 61쪽.

주하는 것으로 추정된다.[30]

이처럼 자연마을과 아파트단지로의 공간 분리는 인구 규모, 구성적 측면에서 토착민과 이주민, 노년층과 청장년층, 다양한 계층집단과 중산층 집단 등과 같은 구성원의 분절을 야기하였다. 이런 구성적, 계층적 차이로 인해 대천마을 토박이 주민들과 아파트단지 이주민들과의 교류와 소통은 거의 없었다.

두 지역 간 교류 단절뿐만 아니라 아파트단지 주민들 간의 교류도 미미한 편이었다. 하지만 하나의 사건으로 인해 아파트 주민들 간 교류는 활발해질 수밖에 없는 상황이 되었다. 2002년 부산도시공사가 아파트단지지역(화명3택지개발지구) 내 약 7,000m²의 유휴부지에 추가로 중형 임대아파트를 건설하겠다는 계획을 발표한 것이다. 주민들에게는 자신들의 삶과 직접적인 관련이 있는 중대한 사건이었다. 도시기반시설의 추가 없이 인근에 아파트가 새로 건설된다는 것은 아파트단지의 밀도를 높일 뿐만 아니라 인구 증가를 야기하여 교통이나 교육환경에 악영

---

30 통 단위 인구자료가 있다면 대천마을과 아파트단지지역의 기초생활보장 수급자, 65세 이상 인구수를 보다 정확하게 파악할 수 있을 것이나 동 단위로만 자료 수집이 가능하다.

향을 미칠 것으로 예상되기 때문이었다.

이에 도시그린아파트 입주자대표회의와 부녀회 등을 중심으로 한 주민들은 비상대책위원회를 만들어 아파트 추가건설을 반대하는 운동을 전개하였다.[31] 주민들은 지역뿐만 아니라 자신들에게도 당면한 현실의 문제였기 때문에 함께 단합하여 대처할 수밖에 없었다. 주민들의 바람대로 부산도시공사가 이 계획을 취소하자 주민들은 유휴부지의 활용에 대하여 고민하기 시작하였다. 지역에 필요한 시설이 무엇인지 의논한 결과 고등학교를 유치하기로 결정하였고 부산도시공사에 이를 요구하는 운동을 펼쳤다. 대규모 아파트단지가 조성되었지만 학교시설이 부족하여 주민들과 학생들이 불편을 겪어야 했기 때문이었다. 3개월간 농성을 하는 과정에서 2003년 '화명2동 지역발전협의회'가 구성되었다. 이후 여자고등학교가 들어섰고 2008년 첫 입학식이 거행될 수 있었다.

아파트 추가건설 반대, 고등학교 유치 등의 사건으로 아파트단지 주민들은 소통, 단결하게 되었고 나아가 주민주도형 조직인 지역발전협의회로 확장될 수 있었다. 외부의 압력, 지역의 문제에 함께 대항하여 목적을 달성한 일련의 사건을 통해 아파트단지 주민들은 주체의식, 공동체의식, 신뢰의 네트워크를 형성할 수 있었고 또한 지역발전협의회라는 조직이 문제해결을 위해 중요한 역할을 했다는 것을 주민들이 인지하는 계기가 되었다.

한편, 2002년 대천마을에서는 화명초등학교 동창회가 중심이 된 '화명포럼'이 만들어졌다. 구성원 대부분은 대천마을에 거주하는 30~40

---

31 대천천네트워크 사무처장 강○열 인터뷰(2016.3.22)

대의 토박이 주민들이었다. 하천주민운동단체로 시작한 화명포럼은 대천천지킴이단을 만들어 대천천 보호, 탐사 등의 활동을 하였다. 그리고 『대천천생태자료집』을 발간하고 대천천환경문화축전을 주최하였다.[32] 아파트단지지역의 지역발전협의회가 아파트 추가건설 반대, 고등학교 유치 등의 운동을 펼칠 때 화명포럼의 일부 회원들이 동참하기도 했으며 화명포럼의 각종 행사나 활동에 지역발전협의회 회원들이 참여하기도 했다.

공간의 분절로 인해 두 지역 구성원들 간에 소통과 교류는 거의 없었다. 그러나 아파트 추가건설 반대, 고등학교 유치 등과 같이 아파트단지지역에서 발생한 사건은 두 지역을 이어주는 계기로 작동하였음을 알 수 있었다. 아파트단지지역의 문제에 관심을 가지고 함께 동참함으로써 지역발전협의회와 화명포럼은 새로운 관계망을 만들 수 있는 발판을 마련하였으며 이는 연대를 위한 밑거름으로 작용하였다.

4. 구성원의 연대와 공생으로의 가치 전환

1) 구성원의 연대와 대천천네트워크

2000년대 화명2동에 두 개의 마을공동체가 형성되는데 대천천네트워크가 그 중 하나이다.[33] 대천천네트워크는 비슷한 시기 아파트단지

---

32 이귀원, 앞의 글, 27쪽.
33 다른 하나는 공동육아협동조합을 기반으로 하는 교육문화공동체이다. 북구 덕천동에 있

지역과 대천마을에서 각각 만들어진 지역발전협의회와 화명포럼이 화명2동의 상생을 위해 2004년 6월 통합한 조직이다. 여기에는 화명2동의 각종 기관·단체(15개),[34] 300세대 이상 아파트단지(7개), 학교(10개교) 등이 연대하였다. 초기 단체 가입의 형태로 출발했던 대천천네트워크는 2014년 개인 가입 형태로 바뀌면서 현재 회원은 공공기관, 단체와 함께 개인도 포함되어 있다.

대천천네트워크는 토착민, 이주민 상관없이 주민들이 자발적으로 참여하여 주민 스스로 지역 문제를 파악하고 대안을 모색하는 주민자치를 원칙으로 한다. 코소가 자본의 과정 자체를 벗어나는 원리라고 주장하면서 가치를 부여했던 자율, 자주연합, 자기조직화, 상호부조 등을 실천하고자 했음을 알 수 있다. 대천천네트워크가 발족되면서 지역발전협의회는 흡수되었고 화명포럼은 이름만 남아있는 상태이다.

지역발전협의회, 화명포럼 등의 단체들이 대천천네트워크로 통합, 연대될 수 있었던 요인은 관계망 형성, 공통의 가치(목적)로 요약할 수 있을 것이다. 그 중 하나는 통합 이전에 이미 각 단체 구성원 간의 교류와 소통으로 관계망이 형성되어 있었기 때문이었다. 통합할 때 일부 구성원들의 반대가 있었다.[35] 화명포럼의 경우에는 마을의 정통성을 가진 단체로서 조직, 유지되고 있는데 군이 아파트단지지역 단체와 통합할 필요가 있는가 하는 당위성에 관한 것이었다. 지역발전협의회의 경우에는 통합으로 인해 오히려 지역 간 갈등을 야기하는 것이 아닐까 하

었던 부산북구공동육아협동조합이 2003년 4월 화명2동으로 이전하여 만든 공동체이다.
34 새마을협의회, 새마을부녀회, 청년회, 통장협의회, 새마을금고, 방위협의회, 바르게살기협의회, 공동육아협동조합, 대천마을학교 등 화명2동의 각종 단체들이 포함되어 있다.
35 강○열 인터뷰.

는 우려 때문이었다.

통합을 반대하는 구성원들을 설득한 사람들은 지역발전협의회 회원이면서 화명포럼 회원으로 활동하던 구성원들이었다. 이들은 아파트단지지역에 거주하는 화명초 졸업생들로서, 지역발전협의회의 아파트 추가건설 반대와 고등학교 유치운동에 화명포럼의 참여를 유도하고 화명포럼의 각종 활동과 행사에 지역발전협의회의 참여를 유도하는 역할을 수행하고 있었다. 이들을 중심으로 구성원, 단체 간 교류와 소통이 있었기 때문에 대천천네트워크가 창립될 수 있었던 것이다.

연대할 수 있었던 또 다른 요인은 두 단체는 물론 연대한 각종 단체, 아파트단지와 학교들이 대천천의 생태환경을 가꾸는 것뿐만 아니라 대천마을과 아파트단지지역을 하나의 마을, 즉 살기 좋은 '우리 마을'로 만들어 나가고자 하는 공통의 목적이 있었기 때문이었다. 운영규약(제2조)에 따르면 "대천천네트워크는 대천천 유역의 지역 주민 및 제 단체와 네트워크를 형성하여 대천천의 환경을 보존하고 환경과 인간이 함께하는 아름답고 살기 좋은 마을을 만들고 대천천 유역의 역사와 문화를 복원하여 지역공동체 활성화에 기여함"을 목적으로 한다. 여기서 대천천네트워크가 분절된 공간과 구성원을 아우르는 공존의 전략으로서 '공생'의 가치를 추구하고 있음을 확인할 수 있다. 즉, 대천천네트워크는 대천천을 매개로 연대한 단체로서 대천마을과 아파트단지지역을 하나의 마을로, 나아가 하나의 공동체로 활성화하고자 하였다.

구성원, 단체 간의 관계망과 연대로 설립된 대천천네트워크가 지역에서 확고하게 자리 잡을 수 있었던 것은 금정산 KTX 터널공사 때문이었다. 대천천네트워크가 발족된 직후 금정산 고속철도 장대터널공사가 시작되었다.[36] 터널공사를 위해 마을 위쪽으로 사갱이 뚫리고 여기서 나온 흙은 마을을 지나는 산성로를 통해 운반되는 상황에 놓인 것이었다.[37] 이는 교통체증, 비산먼지, 소음, 진동으로 주민들의 일상생활에 큰 피해를 입히고 대천천의 생태환경도 파괴될 수 있는 심각한 문제였다. 대천마을과 아파트단지지역 전체에 영향을 미치는 큰 사건이 발생한 것이었다.

이에 대천천네트워크가 중심이 되어 KTX 터널공사 반대운동을 전개하였다. 대천천네트워크가 화명2동에 있는 대부분의 주민단체들을 연대하고 있었기 때문에 신속하게 조직적으로 움직일 수 있었던 것이다. 2년 정도 이어졌던 반대운동은 2006년 대천천네트워크의 요구조건을 관철하는 선에서 합의가 이루어지면서 마무리되었다. 그 중 하나는 터널에서 나온 흙의 일부를 화명수목원 근처 계곡 매립에 사용하고 나머지 흙은 마을에 최대한 피해가 가지 않도록 시간대를 정해서 반출하는 것이었다. 또 다른 조건은 직접적으로 피해를 입은 주민들에 대한 피해보상 그리고 주민들을 위한 문화시설 건립이었다.

문화시설 건립에는 부지 선정, 기존 부지의 용도변경, 부지 가격 등 많은 문제들이 있었다. 대천천네트워크는 이를 해결하기 위해 시공건설사, 국토교통부, 경찰청, 북구청 등과 꾸준한 협의과정을 거쳤다. 그 결과 시공건설사가 부산도시공사 소유의 공공용 부지(1,034m²)를 매입

---

36 부산~서울간 경부고속철도(KTX) 노선 가운데 가장 긴 터널구간인 금정터널(20.64㎞)은 금정구 청룡동 범어사 앞에서 시작하여 동구 좌천동까지 이어지는 구간이다.
37 사갱은 터널공사를 위한 작업갱도이며 터널 완성 후에는 일반적으로 비상통로로 사용된다. 금정산 KTX 터널공사의 경우 74만㎥(덤프트럭 24만대 분량)의 발굴토가 나올 것으로 예상되었다.

하여 3층 규모의 마을문화시설을 신축한 후 기부하는 형태로 진행되었다. 2009년 대천천네트워크는 문화시설을 기부받기 위해 사단법인으로 등록하였고 2010년 준공된 대천천문화환경센터를 소유, 관리하게 되었다.[38]

KTX 사갱터널공사 반대운동에서 각종 피해보상, 문화시설 건립에 이르기까지 대천천네트워크는 지역 문제를 해결하기 위해 적극적으로 노력하였고 또한 주도적인 역할을 수행하였다. 대천마을과 아파트단지 지역의 여러 단체들이 연대한 조직이라는 구성적 특성과 함께 지역의 당면한 문제였던 KTX 터널공사를 원만하게 해결한 실천적 운동을 통해 대천천네트워크는 마을을 대표하는 조직이 되었다. 때문에 대천천네트워크 회의에 주민자치센터 사무장, 구의원 등이 참석하기도 하고 구청, 시청과의 업무에서는 협치의 파트너가 되기도 한다.[39]

창립 이후 대천천네트워크는 마을의 현안문제 해결뿐만 아니라 주민참여형 대천천살리기사업, 낙동강수질개선사업, 지역공동체활성화사업 등을 추진하고 있다. 대천천탐사단, 대천천학생환경지킴이단 그리고 대천천문화환경축제, 환경교실, 어린이곤충체험전 등의 프로그램을 꾸준히 추진하고 있다. 지역 주민의 참여만이 아니라 부산하천시민연대, 부산하천살리기시민운동본부 등 부산의 여러 환경단체와의 연대를 통하여 금정산, 대천천, 낙동강의 생태계 복원을 위해 노력한다. 또한 마을공동체 활성화를 위해 찾아가는 대천천작은음악회, 대천천가족마라톤대회, 대천천사생대회, 단오야 놀자 등의 행사를 개최하고 있다.

---

38 이귀원, 앞의 글, 27쪽.
39 위의 글, 27쪽.

최근 대천천네트워크는 환경공동체, 생태친화적인 마을조성을 위해 음식물쓰레기 줄이기, 저탄소 실천교육, 도시농업(옥상텃밭, 자투리텃밭) 등의 다양한 프로그램들을 시행하고 있다. 2015년 12회 대천천문화환경축제에는 지역의 13개 단체, 3천여 명이 참여하였다.[40]

대천천네트워크가 개최한 각종 행사나 축제를 살펴보면 처음부터 지역 주민들이 적극적으로 참여하지는 않았다.[41] 창립 초기 개최했던 주민한마당문화제는 주로 아파트단지 주민들이 중심이 되었다. 정월대보름 달맞이행사(달집태우기행사)를 복원하였는데 이 행사부터 대천마을 주민들이 참여하게 되었다. 주민한마당문화제는 주로 아이들이 있는 청장년층 중심의 행사였기 때문에 아파트단지 주민들의 참여율이 높았던 것이다. 달맞이행사는 과거 대천마을에서 해마다 열렸던 행사였기 때문에 대천마을 주민들, 특히 중노년층에게는 친숙한 것이었다. 그래서 대천마을 주민들의 참여율이 증가했던 것이다. 이후 주민한마당문화제는 대천천문화환경축제에 흡수되었다. 달맞이행사는 10년 정도 이어지다가 원래 주관하였던 대천마을 청년회로 다시 이관되어 개최되고 있다.

이제 대천천네트워크의 각종 프로그램들은 대천마을, 아파트단지 주민들뿐만 아니라 화명1동과 화명3동, 금곡동 등 주변 지역의 주민들도 참여하는 행사로 확대되고 있다. 민관산학이 함께하는 다양한 행사와 축제는 공동체의식과 애향심을 고취시켜 삶의 질 향상에 기여하며

---

40 참가한 단체는 북구공동육아협동조합, 맨발동무도서관, 대천마을학교, 랄랄라공동육아어린이집, 푸른바다 아이쿱생협, 어린이책시민연대부산서부지회, 부산학부모연대화명금곡지회, 북구합두레, 부산참빛학교, 물고기공방, 반쪽이공방, 화명촛불이다.
41 강○열 인터뷰.

지역주민의 자치역량을 제고하여 지역발전의 동력이 되었고 특히 마을의 학생들에게 마을의 전통, 문화, 환경을 바로 알게 함으로써 마을에 대한 자부심과 책임의식을 제고하였다는 평가를 받았다.[42] 대천천네트워크의 다양한 활동으로 화명2동 주민자치센터는 2005년 전국 주민자치박람회에서 프로그램분야 최우수상을, 2014년 부산녹색환경상 대상을 수상하기도 하였다.

2) 대천천네트워크의 의미와 공생으로의 가치 전환

대천마을과 아파트단지지역처럼 하나의 공간이 이질적인 역사와 구성을 가진 두 개의 공간으로 분절된 사례는 많이 찾아볼 수 있다. 신도시 건설, 재개발·재건축사업 등으로 개발된 지역과 그렇지 않은 주변지역이다. 그런데 이 중에서 대천마을과 아파트단지지역 사례처럼 공간의 분화를 거슬러 소통, 교류하면서 연대와 관계망을 형성하고 있는 곳은 거의 없다.[43]

여기에는 여러 가지 이유들이 있을 수 있겠지만 지역 간 '연대조직'과 의미 있는 '사건'의 두 가지를 들 수 있다. 첫 번째 이유는 바로 대천천네트워크와 같은 지역 간 '연대조직'이 있었기 때문이다. 대천마을과 아파트단지지역은 공간의 생성과 역사가 다르고 그곳에 거주하는 주민들의 구성, 계층 또한 다르다. 하지만 주민들은 대천천네트워크라는 연

---

42 대한지방행정공제회, 「주민자치센터와 NGO가 함께하는 지역공동체 프로그램 "대천천네트워크"-부산광역시 북구 화명2동 주민자치센터」, 『지방행정』 55, 2006, 95쪽.
43 부산의 경우 해운대신도시, 기장 정관신도시 그리고 많은 재개발·재건축구역이 있지만 대천천네트워크 같은 연대조직이 있는 지역은 없다.

대조직을 통해 지역 문제를 해결하고 또 다른 실천으로, 또 다른 관계로 연결되는 자율적인 운동을 만들 수 있었다. 이를 통해 자신들의 거주공간을 분절되고 위계된 공간이 아니라 함께 살아가야 할 삶터, 하나의 마을로 인식하게 되었다.[44] 따라서 대천천네트워크는 공간 분절을 넘어서 하나의 공생체로 상호관계를 만들어 나갈 수 있는 계기가 된 것이다. 스스로를 동일화 하면서 자기와 다른 것을 배제, 배척하고 끊임없이 공간을 구획, 분절시키는 자본과 국가에 대항하면서 자율, 자주연합, 자기조직화, 상호부조 등의 원리에 가치를 부여한 결과였다.

두 번째 이유는 주민의 참여와 협력을 이끌어내는 동기가 된 '사건', 즉 KTX 사갱터널공사이다. 일반적으로 사람들은 자신의 삶에 영향을 미치는 의사와 정책결정 과정에 참여할 때 주체적 소속감을 갖게 되는 경향이 있다. 대천마을과 아파트단지 주민들은 대천천네트워크를 통해 KTX 터널공사라는 지역에 닥친 문제를 함께 해결해 나가면서 단결하고 협력할 수 있었다. 여기서는 대천마을인지 아파트단지인지, 또는 대천마을 주민인지 아파트단지 주민인지 구분할 필요가 없었다. 아파트 추가건설 반대, 고등학교 유치, 그리고 이어진 KTX 사갱터널공사 반대, 피해보상, 문화시설 건립 등 지역의 현실문제는 특정 지역이나 특정 주민들에게만 영향을 미치는 것이 아니라 모두에게 영향을 미치는 것이고 함께 대처해 나갈 때 더 큰 힘을 발휘한다는 것을 인식하게 되었기 때문이다.

물론 지역에 발생한 '사건'은 사건 그 자체로 의미가 있는 것은 아니

---

44 실제로 아파트단지 주민들은 대천마을과 아파트단지지역을 아울러, 즉 화명2동을 '대천마을'이라고 부른다. 그리고 원래 대천마을은 '본동'이라고 한다(강○열 인터뷰).

다. '사건'을 해결하기 위한 주민 스스로의 경험과 실천이 있어야 하며 이를 통해 소속감, 애착심, 공동체의식을 체험하고 학습할 수 있을 때 '사건'은 의미가 있는 것이다. 이런 '사건'이야말로 자본과 국가로 인해 홈이 팬 공간을 비자본적 가치를 지향하는 매끈한 공간으로 전환하는 발화점이 될 수 있는 것이다.

마을(공간)은 자본이나 권력, 국가 정책이나 사회 체제 등에 직접적인 영향을 받는다. 하지만 대천천네트워크와 같은 구성원, 집단 간의 관계망과 연대 그리고 대천천네트워크에 의한 자율적 운동의 영향으로 공간은 새롭게 인식되고 재구성될 수 있음을 알 수 있다. 이때 공간은 "정태적이거나 주어진 상태로 지속되는 것이 아니라" 주민들 간 또는 집단 간 관계, 연대, 운동을 통해 "역동적으로 변화하는 객관적 실체이며 또한 상징적으로 (재)형성되는 구성체"인 것이다.[45] 따라서 공간은 경계 지워진 단위지역으로서의 영역성도 가지지만 "내적, 외적 네트워크에 의해 생성, 변화하는 관계성"도 가지고 있음을 확인할 수 있다.

앞에서 살펴본 바와 같이 분절된 공간에서 만들어진 각각의 단체들이 연대하여 대천천네트워크를 설립한 목적은 기본적으로 대천천의 생태환경보호에서 출발하지만 결국은 하나의 마을, 하나의 공동체로 만들어가고자 함이었다. 자연과 인간뿐만 아니라 토착민과 이주민, 서로 다른 집단들이 함께 조화를 이루는 삶터를 추구한 것이며 어울려 살기 위한 공존의 전략으로서 '공생'을 선택한 것이다. 즉, 자기와 다른 것(타자)과 대립, 투쟁하기보다는 얽힘(관계)의 사고로 비자본적 가치에

---

45 최병두, 앞의 글, 2016, 5쪽, 13쪽.

새로운 가치를 부여한 것이다.

이처럼 서로 다른 목적을 가진 조직들을 연대하고 통합하기 위해서는 자본, 권력 중심의 가치에 대항하는 정반대의 가치, 즉 '공통적인 것'을 토대로 하는 새로운 가치 개념이 요구된다. 그런데 이것은 사람들의 의식 속 가치들의 가치 전환trans-valuation of values을 통해서 이루어질 수 있다.[46] 화명포럼, 지역발전협의회 등의 개별 단체들이 추구한 목적과 가치는 다양했을 것이다. 그러나 이 단체들은 자연과 인간, 인간과 인간이 조화를 이루는 살기 좋은 공동체를 만들고자 하는 공통의 목적을 위하여 대천천 네트워크라는 연대조직을 만들었다. 다양한 가치들이 있을 수 있지만 이들은 그 중에서 공존을 위한 전략으로서 '공생'이란 것으로의 가치 전환을 시도한 것이다. 공간과 구성원의 분절을 넘어 '공생'의 가치로 하나의 마을에서 하나의 공생체로 살아가고자 했기 때문이다.

5. 분절을 넘어 하나의 공생체로

이 글은 대천마을과 대천천네트워크를 사례로 산업화, 도시화 등 국가 정책이나 사회 체제 그리고 이로 인해 야기된 분절화, 위계화가 공간구조와 주민들의 구성에 미치는 영향을 고찰하였다. 그리고 분절된 공간의 주민들이 대천천네트워크를 통해 관계망을 형성하고 하나의 삶터로 인식하는 과정, 공간과 구성원의 분절을 넘어 새로운 관계를 만들

---

46 코소, 앞의 책, 263~264쪽.

어가는 움직임(운동) 등에 대해 구체적, 미시적으로 살펴보았다. 이를 통해 분절된 공간을 넘어서는 구성원들 간의 관계 맺기 방식과 그 내면에 작동하는 가치를 찾고자 하였다.

1980～1990년대 대규모 택지개발사업으로 대천마을은 농촌에서 도시로 빠르게 전환되었다. 하나의 공간이었던 대천마을은 이 과정에서 대천마을과 아파트단지지역으로 분절되었다. 공간의 분절에 따라 주민들의 구성 또한 토착민과 이주민, 중노년층과 청장년층으로 나눠지게 되었다. 경제적 이익을 추구하는 자본과 개발, 성장을 우선시하는 국가의 작동원리에 따라 홈이 팬 공간으로 재영토화 된 것이다. 이에 따라 관계, 흐름, 과정들은 통제되고 자기와 다른 타자들을 배척하는 공간으로 구획, 배치되었다.

그러나 구성원들은 여기에 머물지 않고 자본과 국가의 홈파기를 벗어나는, 탈영토화 하는 힘을 보여주었다. 대천마을의 '화명포럼'과 아파트단지지역의 '지역발전협의회' 등 화명2동의 제 단체들은 환경을 보호하고 살기 좋은 마을을 만들기 위해 연대조직인 대천천네트워크를 설립한 것이었다. 대천천네트워크를 통해 주민들은 KTX 사갱터널공사 반대와 그로 인한 피해보상, 문화시설 건립 등 지역의 사건들을 해결할 수 있었다. 아울러 대천천네트워크의 각종 행사와 프로그램을 통해 주민들은 성취감, 애착심, 공동체의식을 고취할 수 있었고 또한 대천마을과 아파트단지로 분리된 공간을 하나의 마을로 인식하게 되었다.

대천천네트워크는 자주연합, 자기조직화, 상호부조 등을 실천하는 연대조직으로서 공간과 구성원의 분절을 엮는 관계망이자 자율적인 운동이었다. 그리고 자본, 국가, 권력에 의해 홈이 팬 공간을 새로운 가치를 지향하는 매끈한 공간으로 반전시킴으로서 공간에 대한 인식을 재구성하는 역할을 하였다. 이것은 국가의 스스로 동일화하는, 자본의 자본화하는 움직임을 벗어나는 운동이며 자본, 권력이 아닌 다른 가치를 창조하는 과정으로서 의미를 가진다. 화명포럼과 지역발전협의회가 각자의 공간에서 각각의 목적과 가치를 위해 존재했지만 대천천네트워크로 연대할 수 있었던 것은 자본, 권력을 대체하는 새로운 가치, 공통의 가치로 전환했기 때문이었다. 신자유주의적 자본경제를 이끌어 온 지배적인 가치들과는 전혀 '다른 가치'로의 전환, 즉 '공통적인 것'으로의 가치 전환을 '공생'으로 보았기 때문이다. 따라서 대천천네트워크는 공간을 새롭게 인식하고 재구성하는 사회, 문화, 생태적 실천운동이자 관계망이며 아울러 '공생'의 가치로 하나의 공동체를 만들 수 있는 계기가 되었다.

참고문헌

『동아일보』

부산시 북구,『2015 구정백서』

_____,『2015 통계연보』

대한지방행정공제회,「주민자치센터와 NGO가 함께하는 지역공동체 프로그램 "대천천 네트워크"
　　－부산광역시 북구 화명2동 주민자치센터」,『지방행정』55, 2006.

들뢰즈, 질・펠릭스 가타리, 김재인 역,『천 개의 고원－자본주의와 분열증』2, 새물결, 2003
　　(Deleuze, Gilles & Félix Guattari, *Mille plateaux－capitalisme et schizophrenie 2*, Les
　　Éditions de Minuit, Paris, 1980).

새비지, 마이크・알랜 와드, 김왕배・박세훈 역,『자본주의 도시와 근대성』, 한울, 1996(Savage,
　　Mike & Alan Warde, *Urban Sociology, Capitalism and Modernity*, Macmillan Press Limited
　　of London, 1993).

송시형,「주거지 현황을 통해 본 주거공간의 양극화 현상」,『극동사회복지저널』5, 극동대 사회복
　　지연구소, 2009.

슈뢰르, 마르쿠스, 정인모・배정희 역,『공간, 장소, 경계』, 에코리브르, 2010(Schroer, Markus,
　　Raume, Orte, Grenzen－Auf dem Weg zu einer Soziologie des Raums, Suhrkamp Taschenbuch
　　Wissenschaft, 2005).

신지영,「도시화와 주체의 문제」,『철학논총』73, 새한철학회, 2013.

이귀원,「대천마을 이야기」, 부산 우리마을 네트워크 창립식 및 활동가와 전문가가 말하는 마을만
　　들기 포럼, 2010.

전종한,「근대이행기 경기만의 포구 네트워크와 지역화과정」,『문화역사지리』23(1), 한국문화역
　　사지리학회, 2011.

정기용,『사람・건축・도시』, 현실문화, 2008.

제이콥스, 제인, 유강은 역,『미국 대도시의 죽음과 삶』, 그린비, 2010(Jacobs, Jane, *Death and
　　life of great American cities*, Random House, 1993).

줄레조, 발레리, 길혜연 역,『아파트 공화국－프랑스 지리학자가 본 한국의 아파트』, 후마니타스,
　　2007(Gelézeau, Valérie, *Séoul, ville géante, cités radieuses*, CNRS Editions, 2003).

차윤정・공윤경,「간판매체에 반영된 주변화 양상과 지역인의 의식－부산 정관 덕산마을을 중심으

로」, 『문화역사지리』 24(2), 한국문화역사지리학회, 2012.

최병두, 『도시 공간의 미로 속에서』, 한울, 2009.

_____, 「한국의 신지역지리학-(1) 발달 배경, 연구 동향과 전망」, 『한국지역지리학회지』 20(4), 한국지역지리학회, 2014.

_____, 「한국의 신지역지리학-(2) 지리학 분야별 지역 연구 동향과 과제」, 『한국지역지리학회지』 22(1), 한국지역지리학회, 2016.

최재헌, 「한국 도시 성장의 변동성 분석」, 『한국도시지리학회지』 13(2), 한국도시지리학회, 2010.

코소, 이와사부로, 서울리다리티 역, 『죽음의 도시, 생명의 거리』, 갈무리, 2013(高祖 巖三郎, 死にゆく 都市, 回歸する 巷 ニュ一ヨクとその彼方, 以文社, 2010).

호이저, 마리-루이제, 이기흥 역, 「수학과 자연철학에서 위상학의 태동」, 슈테판 귄첼 편, 『토폴로지-문화학과 매체학에서 공간 연구』, 2010(Heuser, Marie-Luise, "Die Anfänge der Topologie in Mathematik und Naturphilosophie", Günzel, Stephan(Hrsg.), *Topologie. -Zur Raumbeschreibung in den Kultur-und Medienwissenschaften*, Transcript Verlag, Bielefeld, 2007).

Massey, Doreen, *For Space*, Sage, 2005.

국토지리정보원 국토정보플랫폼, http://map.ngii.go.kr/mn/mainPage.do

부산북구향토지, http://www.bsbukgu.go.kr/ebook/bsrural_2014/EBook.htm

시민 자치 장소로서의 조선 마을

1970년대 후반~1980년대 후반 우토로 초기 지원자에 주목하여

전은휘

1. 재일코리안 주민운동의 일본인 지원자들

1988년 10월, 교토시에서 남쪽에 위치한 우지시의 재일코리안 집주 지구 우토로에서 제1회 '우토로 마을만들기 집회'가 열렸다. 수도 부설 운동을 성공리에 마치고 다시금 토지문제 해결에 맞서게 된 우토로 주 민과 지역시민, 노동자가 조선 / 한국문화로 더불어 어우러지자는 취지 였다. 얼핏 마을축제로 보이는 이 행사의 중심은 지구 밖에서 온 마당 극단으로, 주변을 에워싼 것은 지구주민보다 많은 일본인들이었다. 재 일코리안의 주민운동이라는 측면에서 마치 주객이 전도된 듯 보이는 이 모습은, 운동이 당초 일본인 시민들의 노력으로 시작된 데에 기인한 다. 하지만 이들이 수행한 역할에도 불구하고 이들에 초점을 맞춘 연구 는 거의 없으며, 자신들도 운동의 지원자로서 스스로를 규정하는 경우 가 대부분이다.

이 글에서는 이러한 우토로 지구 거주권운동의 비 당사자적 측면에 주목해서 재일 권리운동이 당사자운동으로서 뿐만 아니라 서로 다른 연원roots을 가지는 동시대의 다양한 시민들의 운동으로 어떻게 이루어졌는지를 분석할 것이다. 즉, 마이너리티의 운동을 당사자의 연원에 대한 자각이 아니라 그 시민적 공감의 면에 주목해서 분석할 것이다.

이 글의 의의는 다음과 같다. 먼저 우토로 지구에 대한 많지 않은 연구결과로서 지금까지 주목받지 않았던 일본인 지원자와 그 시대에 주목했다는 점이다. 또한 이는 상대적으로 연구결과가 적은 비도시 지역의 재일조선인 권리운동에 대한 결과물이기도 하다. 마지막으로, 재일조선인 주민운동을 조선이라는 민족 / 지명에 대한 실천을 통한 다양한 주체들의 공동체적 정치라는 관점에서 다자적으로 재평가하고자 하는 점이다.

2. 배경 – 분화되는 조선의 심상지리

일부에서 알려진 것과 달리, 우토로 지구는 2차 세계대전 중 국가적으로 진행된 강제연행으로 생겨난 지역은 아니다. 우토로 지구에 대한 최초의 대중출판물인 『이웃사람イウサラム』이나[1] 『재일1세의기억在日1世の記憶』[2] 등에서 주민들의 생활사를 살펴보면, 그들의 집주 루트는 첫째가 해당 지역에

---

1   朝日新聞社 編, 『イウサラム(隣人) – ウトロ聞き書き』, 1991(아사히신문사 편저, 김용교 역, 『우토로 사람들』, 서울, 1998).

2   小熊英二, 姜尚中 編, 『在日1世の記憶』, 集英社, 2008(2009), 447~456쪽.

서의 건설 하청노동자 고용이며, 둘째가 패전을 전후한 개별적 피난이었음을 알 수 있다. 우토로 지구의 형성은 1920년대부터 집중적으로 증가한 일제시대 구 조선인의 일본 본토內地로의 이동 및 패전 후 정주와 맞물려 있다. 따라서 독자들에게 전체적인 배경을 소개하는 의미에서 구 조선인의 정주과정에 대해 간략하게 개괄한 뒤, 이를 통해 우토로 지구를 바라보는 시점을 명확히 하고자 한다.

이들에 대해서는 국내외로 다양한 명칭이 있으며, 정의의 기준 역시 다양하다. 국내에서 사용되는 명칭만 해도 재일교포 및 동포, 한인 등이 혼재한다. 일본에서의 명칭은 이보다 세분화되어, 패전 직후까지 쓰인 조선인朝鮮人부터 정주 및 이민의 정체성을 나타내는 재일조선인, 한국 국적 및 국가적 정통성을 강조한 재일 한국인, 양쪽을 병기한 재일조선·한국인, 세대 증가와 동화, 1980년대 이후 뉴커머 유입 등 현대 이민 인구 구조를 반영한 재일코리안, 국적이나 특별 영주권 등 법적 소속보다 연원의 공통성을 중시하는 조선계 주민[3] 등 다양하다. 이러한 명칭의 다양함에서 드러나는 것은 조선이라는 지리적 표상이 함의하는 다양한 공동체상이다.

식민지시대 일본에서 조선은 피식민 국가 중 하나로서, 제국 이전에 한반도(일본 내 명칭 조선반도)에 위치한 전근대 국가를 가리키는 명칭이었다. 한일합병 후 식민지 주의적 타자의 역할이 부여된 조선은, 실재하는 법적 기호이기도 했다. 황국신민이 된 조선인은 조선호적에 등재되어 본토 일본인과 내부적으로 구별되었으며, 이를 바탕으로 참정권

---

3   島村恭則, 『「生きる方法」の民俗誌』, 関西学院大学出版会, 2010. 필자의 이해 역시 이와 유사하다.

정지(1945년) 등 패전 후 일본 내 식민지 출신자의 법적 지위 박탈이 이루어져, 일본 국적을 완전히 박탈한 외국인등록령(1947년) 이후에는 국적 대신 한반도 지역을 총칭하는 임시적인 명칭으로 조선적이 부여되었다. 한반도 정부수립 이전이라는 시대적 배경 때문에, 결과적으로는 '조선반도의' 민족을 가리키는 표상에 패전 후 '일본에 정주한' 조선인 이민이라는 의미가 일본사회에서의 쓰임새로서 더해졌다 할 수 있다.

주목하고 싶은 것은 이들이 종종 단일한 역사적공동체로 상상됨에도 불구하고, 실제로는 서로 다른 복수의 공동체를 함의한다는 점이다. 위와 같이 패전 직후 조선이라는 공간적 표상에는 피식민지인 전근대 국가 조선과 전후 외국인 정책의 주요 대상으로서의 조선출신 일본 이민자들이 한데 얽혀있다. 전자를 조선인, 후자를 재일조선인으로 지칭할 경우 전자와 후자는 먼저 사회경제적으로 차이가 있다.

한일합병(1910년) 이전부터 존재해 온 조선인 이민은 1920년대부터 광복 직후까지 일본 도항자渡航者가 폭증하면서 사회 현상으로 가시화되었다. 이는 토지조사사업을 필두로 한 식민지 경제 체제 하에서 발생한 영세 소작농의 이동으로, 부산(1913), 제주(1923) 등 정기여객선 기항지에 인접한 남부 농촌지역에 집중되었다. 이들은 도시화 및 산업화기 일본의 저임금, 고위험 노동자로 흡수되어, 1920년대에는 이미 집주지가 형성되었다.[4] 군수생산 거점에 단기간 집단 배치된 강제 연행자들과 달리, 중·장기 거주자인 이들은 광복시점에서 귀환 및 국적 선

---

4   고베 지역을 대상으로 한 今野敏彦, 『新編 偏見の文化』, 新泉社, 1983, 집주지구를 전체적으로 분석한 三輪嘉男, 「在日朝鮮人集住地区の類型と初期形成」, 『在日朝鮮人史研究』 11, 1983, 54~69쪽 등의 선구적인 연구 외에 西成田豊, 『在日朝鮮人の「世界」と「帝国」国家』, 東京大学出版会, 1997는 사회 경제적 관점에서의 집주지 형성을 고찰했다.

택의 기로에 놓였다. 불리한 귀환 조건과 패전 직후의 불황, 분단정부 수립에서 한국전쟁 발발로 이어지는 불안정한 한반도 정세 속에서, 강제연행을 포함하여 220만 명을 헤아리던 조선인 도항자 중 약 80만 명이 일본에 남게 되었다.[5]

이처럼 재일조선인은 식민지체제 하 조선인의 이촌향도형 이동과 이들에 대한 전후 정책변화를 배경으로 일본에 정주하게 된 조선출신 이민으로, 조선인과는 구별된다. 그러나 이들은 조선이라는 단일한 지명으로 상기되는 동질적인 역사공동체의 내러티브 또는 규범 안에서 하나인 듯 이야기되기 쉽다. 이는 달리 보면, 조선이라는 지명에는 전전 / 후 일본 사회의 스티그마적 타자와 당사자인 재일조선인 자신들이 만들어 온, 조국으로서의 북한(일본에서의 명칭은 北朝鮮) / 한국, 그리고 권리주장 과정에서 가시화된 생활권으로서의 집주지, 혹은 지역에 이르는 다양한 공동체상의 응집이라 할 수 있다. 이 점에 유의하여, 이 글에서는 민족 당사자 외의 다자적 공동체를 함의하는 장소로서의 조선에 주목하고자 한다. 장소를 통해 구현되는 정치적 공동체상의 재 / 생산과정에 주목하는 것은 후술하는 것처럼 우토로 지구 거주권 운동의 비 당사자에 의한 실천을 고찰하는 데에 유효하다.

---

5   姜在彥, 「「在日」百年の歷史」, 『環』 11, 2002, 152~164쪽.

3. 불법점거 지구의 거주권 운동과 지역과의 관계

1) 불법점거 지구 거주권 운동의 지역성

우토로의 형성과 집주 역시 조선인의 이동과 전후 혼란기 재일조선인의 정주와 맞물려있다. 전시기인 1939년 교토부가 체신성遞信省 국책사업을 유치하여, 1942년, 우토로 근교 농촌지역에 군용 비행장 및 승무원 양성소, 항공기 제조공장을 한 데 모은 군사 생산 시설이 착공되었다. 이 때 건설노동자 2,000명이 사업자 일본국제항공공업(이하, 일국공업)에 하청 고용되었는데, 그 중 약 1,300명이 조선인 임시공이었다.[6] 그러나 패전으로 사업은 중지되고, 실업과 빈곤, 귀환 시 이동거점, 정보 및 자원공유 등을 이유로 건설 노동자 및 오사카 공습(1945년 3월) 이후 발생한 피난민 일부가 함바飯場로 불리는 숙소에 남은 것이 집주화로 이어졌다.[7]

단, 이는 법적으로는 전후 불법점거에 속했다. 전후 불법점거는 전후 복구 및 고도성장기를 거치면서 거의 사라진 패전 직후의 도시 문제 중 하나로, 그 대표적인 현상이 빈곤층의 집주였다. 재일조선인 외에도 오키나와, 규슈 등 촌락지방 출신자가 혼재했으며, 피차별 부락과도 강한 입지적 연관성이 있었다. 입지는 이들 지구의 성쇠를 좌우하는 중요한 요인이었는데, 크게는 지자체의 도시계획, 작게는 주변 지역과의 관계

6　千本秀樹,「京都府協和会と宇治の在日朝鮮人」,『歴史人類』16, 1988, 173~215쪽.
7　斎藤正樹,「ウトロ―強制立退きから新しいまちづくりへ」,『コリアンコミュニティ研究』1, 2010, 37~44쪽.

로서 영향을 미쳤다. 전자가 주민에 대한 수직적 행정조치로 실현됨에 반해,[8] 후자는 지자체에 대한 공영주택건설 및 입주권 요구를 골자로 하는 거주권 보장을 위한 주민운동 조직화의 유무로 나타났다. 주민운동은 출신지 단체 중심의 당사자 운동으로 형성되었으나, 그 배경에는 해당 운동을 성공시킨 피차별 부락 해방운동 등 인접지역의 동시대적 영향 및 조력이 큰 영향을 미쳤다.

이는 불법점거 지구 중 다수를 점했던 재일조선인 및 재일조선인 지구에서도 마찬가지로, 1970년대에 소수지역을 거점으로 공영주택 입주권을 획득했지만,[9] 이후에도 이들 지구에서의 주민운동은 반드시 당사자의 자발적 조직화로 일어난 것은 아니었다. 이도윤李度潤은 거주권 문제를 해소한 지구들의 특징으로 주변 일본인, 즉 지구 외부와의 관계 형성을 꼽았다.[10] 즉, 재일 불법점거 지구를 포함한 해당 지구의 거주권운동은 지구 자체를 넘어 주변지역까지 포함한 연대를 통해 이루어져 왔다는 것이며, 이는 불법점거 지구를 통해 지역주민이 주민의 자격 및 권리, 즉 국가와는 다른 공동체에 대한 합의를 형성하는 자치의 과정이라 할 수 있다.

---

8 이를테면 개발계획지에 이러한 지구가 입지할 경우 불가피하게 공적 개입이 일어나게 되며, 개중에는 공영주택 제공이 개발계획 촉진의 일환으로 이루어지는 경우도 있었다. 水内俊雄, 「スラムの形成とクリアランスからみた大阪市の戦前・戦後」, 『立命館紀要』 83, 2004, 23~69쪽 참조.

9 재일 조선인의 공영주택 입주권―즉 공영주택 입주 시 국적 조항 철폐―은 오사카 시와 가와사키 시에서 1975년 가장 먼저 보장되었고, 이후 UN 난민조약 가입을 위한 일본 국내법 정비에 따라 1979년부터 전면 시행되었다. 오사카 시와 가와사키 시는 구 공업도시로서 일본 내 주요 재일 집주지가 존재하며, 민족단체의 거점이기도 하다.

10 李度潤, 「博士論文・修士論文紹介」日本の都市における外国人集住地区のまちづくりとそのコミュニティに関する研究―オールドカマーズ・在日コリアンを事例として」, 『コリアンコミュニティ研究』 1, 2010, 51~58쪽.

이 글에서는 이와 같이 지역 자치의 계기로서의 마을의 장소성에 주목하여, 우토로 지구 거주권운동 중 아직 드러나 있지 않은 지구 외부와의 관계에 초점을 맞추려고 한다. 이를 위해서는 종래의 당사자 중심 분석이 아닌 지원자들을 포괄하는 관점이 필요할 것이다. 물론 지역은 그 관점 중 하나로, 또 하나의 착안점은 우토로가 가지는 '조선'적인 배경이다.

2) 재일 불법점거 지구 거주권 운동 속의 시민 운동과 조선 문제

불법점거 지구 주민운동에 대한 종래의 관점에서 일본인 지원자는 당사자 운동의 보조적인 존재로 파악되어 왔다. 지원자 역시 스스로의 활동을 비 당사자적 지원으로 규정해 왔는데, 이는 근래 1960년대 이후가 연구선상에 떠오르면서 재고되고 있다. 그 활동에는 1960년대 후반 이후 단카이團塊 세대의 시민운동이라는 특정한 사회, 문화적 배경 하에 특정 형태의 정치활동을 지속한 사회 집단적 맥락이 있기 때문이다. 이는 도시민에 한하지 않으며, 이 글에서의 시민 역시 이러한 맥락에서 사용하겠다.

1960년대 후반 이후 전방위적으로 나타난 시민운동은, 전공투全共鬪, 혁신정당, 내셔널 센터, 민족단체 등 기존 사회운동의 수직적 조직에서 벗어난 형태를 띠었다. 개개인의 평범한 시민들ふつうの市民[11]이 환경, 빈

---

11 여기서 말하는 시민 운동 개념에 대해서는 다음 문헌을 참조. 松井隆志,「1960年代とべ平連」,『大原社会問題研究所雑誌』697, 2016, 2~15쪽.

곤, 젠더, 장애인, 민족 등 다양한 관심사에 대한 소규모의 포멀 / 인포멀 네트워크를 이루어 민주적 권리를 위한 유동적인 연대를 형성했다.[12] 이 때 지역은 시민정치의 장으로 기능하여, 지역을 통해 문제를 자각하고 작은 매체를 통해 담론을 재생산했다.

재일 불법점거 지구 거주권운동 역시 이와 같은 맥락에서의 지원이었다. 1979년 공영 주택입주 시 국적조항 철폐 이후, 세 지역만이 거주권 보장을 달성한 것으로 알려져 있다. 공항에 인접한 이타미시 N지구에서는 환경권에 대한 이해가 있었던 담당 공무원이 큰 역할을 했으며,[13] 교토시 H지구에서는 슬럼지역에 위치한 교회 및 야간 중학 활동가들이 지구 주민과 접촉하여 부락해방운동, 민족단체, 초나이카이町內会 등을 오가며 권리요구의 중심축을 형성했다.[14] 우토로 역시 지원자 모임이 그러한 역할을 하여, 이들 지구에서는 이도윤李度潤(앞의 글)의 분석과 같이 지구 외부의 자치적 조직과의 관계 속에서 형성된 관계가 마이너리티 주민들에 대한 공평한 행정 서비스 제공이라는 지자체와의 합의를 이끌어 냈음을 알 수 있다.[15]

그런데 우토로 지구의 거주권 운동의 양상은 N, H 지구와는 차이가 있다. 세 지구 모두 세부적인 양상은 다르지만, 우토로 지구는 그것이

---

12 大串潤児, 「戦時から戦後へ」(安田常雄編『社会を問う人びと―運動のなかの個と共同性 (シリーズ 戦後日本社会の歴史 第3巻)』, 2012, 226~257쪽.

13 金菱清, 『生きられた法の社会学―伊丹空港「不法占拠」はなぜ補償されたのか』, 新曜社, 2008.

14 山本崇紀, 「都市下層における住民の主体形成の論理と構造―同和地区／スラムという分断にみる地域社会のリアリティ」, 『社会学評論』 249, 2012, 2~18쪽.

15 다른 예로, 가와사키 T지구에 대한 新井信幸ほか, 「川崎・戸手四丁目河川敷地区の経年的住環境運営に関する研究」, 『宅総合研究財団研究論文集』 34, 2007, 101~112쪽은 지구단위 거주권보장에는 이르지 못했지만 연대를 통한 "사회적 약자의 수용처"가 형성되었음을 밝히고 있다.

주민운동임과 동시에, 기업에 대한 전후보상을 요구하며 식민지 역사에 대한 문제제기와 함께 시작되었다는 점에서 여타 지구들과 크게 구별된다. 이 글에서는 그 요인을 지구 외부와의 관계에 의한 자치의 형성 배경에서 찾으려고 한다. 이를 위해서는 먼저 우토로 지구 주변이 양 지구와는 달리 환경권이나 반차별 운동 등 주민운동의 경험없이 급히 개발된 지역이었다는 점, 그리고 시민운동의 흐름 중 하나로 식민지 역사 문제에 몰두했던 '조선문제'를 이해할 필요가 있다.

조선문제朝鮮問題는 시민운동기에 나타난 중요한 흐름이었다. 이는 당시 김대중(1973~) 및 김지하 지원운동(1974~), 재일유학생 간첩조작 사건규명운동(1975~) 등 한국 민주화운동과 일본 지식인 연대운동의 맥락, 즉 엘리트들의 연대운동으로서 주로 사용된 용어였는데, 실제로는 각 지역에서 한국 민주화운동과 조선고대사를 공부하고 재일 권리운동을 지원하는 노동자, 학생, 여성들의 전국적인 실천이기도 했다.[16] 즉, 조선문제란 시민들의 다양한 담론 실천으로 이루어졌으며, 그 담론에서 조선은 기존의 조선 표상에 대한 대항으로서, 식민지적 가해자로서의 자기를 자각하는[17] 근대 일본에 대한 변혁의 매개임과 동시에, 공동투쟁의 한 편인 저항하는 피억압자로서의 '민중'을 구현화하는 장

---

16 LEE, M., "The Japan-Korea Solidarity Movement in the 1970s and 1980s—From Solidarity to Reflexive Democracy", *The Asia-Pacific Journal—Japan Focus*, Vol2, No. 38, 2014는 주로 정치적 연대의 관점에서, 히로세 요이치, 「김달수와 문학운동—리얼리즘 연구회를 중심으로」, 『국제고려학』 16, 2016, 367~395쪽은 문학과 역사를 통한 동시대의 조선 문제를 고찰했다.

17 LEE, M., 위의 글 외에도, 고베 지역에서의 시민연대를 분석한 黒川伊織, 「朝鮮戦争・ベトナム戦争と文化／政治」, 『同時代史研究』 7, 2014, 3~17쪽과 그 당사자인 飛田雄一, 『心に刻み 石に刻む』, 三一書房, 2016의 저술 및 저서에서도 가해자로서의 자각은 중심적인 단어이다.

소[18]였다. 다시 말하면, 조선문제는 가해자로서의 문제의식을 가진 일본인과 민중으로서의 조선인이 연대하는 정치 공동체에 대한 실천이었다 할 수 있다.

단, 이러한 시민들의 조선문제에 대한 실천은 불법점거 지구 거주권운동이나 재일권리운동에 대한 분석에서는 거의 다루어지지 않았다. 하나는 그에 대한 담론 생산의 배경 자체가 조선문제에 있어 객관화가 어려웠기 때문이라 생각되며, 또 하나는 조선이 민족 당사자 정치의 논리 안에서 주로 다루어져 왔기 때문이다.[19] 이에는 민족에 의한 구별을 넘고자 하는 운동이 각각 일본인(가해자) 및 조선인(민중)으로서의 자각을 목표로 실천되어 온 모순적인 상황이 얽혀 있는데, 이 글에서는 우토로 지구의 사례를 통해 그럼에도 불구하고 다양한 실천들을 한 데 모을 수 있었던 조선 또는 우토로라는 장소 자체의 포괄성이 자치를 구성하는 데에 어떻게 작용했는지에 주목하고자 한다.

필자는 2009년 12월 무렵부터 우토로 지구에서 참여 관찰을 진행하면서, 우연한 계기로 지역 반전평화행사에 참석했다가 지금까지 선행 연구나 보도 자료에서 알려진 바 없는, 거주권운동의 전신前身이 된 시민 모임 멤버 A씨를 만나게 되었다. 이에 따라 2012년 7월~2013년 7월 사이 반구조화semi-structured 인터뷰를 여섯 차례 진행하며 모임 소식지 『온돌オンドル』1~14호(3호, 11호 제외)를 비롯, 당시 사용된 배부 자료를 제공받았다. 조선문제 관련 공부회 및 집회내용 등이 실린 온돌

---

18 윤건차,『교착된 사상의 현대사─1945년 이후의 한국·일본·재일 조선인』, 창비, 2009, 325~330쪽.
19 예를 들면 이에 대해 재일 당사자의 다양성을 제기하는 伊地知紀子,「営まれる日常·縒りあう力─語りからの多様な「在日」像」,『環』11, 2002, 108~118쪽 등.

은 모임의 활동 방향을 잘 알 수 있는 자료이다. 또 관련 인물 B, C씨를 추천받아, 각각 2013년 7월과 2014년 4월, 같은 형식으로 인터뷰를 가졌다.

아래에서는 우토로 지구 거주권운동 발족 초기까지에 초점을 맞춰 우토로 지구 거주권운동 전신 모임의 발족과, 이것이 어떻게 우토로 지원으로 연결되었는지를 A, B, C씨와의 인터뷰와 소식지 온돌 및 관련 자료를 중심으로 검토하겠다. 구체적으로는 모임 발족과정을 통해 그 시민운동으로서의 성격과 시, 공간적 문맥을, 모임의 실천내용을 통해 다양한 조선을 어떻게 지역에서 실천했으며, 그것이 거주권 운동의 성격에 어떤 차이를 부여했는지 분석하겠다.

4. 교토 남부 교외지역 시민들의 조선 문제

1) '야마시로 조선문제를 생각하는 모임'의 발족

1980년대 중반에 일어난 거주권운동 이전까지 우토로와 지역과의 관계를 간단히 살펴보면 먼저 우토로 및 주변지역은 1951년에 교토부에서 신생 지자체 우지시로 병합되었다. 구 군사시설을 점령한 GHQ의 퇴거시도가 있었으나 우토로에서의 집주는 계속됐다. 한편, 토지는 패전 후 일국공업에서 신일국공업新日国工業株으로 이양되어, 후자가 1962년 닛산그룹으로 흡수되면서 닛산차체日産車体株 소유가 되었다. 또 1961년에는 수해를 입어 그 복구과정에서 토지문제가 불거지게 되면서 소유권자와 교섭이 진행됐으나 1970년 전후로 결렬되어, 지역 현안_특히 수도, 가스 등 소유권자의 허가가 필요한 공공 인프라 정비에서 소외된 채 1980년대에 이르렀다. 이는 같은 시기 재일권리운동이 활발했던 것과는 대조적이다.

해당 시기 우토로 주변은 교외 도시화가 진행되었는데, 이는 두 가지 상반된 결과를 낳았다. 하나는 우토로 지역의 행정서비스 및 경제적 격차로 인한 지역내 고립이며[20], 또 하나는 결과적으로 이 때 이곳에 유입하여 정착한 시민들의 조직화이다. 1979년 10월 발족한 '야마시로 조선문제를 생각하는 모임山城朝鮮問題を考える会, 이하 생각하는 모임'으로 시작된 조선에 대한 실천은 1985년 이후 거주권운동에 큰 영향을 미쳤다. 먼저 모임의 설립과정을 통해 지원자의 시민운동으로서의 배경과 그 장으로서의 지역의 성격을 살펴보겠다.

야마시로는 우지시 외 7개 시와 7개 초町, 1촌으로 이루어진 교토시 외 남부 지역을 이르는 말이다. 그 중심인 우지시는 고도성장기를 배경으로 교토, 오사카, 고베로 이루어진 게이한신京阪神 도시권의 베드타운으로 급성장하여, 그 중에서도 우토로 주변 지역은 역세권 3개초에 택지 건설 붐이 집중되면서 우지 시내에서 인구가 가장 급증한 지역이 되었다.[21] 한편, 역세권에서 서쪽에 위치한 간선도로변에는 구제久世 공업단지 등 교토시 남부 공장 지대에서 이어지는 소규모 공장들이 들어섰

20 金基淑, 「チャングの響く街ウトロ―地域社会との共生をめぐる在日韓国・朝鮮人の模索―」, 『人間学研究』 2, 2000, 1~15쪽과 이정은, 「식민제국과 전쟁, 그리고 디아스포라의 삶―'우토로' 지역 재일 조선인 1세 여성의 정착과 생활」, 『한국사회학』 45(4), 2011, 169~197쪽을 참조.
21 李姸蓉, 「都市化にともなう市街化区域農地転用の変遷―新都市計画法実施以降における宇治市を事例にして」, 『資本と地域』 6/7, 2010, 1~21쪽.

다. 즉, 우토로 주변에는 게이한신권에 직장을 둔 단독주택 거주자와 중소 규모 공장 및 공장 노동자로 이루어진 지역 사회가 형성되었다.

생각하는 모임의 발족 배경은 핵심 멤버인 A, B, C씨의 우지시에서의 취업 또는 정착, 그리고 교류의 장으로서의 지역노조 네트워크였다. A~C는 성장 배경은 각각 다르지만 1970년대 초반 우지시에 취업 후 노조에 가입했다는 공통점이 있다.[22] A씨와 B씨는 우지시 공무원으로 지치로自治勞: 전일본 자치단체 노동조합, C씨는 젠덴쓰全電通: 전일본 전기통신(현 NTT) 노동조합 우지 지부 소속이었다. 단, 이는 이들의 활동이 기존 노조 운동의 일환이었다는 뜻은 아니다. 이들은 노조에서도 비주류로서, "지역에는 여러 노조가 있으니, 지역 사람들과 여러 형태로 운동을 하게 되었다."[23]

노조 네트워크를 토대로 한 각자의 활동이 당대의 이슈였던 조선문제에 최초로 겹쳐진 때는 1978년이었다. 그 해 A씨는 전태일 열사와 그 어머니 이소선 여사의 이야기를 그린 영화 〈어머니オモニ, 1978〉의 교토시 상영회에 참석했다가, 재일한국청년동맹(한청동)위원장 K씨의 권유로 우지 지역 상영회를 주최하게 된다. 한국에서는 거의 알려지지 않은 이 영화는, 김대중 지원 모임인 한국민주회복통일촉진국민회의(한민통) 일본 본부가 민주화운동 지원의 일환으로 기획, 제작, 상영한 소규

---

22 A씨는 나라 현 출신 1950년생으로, 나고야에서 고교 졸업 후 1969년 교토 시내 대학 역사학과에 입학, 1973년 교토 부 공무원으로 임용되었다가 1974년 우지 시로 옮겼다. 1983년부터는 우토로에 인접한 주택단지에 정착했다. 1948년생인 B씨는 우토로 근린 주민이며 1969년 오사카 시내 공대에 진학, 1974년에 우지 시 공무원으로 임용되었다. C씨는 1953년생으로, 교토 시 남부에서 줄곧 거주하고 있다. 1975년 일본전신전화공사(현 NTT) 고졸 기술직으로 입사, 우지 지부에서 근무했다.
23 2012년 7월 30일 인터뷰에서(C씨 증언).

모 영화였다. 전공투나 베헤렌バトナムに平和を! 市民連合운동 등을 보고 자랐지만 참가 경험이 없으며, 공산당과 사회당 양쪽으로부터 거리를 두어 노조 내에서도 비주류에 속했던 A씨는, 당시 자신과 같이 노조 내부에서의 운동보다 "노조 밖의 여러 사회문제"에 원래 관심이 있었던 시민들을 이 상영회와 노조 네트워크를 통해 모았다.

> 시청에서도 그런 공산당이 아닌 저같은 입장의 사람들이 몇 명 있었던거죠. (…중략…) 우체국 조합이나 지금의 NTT노조라든가, (…중략…)아마, 제 머릿 속에는 민간, 중소기업 사람들과 교류가 있었다고 생각한 것 같아요. "그럼, 해 봅시다"로 결론이 났고, (…중략…) 이런 영화를 할거니까 실행회원회를 만들어서 같이 참여해 달라는 얘기를 하려고 교토 남쪽의 여러 노조를 돌아다녔습니다. 처음에는 원래 알던 사람들이 있는 곳을 돌았죠. 그때 한청동의 위원장도 함께였습니다. 제 기억에는[24]

위 인용은 상영회 실행 위원회 조직과정에 대한 A씨의 이야기이다. 이렇게 해서 공공기관 노조를 중심으로 한 노조원들, 그리고 재일한국청년동맹(한청동) 교토부 본부로 구성된 실행 위원회 주최로 상영회가 열리고, 놀랍게도 600여명이 모였다. A씨는 이를 계기로 '일한을 공부하는 노동자 학습집회日韓を学ぶ労仂者学習集会. 이하 학습 집회'를[25] 개최하게 되었고, 학습집회의 고정적인 참가자를 바탕으로 1979년 10월, 지역

---

24 위의 주.
25 노동자를 뜻하는 労仂者라는 표기는 현재는 사용되지 않는다. 이 글에서 단체명 등 인용한 한자는 원문을 그대로 사용했다.

에서 조선문제를 다루고자 생각하는 모임을 정식으로 발족했다.

한편, 상영회에는 B, C씨 역시 참가했는데, 이들은 한국 민주화운동에 대한 관심과 별도로 우토로 문제를 인식하기 시작한 상태였다. 당시 수도국 기술직이었던 B씨는 동창이기도 한 우토로 주민들의 상담을 통해, 그리고 C씨는 우지에서 자주 야간중학 운동을 시작하면서 우토로에 접하기 시작했다. 당시 야간중학 운동은 빈곤층에서 문맹률이 높은 재일조선인 1세로 주요 타겟층이 변하고 있었다. 상영회가 있었던 해 12월, 노조원들 및 교사들이 뜻을 모아 '교토 야마시로에 야간중학을 만드는 모임京都山城に夜間中学をつくる会, 이하 야학 모임'을 우토로 지구에 인접한 중학교에서 발족했다. 자연히 학생 중에는 우토로 주민도 있었으며, 훗날 모임을 소개하는 글에서 C씨는 처음 왔을 때 연필 쥐는 방법도 몰랐다는 우토로 주민이 처음으로 본명을 밝혔을 때의 감정을 부끄러움으로 묘사하고 있다.[26] 그 주민이 처한 문제를 개인이 아닌 재일조선인의 문제로, 재일 조선인의 문제를 타자가 아닌 일본 사회의, 즉 자기의 문제로 받아들였던 것이다.

2) 우지 야마시로에서의 조선 문제 실천과 그 한계

이와 같이 3인은 시민운동의 태동이라는 사회적 흐름 안에서, 당파나 조직 밖에서 개인의 판단으로 지역의 여러 현실문제에 접근했던 전

---

26 武村守, 「京都山城に夜間中学をつくる会―この指とまれ！夜間中学の灯を守ろう！」, 『部落解放』 299, 1993, 62~70쪽, 図p8.

형적인 시민들이었다. 하지만 A~C씨가 이를 통해 지식인들처럼 어떤 사상을 제창한 것은 아니었다. 이들은 모두 실천의 이유에 대해 시대의 흐름이라는 대답을 했다. 그것이 필자와의 인터뷰 당시까지 20년 이상 지속되고 있었다는 것을 생각하면, 이들의 실천은 사상적으로 모호했지만 변함없는 강한 정념에 뒷받침되었으며, 지역은 실천과 정념을 기울이는 구체적인 현장이었다고 할 수 있다. 그렇다면 이들이 그 일환으로서 어떻게 조선 문제를 실천하게 되었을까.

먼저, 앞서 서술한 생각하는 모임의 발족과정에서 나타난 대로, 이들의 조선문제 실천에는 당시 민주화운동에 관한 시민운동의 동시대성이 크게 작용했다. 즉, 박정희정권 말기였던 1979년 8월에 일어난 YH무역 사건이나 1979년 10월 부마항쟁과 박정희 대통령 암살, 1980년 5월 광주민주화운동에서 9월 김대중 사형 선고에 이르는 일련의 위기적이고 급박한 사태가 일본의 지원자들에게는 "베트남에 눈길이 간 것처럼", "당시 한국의 상황이 정말 심각하게 보였"다.[27]

당대의 동시대적 맥락은 무엇보다도 생각하는 모임의 발족시기(1979년 10월) 및 동시기 활동 모습에 잘 드러나 있다. 생각하는 모임은 여느 시민운동이 그렇듯이 써클운동의 형태를 띠었다. 즉, 다양한 조선 문제 관련 이슈를 함께 공부하는 학습집회 개최, 가두집회, 현장답사와 친목 활동 등이 그것이었는데, 특히 손글씨로 써서 등사판 인쇄로 만드는 선전물(비라)과 소식지 발간을 통한 개인 담론의 재생산이 운동의 중심이었다. 당시 한국 상황의 동시대적 영향은, 생각하는 모임 발족직후 박

---

27 2012년 7월 30일 인터뷰에서(C씨 증언).

〈그림 1〉 온돌 6호 표지

설명 : 5·18 직후의 온돌 표지. 사진에는 "광주 시내를 데모하는 젊은이들"이라는 캡션이 붙어 있으며, 관련해서 "한국의 학생, 노동자, 시민의 싸움을 지지하자"라는 글이 게재되었다. 이 외에도 우지 시내/외의 과거사, 재일조선인과 관련된 소식들이 실렸다. A씨 제공.

정희 대통령 암살사건이 일어나자 바로 11월에 '한국 노동자 민중의 민주화투쟁에 연대하는 강연토론 집회'가 열린 점이나, 생각하는 모임의 비정기 소식지『온돌』(1979년 7월 14일 1호~1985년 1월 29일 14호)의 게재 경향에 잘 나타나 있다. YH무역 사건과 부마항쟁을 바로 소개하고(2호), 4·19 혁명 등 민주화 운동의 발자취를 소개하는 등(1호),『온돌』에서는 김대중 사형 구형이 무기징역으로 감형되는 1981년 1월까지, 민주화 운동에 관한 기사가 중심적으로 배치되었으며, 약 6년 반의 발간 기간 중 최초 1년 반 정도 사이에 반 이상인 8호가 발간되어, 발간 횟수 또한 집중되었다고 할 수 있다.

다음으로, 이러한 적극적이고 동시기적인 민주화 운동에 대한 실천은 게이한신 도시권 교외도시로서의 우지시의 지역적 맥락을 반영한 것이기도 하다. 조선문제는 매스컴에서 보도되는 국제적인 이슈였을 뿐 아니라 지역 현실과 이어진 문제이기도 했다. 상영회 개최과정에서도 나타난 것처럼 재일조선인이 다수 거주하는 게이한신 도시권에서, 특히 교토시에서 한국 민주화운동 지원은 지역적인 이슈이기도 했다. 이누마 지로飯沼二郎 등 교토에서 활동하던 지식인 네트워크 외에도 재일교포 간첩단 조작사건에 휘말린 유학생 중에는 교토 출신인 서승, 서준식 형제가 있어 그 지원 운동 역시 활발했다. 생각하는 모임 발족의 계기가 된 상영회나 김대중 지원 운동에의 적극적인 참가 역시 이러한 문화적인 중심이기도 한 도시에 대한 접근성에 기인한다.

1980년 5월 17일 신군부가 내란음모 혐의를 씌워 김대중을 구속하고 9월 17일 사형선고를 내리면서, 일본에서는 일한연대위원회와 크리스트교를 중심으로 연대운동 '김대중씨를 죽이지 마라!金大中氏を殺すな!'가 시작되었다.[28] 생각하는 모임에서도 이를 7, 8호 연속으로 메인에 게재하는 등 중요하게 다루어 1980년 10월 10일부터 연말까지 가두집회에 직접

참여했다. 교토 시내의 서명, 모금 운동에 참가하는 한편, 우지 시내 각지에서 직접 진행하기도 했다.[29] 김대중 지원운동은 작은 조직을 모토로 하는 시민활동가들을 집결시키는 시급하고 중대한 사안이었으며, 우지 지역은 도시 확대로 만들어진 교외지역으로서 영향을 받았다.

또한 도시와의 접근성이라는 측면은 우지 야마시로 지역의 노조 네트워크를 이루는 인구를 구성하는 조건이기도 했다. A씨는 위 활동과 별도로 1981년 5월 '일조 일한연대우지구제연락회의日朝日韓連帶宇治久世連絡会議, 이하 연락회의'를 조직했다. 상영회 때의 네트워크를 기초로 조직된 연락회의에는 당시 열 몇 단체 85명이 참여했으며[30] C씨 역시 사무국으로 참가했다. 우지지역의 이러한 특징은 지원운동에 대한 의미 부여에서도 잘 드러난다.

김대중 지원운동을 "김대중씨 개인에 대한 공격이 아니라", "한국 민중, 그리고 그 운동에 대한 공격"이라 보고,[31] 이를 민주화를 바라는 한국 민중에 대한 실천 및 연대로 치환하는 것, 그리고 한국 민중을 제국주의 침략과 현재의 (민주화운동을) "저지하고자 하는 전두환, 그리고 전두환을 배후에서 지지하는 일미 외세"를 포함한 구조적 문제에서 바라보는 것은 조선문제의 여타 담론과 유사하다.[32] 조선문제를 실천한 시

---

28 이에 대한 자세한 내용은 다음 문헌을 참조. 鄭根珠, 「韓国民主化支援運動と日韓関係−「金大中内乱陰謀事件」と日本における救命運動を中心に」, 『アジア太平洋討究』 20, 2013, 359~371쪽.

29 山城朝鮮問題を考える会, 全力で金大中氏救出の活動を−なぜ金大中氏は殺されようとしているのか」, 『オンドル』 8, 1981.1.8.

30 山城朝鮮問題を考える会, 「光州市民決意1周年5・28宇治久世集会で−日韓日韓連帶宇治久世連絡会議が発足」, 『オンドル』 10, 1981.7.17. 구제[久世]는 1951년 우지 시 통합 전 우토로 주변 지역의 옛 행정구역명이다.

31 山城朝鮮問題を考える会, 앞의 글, 1981.1.8, 2쪽.

32 위의 글, 3쪽.

민들이 "한국문제를 생각하는 것은 바로 일본의 근대화 문제를 생각하지 않고서는 불가능"하다고 주장한 것은 이런 의미에서이다.[33] 하지만 『온돌』의 연대담론에서 흥미로운 점은, (1965년 한일조약 이후) "한국에 대한 기업진출이 한국 노동자에 대한 착취이자, 일본노동자에 대한 합리화"였음을 근거로 "같은 자본에 착취당하는 노동자"로서의 연대를 강조하고 있다는 점이다.[34] 이는 인구증가로 인한 공공기관 종사자와 중소 공장지대의 노동자들이 양쪽 다 많았던 우지지역의 교외적 특성을 잘 보여준다.

이처럼 우지 야마시로에서의 조선문제 실천은 민주화운동 자체의 시의성과 화제성, 그리고 주요 발신 지역이었던 게이한신 대도시권의 외부효과를 배경으로 나타났다. 달리 말하면, 조선문제 담론 생산층과 소비 및 재생산층의 근접 효과라고도 설명할 수 있을 것이다. 그러나 실천 대상인 조선과의 거리에 있어서는 분명한 차이가 있었다. 전자인 지식인 및 운동가들이 한국 민주화운동을 실천하는 재일조선인과 연계하여 때로는 직접 오가기도 하며 민족적 차이를 넘는 아시아에 대한 연대를 실천한데 반해. 당시 이를 지역에서 실천한 생각하는 모임과 그 참가자에게 한국 민중은 ─ 베트남이 그러했던 것처럼 ─ 분명 지향해야할 가치임에도 불구하고 지속되는 현실 문제는 아니었다.

신문이나 TV보도를 통해 관심을 갖게 된 정도였습니다. 아주 보통의 일본인과 같이 쉽게 달아오르고 쉽게 식는 관심으로 (⋯중략⋯) 자기 안에

---

33 2012년 7월 30일 인터뷰에서(C씨 증언).
34 山城朝鮮問題を考える会, 앞의 글, 1981.1.8, 8쪽.

있는 뭔가 해야 한다는 외침에 답했을 뿐, 아무래도 자기만족이었다는 생각이 자꾸 듭니다.[35]

생각하는 모임 회원이 쓴 김대중 지원운동 가두집회 후기는 그러한 인식을 여실히 드러낸다. 물론 이는 참가자에 따라 차이가 있으며, 다른 참가자의 경우, 노동자들 간의 연대강화라는 강고한 결론을 내리고도 있다. 하지만 그러한 참가자조차 노동자간 연대와 한일이라는 분리된 민족공동체 사이에서 명확한 결론을 가지고 있지는 않았던 것으로 보인다.[36]

결국 이 시점에서 조선이라는 다양한 공동체를 포괄하는 대상은, 연대의 장이 확실하지 않은 상태에서 사건의 긴박성과 함께 어찌됐든 제국주의와 식민지 역사에 대한 문제의식을 공유하는 구심점으로서 실천되었다고 볼 수 있지 않을까. 그리고 민중은 그 구심점을 구체화하는 표상이라 할 수 있다. 그렇다면 문제는 공유된 문제의식을 어떻게 연대적 자치에 대한 시도로 전환시켜 나갔을까(혹은 나가려고 했을까)에 있다. 지식인들 간의 연대는 억압에 대해 저항한다는 점에서 민중인 재일 지식인과 함께 아시아라는 이상향을 향해 실천되었으나,[37] 생각하는 모임에 모인 노동자들의 경우, 물론 그 실천의 장은 지역이었다.

---

35 山城朝鮮問題を考える会, 앞의 글, 1981.1.8, 12쪽.
36 이에 대해서는 별고에서 자세히 다루기로 하고, 이 글에서는 조선 문제 실천과 공간과의 관계에 집중하겠다.
37 板垣竜太, 「〈東アジアの記憶の場〉に向けて」, 『歴史学研究』 867, 2010, 57~67쪽에서의 동아시아, 水溜真由美, 「アジアの女たちの会とその周辺—国際連帯の観点んから」, 安田常雄 編, 『社会を問う人びと—運動のなかの個と共同性, シリーズ 戦後日本社会の歴史 第3巻)』, 2012, 258~285쪽에서는 아시아 등, 한일연대 운동의 지향점으로서의 아시아에 대한 실천에 관한 저술이 최근 늘어나고 있다.

5. 시민의 조선 문제에서 내 주변의 사회 문제로

1) 우토로 수도 부설운동을 통한 주민자치

다시 한 번 정리하면, 공공기관 노동자 A, B, C는 풀뿌리 시민사회 형성의 흐름 속에서 교토 남부 교외지역에 정착, 조선문제와 접하기 쉬우면서도 노조 네트워크가 강고한 지역 특성을 살려 조선=민중이라는 공통의 문제제기를 이끌어냈다. 그러나 필자가 주목하고 싶은 교외로서의 지역성은 단지 대도시의 외부 효과만은 아니다. 거꾸로 말하면, 교외 신생도시라는 환경은 자치능력이 있는 시민들이 지역사회에 있음에도 불구하고, 그것을 서로 다른 주민들의 손으로 새로 형성해야 하는 자치의 공백 상태였다고 볼 수 있다.

C씨의 야학 모임은 이러한 현실을 잘 드러내는데, 이를 시작한 직접적인 계기는 자주 야학의 성과로 나라 현의 야학이 공립화되면서, 이곳을 이용하던 야마시로 지역 이용자들이 갈 곳이 없어졌기 때문이다. 1989년에 간행된 C씨의 글은, 야학 활동이 결국 우지 시정에 포섭되지 못한 채, 노조 네트워크의 도움으로 지속되고 있음을 토로하고 있다. 당초 피차별 부락운동 관계자의 도움으로 시립중학교 교사를 이용했던 야학은 불협화음이 생겨 1983년 이후는 B씨의 도움으로 노동자 협의회 사무소를 이용하게 되었다.[38]

생각하는 모임이 초기에 진행한 한국 민주화운동에 대한 실천은 조선문제를 통한 연대 형성의 장 / 단점을 모두 드러냈다. 조선이라는 타

---

38 武村守, 앞의 글, 62~70쪽, 図p8.

자의 지명 자체가 가지는 장소의 힘과, 반대급부로서의 대상과의 거리감과 그로 인한 일시성이었다. 이에 대한 대응을 생각하는 모임에서는 초기부터 계속 시도해왔다. A씨가 1982년 무렵부터 시작한 역사유적 답사, 이듬해 시작한 근현대사 공부회, 그리고 주변 지역의 권리 운동에 대한 꾸준한 관심은 A씨가 끊임없이 지역 내부에서의 실천을 시도했음을 보여준다. 그리고 또 하나는 바로 '내 주변의 조선 문제를 생각하자'라는 제목으로 『온돌』 4호(1979년 12월)에 처음으로 실린 우지, 야마시로 지역 내 현존하는 유일한 재일 집주지인 우토로 지구에 대한 담론 생산이었다.

우토로 문제는 『온돌』 4, 5, 6, 7, 9, 10, 13호에서 큰 비중으로 다루어져, 김대중 지원운동과 함께 가장 크게 다루어진 이슈였다. A씨가 역사 속에서의 재일조선인 및 우토로에 대한 정리를, C씨가 수도 문제 및 시 측의 무대응에 대한 기사를 썼다. 또 생각하는 모임의 공부회 등에서 알게 된 우토로 내 조총련지부 상근직 D씨의 생애사가 우지의 재일조선인의 역사로 조명되었다. 여기에서는 식민지 지배체제 하에서 소작농이 일본에 정착하는 피억압자로서의 역사성이 강조되었다. 엄밀히 말하면 D씨 역시 우토로 외부의 인물로, 이 시점까지 우토로는 내부로부터의 목소리가 아니라 '지구외부에서 지구외부로'의 실천에 가까웠다. 이는 빈곤 지역으로서의 불법점거 지구 주민의 상황과도 관계된다.

여기서 잠시 1970~80년대 전반까지 우토로 내부 상황을 개괄하면, 절대적 빈곤은 벗어난 상태였으나, 교육수준이나 취업형태, 생활환경 면에서 근린 지역과 큰 차이를 보였다. 필자가 수집한 인터뷰에 따르면 이 시기에 취업한(즉, 지원자들과 거의 동세대의) 세대주 대부분이 중졸로

영세 경공업을 거쳐 건축, 토건업에 이르는 취업경향을 보였으며, 이 시기는 그야말로 한창 일을 했던 시기에 해당했다. 지대가 낮아 수해가 빈번한 땅은 사유지인 탓에 소유자의 허가가 필요한 행정 서비스에서 배제되었다. 상하수도 및 도시가스 시공이 불허되었으며, 식수원으로 우물을 사용했다. 이에 대해 조총련뿐만 아니라 민단 역시 적극적으로 관여하고 있지 않았을 뿐더러, 우토로 내부의 초나이카이町内会나 자치 조직도 없었다.

말하자면, 우토로는 조선문제뿐 아니라 주거환경, 수환경, 복지 등 시민 사회가 싸워온 다양한 인권적 문제를 한 데 안은 채 지역정치 외부로 고립되어 있었다. 한편, 생각하는 모임의 활동은 우토로 외연에서 조선문제를 실천하면서 조선문제를 교외도시 내의 자치적 네트워크(노조)에 위치시키는 성과를 낳았다. 이와 같은 실천의 경험은 우토로 지구에 대해 더욱 발전된 형태로 이루어졌다. 그 자신도 1984년 무렵부터 평화운동 및 환경운동모임을 조직해서 활동 중이던 A씨는 1985년 무렵 본격적으로 우토로 지구에 대한 운동을 시작했다. 여기에서도 A씨는 조선문제의 경험으로 깨달은 교외 도시의 시민층에게, 우토로가 지역 내 여러 시민운동과 연계할 수 있도록 참여를 요청했다. 아래는 이에 대한 A씨의 인터뷰 중 일부이다.

조선인 문제나 조선 역사 문제라기보다, 물이나 평화, 식문제같은, 여러 테마가 여러 형태로 좁은 지역에 있었는데, 아마 다른 지방도시도 그렇지 않았을까요? 베드타운이라고 알아요? (⋯중략⋯) 시민 운동은 별로 없었지만 중소 노조나 물문제 관계로 지역에 가보면, 지역에서는 활동안하고 교토 시나 오사카 시에서 한다는 사람들이 밤늦게 돌아오는 도시인거죠.
(우토로 문제의 참여 요청으로)여기저기 돌다보면 우지에 이런 사람이 있
었나? 싶은 저명인사가 있기도 하고.[39]

이렇게 해서, 기존의 네트워크에 더해 대도시를 거점으로 활동하는
시민운동의 저명인사들과 연대하는 거대한 지원 네트워크가 형성되었
다. 그 결과 1986년 6월, 환경운동가인 쓰치다 다카시樋田劦 당시 교토
세이카대학 교수, 요코가와 에이지横川栄次 당시 우지시 노동자 협의회
장, 역사학자인 히구치 긴이치樋口謹一 당시 교토대학 교수를 중심으로,
'우토로 지구에 수도 부설을 요망하는 시민 모임ウト口地区に水道敷設を要望
する市民の会, 이하 시민모임'이 발족했다. 또한 지원자 및 실행 위원회 역시
A씨 외에도 근린에 거주하던 기독교 관계자와 학생운동 및 환경운동,
여성운동 경험자, 시의회 의원 등으로 꾸려졌다. 지금의 우토로 거주권
운동 지원자들도 이 때 합류했다.

1986년 8월1일, 시민모임은 우지시에 "국적을 불문한 공평한 시책"
으로서 우토로 지구 내에 상수도 부설을 요구하는 진정을 약 5천 4명
의 서명과 함께 제출했다. 이후에도 선전물 배부는 계속되었으며 1987
년 2월에는 심포지움을 개최했다. 결국 1987년 3월, 소유권자인 닛산
차체가 우지시로 우토로 지구에 대한 수도관 매설 동의서를 제출했다.
이는 A씨의 평가대로 분명히 "생활 문제를 우지의 재일 조선인 이외의
시민들이 자신들의 지역 문제로서 의문을 제기하고 운동하고 사회적으

---

39 2012년 10월 12일 인터뷰 중에서(A씨 증언).

로 인정받은 운동"이었다.[40]

2) 저항하는 민중 간의 연대로서의 거주권 운동

위와 같이 우토로 지구 수도부설운동에서 우토로 지구는 그 자체로
지역을 장으로 하는 다양한 시민운동의 공통적인 대상으로 상정되어,
주민(시민)으로부터의 자치 경험을 지역에 부여했다. 이는 조선을 국제
적인 연대로부터 지역 내, 자기가 속한 생활권의 공동체 문제로 재정위
시키는 실천이기도 했다. 하지만 이는 "재일조선인 이외의 시민들"에 대
한 문제제기라는 점에서 시민운동으로서의 조선문제에서 중시했던 가
치와는 차이가 있었다. 앞서 조선문제는 조선=민중과의 지역에서의 연
대였음을 밝혔는데, 연대란 현실의 부조리나 모순으로부터의 고통뿐만
아니라, 서로 저항하는 주체로서 정치를 실천한다는 의미에서의 자치를
의미한다. 따라서 연대의 관점에서 본다면 이는 지원자들의 가해자로서
의 인식과 조선문제의 실천이 그러했던 것처럼, 우토로 주민 역시 지역
자치의 주체로서의 자기를 인식하고 또 혁신하고자 할 때 이루어질 수
있었다. 마지막으로 이 부분에 대해서 간략하게 정리하고자 한다.

우토로에서 수도부설운동이 시작되었을 때, 주민들은 운동의 전면
에 나서지 않았다. 당초 운동에 동의한 계기 또한 토양오염으로 수돗물
대신 사용하던 우물물이 갈변하는 등 식수오염이 나타나고, 우토로 내

---

40 위와 동일.

화재 시 소화전이 없어 근린지역의 소화전을 이용하게 되면서 외부적으로 문제가 부각되었던 부분도 있었다.[41] 수도 문제가 최초로 보도된 기사 제목인 「우지 시내에 아직도 상수도가 없는 지역」[42]은 당시의 공통된 문제의식을 나타내고 있다. 우토로 안에서도 자치회 '우토로에 수도를 넣는 동포 모임ウトロに水道を入れる同胞の会'이 만들어졌으나, 외부에 대한 대표로서의 역할만을 주로 담당했으며 시민모임과의 연계 역시 미흡했다. 이러한 과제는 수도문제 해결을 눈앞에 두었던 시기에 더욱더 절박하고 근본적인 과제로서 주민들에게 돌아왔다. 바로 국내에도 잘 알려진 토지 문제로의 전환이다.

1988년 1월, 공사에 동의한 1 / 3가량의 세대를 대상으로 우토로에 처음으로 수도관 매설 공사가 실시되었다. 그러나 나머지 세대에 대한 공사는 2000년대에 이르기까지 실현되지 못했다. 1988년 6월, 토지가 그 해 3월에 닛산차체로부터 개인을 통해 부동산회사로 넘어갔음이 밝혀진 것이다. 자연히 수도관 공사는 중지되었으며, 새 소유권자인 니시니혼식산西日本殖産은 우토로 주민들에 대한 퇴거를 요청하여, 철거 압력이 현실화 되었다. 이 시점에서 우토로 문제는 일본인 시민의 지역자치만으로 해결 불가능한 주민들의 거주권을 둘러싼 문제로 확대되었다.

이는 우토로 각 세대에게 동등한 현실적인 압력이 되었다. 지금까지도 지속되고 있는 운동에 대해, 이 시점에서 주민들이 어떻게 생각했는지는 조선-지역-집이라는 우토로의 층위만큼이나 개인에 따라 다른

---

41 朝日新聞社 編, 『イウサラム(隣人)—ウトロ聞き書き』, 1991(아사히신문사 편저, 김용교 역, 『우토로 사람들』, 서울, 1998), 118~119쪽. 이를 계기로 우토로를 알게 된 지원자도 있다.
42 「今どき宇治市内に上水道のない地域」, 『洛南タイムス』, 1986.8.3.

부분이 있다. 또한 지원 측에 있어서도 우토로 문제는 우지, 야마시로 지역시민들의 인권에 대한 자치를 너머, 불법점거 상태를 방치한 정부나 소유권을 비인도적인 방법으로 처분한 대기업에 대한 저항으로서 우토로 주민이라는 전혀 다른 사람들과 함께 전면적으로 실천해야 하는 큰 과제가 되었다. 하지만 확실한 것은 이 시기에 초나이카이^{町内会}가 조직되어 시에 대한 정식 진정이 이루어졌음은 물론, 시에서 연합 초나이카이로 이어지는 지역 자치의 일원으로 포섭되었다는 것, 그리고 우토로 마을만들기 집회 이후로 우토로 주민 개인이 전면에 나서며 지역 시민 네트워크와 직접 연결되기 시작했다는 점이다.

1988년 10월 23일, 우토로 마을만들기 집회는 이러한 상황에서 열렸다. A씨는 수도 운동의 성공적인 끝을 자축하고, 앞으로의 토지문제를 준비하기 위해 이전 조선문제로 만들어진 노조운동 네트워크를 중심으로 여러 곳에 집회를 알렸다. 이 날 모인 인파는 당시 자료로 약 83세대 320명이 거주하던 주민 수를 뛰어넘는 4백여 명으로,⁴³ 우토로 주민 측에서도 또 지원자들 측에서도 서로의 존재를 우토로 내부에서 처음으로 확인했다. 먼저 우토로 토지문제의 경과와 마을만들기를 제언하고, 다음으로 우토로 주민들의 노래자랑, 그리고 메인 공연으로 교토시의 대표적인 집주지인 히가시쿠조^{東九条}에서 갓 생겨난 마당극단 한마당의 공연이 열렸다.

이러한 프로그램 구성은 그때까지 조선문제를 공유해온 시민들과 우토로 주민들에게 농토를 빼앗긴 (식민지 시대의)농민이자, 거스를 수

---

43 日朝・日韓連帯守治久世連絡会議, 「「ウトロ町づくりの集い」に参加しよう！」, 1988, A씨 제공.

없는 힘(제국주의 혹은 독재정권)에 저항하는 민중의 이미지를 선명하게 각인시키는 것이기도 했다. 1989년 2월 2일, 니시니혼 식산은 우토로의 토지 양도와 건물 철거를 요구하며 1차로 6세대에 대한 소장을 교토 지방재판소로 제출, 이튿날 철거업자가 우토로로 들어왔다. 한 여성 주민(1925년생, 1세)은, 이 날 우토로 지구 어귀에 들어온 철거업자 앞에서 여기를 지나가려면 나를 치고 가라고 드러누웠던 기억을 몇 번이고 이야기하곤 한다. 이는 수도운동의 프레임이었던 인권문제임에 틀림없지만, 이러한 주민의 모습에는 패전 직후 사회 구조의 밖에서 생존해 온 산lived 민중의 진정성이 있었다. 다시 한 번 반복하자면, 조선=민중과의 연대는 토지로부터 떨어진 재일조선인을 낳은 제국주의나 마찬가지로 토지로부터 떨어진 고도성장기의 저임금 도시노동자를 낳은 한일조약 등, 지원자들이 바라보는 근대 일본이라는 국가의 모순에 대한 자각과 개혁으로서의 실천이었다.

1989년 3월 22일, 시민모임을 토대로 토지문제를 지원하고자 '우토로를 지키는 모임地上げ反対！ウトロを守るの会'이 정식으로 발족했다. 이 때의 캐치프레이즈는 ① 투기성 부동산 매입 반대! ② 닛산 차체는 책임을 져라! 대화에 응하라 ③ 일본 정부는 책임을 져라 ④ 우토로 주민들과 함께 걷겠습니다로, 주민운동임에도 불구하고 이례적으로 전후처리 및 보상이라는 역사적인 테마에 초점을 맞추었다.[44] 그리고 우토로 주민들 역시 민중으로서 우토로 농악대를 조직해서 농악을 배우기 시작하고, 여름 축제에 한국 음식 부스를 내고, 지구 밖으로 나가 자기 역사

---

[44] 「住民支援に守る会結成－ウトロ土地問題」, 『洛南タイムス』, 1989.3.23.

를 강연하며, 2차 대전 당시의 함바가 남아 있는 우토로 안는 인권교육 등 견학 및 방문을 위해 공개되기 시작했다. 이는 토목, 건설업자 마을 이기도 한 우토로의 '마을만들기'이기도 했다.

바꾸어 말하면, 우토로 지구 거주권운동 초기의 근대 일본에 대한 문제제기는 역설적으로 조선문제를 실천하는 일본인 시민 지원자들이 있었기에 가능했으며, 이는 일본인 중 '시민'과 조선인 중 '민중' 간의 연대를, 조선이라는 민족 / 지명의 포괄성을 통해 문제제기를 확장해 나가는 과정이었다 할 수 있다. 그렇게 본다면 이 시점에서 우토로 지구는 '민중'이자, 앞으로 운동이 진행될 곳으로서 지역에서의 실천을 통해 근대에 대한 문제를 제기하는 저항의 연대적 장소를 의미했다. 그리고 그 모습은 "동아시아"라는 화해의 이상향과는 분명히 다른 현실의 장소였다.

6. 조선인 마을에서의 저항의 연대

이 글은 재일코리안 불법점거 지구 우토로에 대한 사례연구로서, 거주권운동 전사前史를 1970년대 후반~1980년대 후반 일본인 지원자에 주목해서, 이들이 우토로를 통해 어떻게 재일코리안의 역사문제를 포함한 지역 자치적 연대를 형성했는지를 분석했다.

전시기에 생성된 우토로 지역은 전후 불법점거인 상태로 지역 내에서 고립되어, 1980년대 중반에서야 일본인 지원자들과의 연대에 의해 거주권운동이 시작되었다. 일본인 지원자들은 전후 시민운동의 일환으

〈그림 2〉 온돌 8호에 실린 김대중 구원 운동 참가 모습.
사진설명 : "한국의 민주화 투쟁과 연대하자!", "김대중씨를 죽게 하지 마라!"
는 피켓들이 눈에 띈다. A씨 제공.

로 우지에서 조선문제를 실천하면서, 지역 내 조선문제로서 우토로 지구 거주권운동의 성립에 큰 역할을 했다. 이는 게이한신 대도시권 교외도시로서의 외부효과의 영향이기도 했으나, 동시에 교외지역이기 때문에 대도시의 문화자원과 노조 네트워크를 이용해서 지역 자치 및 그 장을 형성할 수 있었다. 이러한 자치의 형성은 저항하는 민중과의 연대를 지향했던 조선문제, 나아가 시민운동의 담론을 생활권에서, 엘리트지식인들과는 다른 형태로 실천하는 것이었으며, 우토로 지구는 그 장이 되었다.

1980년대 후반에 본격화된 우토로 지구 거주권운동의 풍부하고 다양한 인적 네트워크는 조선문제를 시민적인 가치로 지역에서 한 데 모은 일본인 지원자들과, 우토로 주민의 민중으로서의 응답에 뒷받침되었다. 그리고 이러한 다자적인 참가자들의 조선=민중을 통한 공통성의 획득이, 재일 불법점거 지구 주민운동으로서 일본 사회에 대한 의문을 제기하는 사회운동으로 확대된 우토로 지구 거주권운동의 특수성으로 나타났다고 할 수 있다. 이러한 문제제기 방식은 조선(한국)을 민족 / 지명이 아닌 계층적 집단으로 제시했다는 점에서 이후 우토로 지구를 둘러싼 거주권 운동의 양상을 분석하는 실마리를 제공한다.

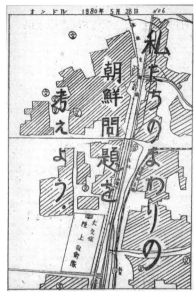

〈그림 3〉 온돌 6호에 실린 우토로 및 주변 모습. 사진설명: "내 주변의 조선문제를 생각하자"라는 제목으로 소개된 우토로 기사 당시 사용된 삽화. 우토로의 우지 시에서의 형성 배경을 집중적으로 소개했다. A씨 제공.

참고문헌

윤건차, 『교착된 사상의 현대사—1945년 이후의 한국·일본·재일 조선인』, 창비, 2009.

이정은, 「식민제국과 전쟁, 그리고 디아스포라의 삶—'우토로' 지역 재일 조선인 1세 여성의 정착과 생활」, 『한국사회학』 45(4), 2011.

히로세 요이치, 「김달수와 문학운동—리얼리즘연구회를 중심으로」, 『국제고려학』 16, 2016.

LEE, M., "The Japan-Korea Solidarity Movement in the 1970s and 1980s—From Solidarity to Reflexive Democracy", *The Asia-Pacific Journal—Japan Focus* Vol2, No. 38, 2014.

「住民支援に守る会結成—ウトロ土地問題」, 『洛南タイムス』, 1989.3.23.

姜在彦, 「「在日」百年の歴史」, 『環』 11, 2002.

今野敏彦, 『新編 偏見の文化』, 新泉社, 1983.

金基淑, 「チャングの響く街ウトロ—地域社会との共生をめぐる在日韓国·朝鮮人の模索」, 『人間学研究』 2, 2000.

金菱清, 『生きられた法の社会学—伊丹空港「不法占拠」はなぜ補償されたのか』, 2008, 新曜社.

大串潤児, 「戦時から戦後へ」(安田常雄編 『社会を問う人びと—運動のなかの個と共同性(シリーズ 戦後日本社会の歴史 第3巻)』), 2012.

島村恭則, 『「生きる方法」の民俗誌』, 関西学院大学出版会, 2010.

李度潤, 「博士論文·修士論文紹介 日本の都市における外国人集住地区のまちづくりとそのコミュニティに関する研究—オールドカマーズ·在日コリアンを事例として」, 『コリアンコミュニティ研究』 1, 2010.

李妍蓉, 「都市化にともなう市街化区域農地転用の変遷—新都市計画法実施以降における宇治市を事例にして」, 『資本と地域』 6/7, 2010.

武村守, 「京都山城に夜間中学をつくる会—この指とまれ!夜間中学の灯を守ろう!」, 『部落解放』 299, 1993.

飛田雄一, 『心に刻み 石に刻む』, 三一書房, 2016.

山本崇紀, 「都市下層における住民の主体形成の論理と構造—同和地区／スラムという分断にみる地域社会のリアリティ」, 『社会学評論』 249, 2012.

山城朝鮮問題を考える会, 「光州市民決意1周年5·28宇治久世集会で—日韓日韓連帯宇治久世連絡会議が発足」, 『オンドル』 10, 1981.7.17.

山城朝鮮問題を考える会,「全力で金大中氏救出の活動を－なぜ金大中氏は殺されようとしているのか」,『オンドル』8, 1981.1.8.

三輪嘉男,「在日朝鮮人集住地区の類型と初期形成」,『在日朝鮮人史研究』11, 1983.

西成田豊,『在日朝鮮人の「世界」と「帝国」国家』, 東京大学出版会, 1997.

小熊英二, 姜尚中 編,『在日1世の記憶』, 集英社, 2008.

松井隆志,「1960年代とべ平連」,『大原社会問題研究所雑誌』697, 2016.

水内俊雄,「スラムの形成とクリアランスからみた大阪市の戦前・戦後」,『立命館紀要』83, 2004.

水溜真由美,「アジアの女たちの会とその周辺－国際連帯の観点んから」, 安田常雄編,『社会を問う人びと－運動のなかの個と共同性(シリーズ 戦後日本社会の歴史 第3巻)』, 2012.

新井信幸ほか,「川崎・戸手四丁目河川敷地区の経年的住環境運営に関する研究」,『宅総合研究財団研究論文集』34, 2007.

伊地知紀子,「営まれる日常・縒りあうカ－語りからの多様な「在日」像」,『環』11, 2002.

日朝・日韓連帯宇治久世連絡会議,「「ウトロ町づくりの集い」に参加しよう！」, 1988.

斎藤正樹,「ウトロ－強制立退きから新しいまちづくりへ」,『コリアンコミュニティ研究』1, 2010.

鄭根珠,「韓国民主化支援運動と日韓関係－「金大中内乱陰謀事件」と日本における救命運動を中心に」,『アジア太平洋討究』20, 2013.

朝日新聞社 編,『イウサラム(隣人)－ウトロ聞き書き』, 1991(아사히신문사 편저, 김용교 역,『우토로 사람들』, 서울, 1998).

千本秀樹,「京都府協和会と宇治の在日朝鮮人」,『歴史人類』16, 1988.

板垣竜太,「＜東アジアの記憶の場＞に向けて」,『歴史学研究』867, 2010.

黒川伊織,「朝鮮戦争・ベトナム戦争と文化／政治」,『同時代史研究』7, 2014.